BERTRAND AFFILÉ
FRANCK RIMBERT

L'évolution économique du monde depuis 1880

ARMAND COLIN

Série « Histoire » dirigée par Fabrice Abbad

NOTE À L'USAGE DU LECTEUR

Les termes suivis d'un astérisque font l'objet d'un développement dans les « clés et repères » (*cf.* index p. 234).

ISBN : 2-200-01642-5

S.E.S.J.M. / Armand Colin – 34 bis, rue de l'Université – 75007 Paris

Sommaire

Sujets possibles

1. Annales

Comment l'évolution des systèmes productifs a-t-elle transformé les pays industrialisés à économie de marché depuis la fin du XIXe siècle ? (ESCP 1996.)
Les apports des États-Unis à la reconstruction du monde après la Seconde Guerre mondiale (SESAME 1994).
Le phénomène de forte croissance apparu après la Seconde Guerre mondiale dans les PDEM doit-il être considéré comme une parenthèse dans l'histoire économique ? (ECRICOME 1996.)
Fin des années 60, le Club de Rome préconisait l'objectif de croissance zéro pour les pays les plus développés. Dans le contexte actuel, les pouvoirs publics privilégient l'hypothèse d'un taux de croissance fort. Par référence aux objectifs et à la mise en œuvre de la politique économique, ce changement d'attitude vous paraît-il pertinent ? (ESCP 1996.)
À la lumière de l'histoire récente des économies occidentales, pourquoi la montée du chômage peut-elle être considérée comme un déséquilibre ? (HEC 1996.)

2. Autres sujets

Le rôle du progrès technique dans la croissance économique.
NPI d'hier et d'aujourd'hui.
Croissance économique et libre-échange depuis la fin du XIXe siècle.
Dans quelle mesure les politiques économiques menées dans les années 30 ont-elles permis de sortir de la crise ?
Un système monétaire international fondé sur une devise clé est-il par essence condamné ?
À la lumière des expériences des PED depuis les années 50, peut-on mettre en évidence un modèle unique de développement ?
Le SME a-t-il été un facteur de stabilité pour la CEE ?
Comment le mode de régulation des économies socialistes peut-il expliquer l'échec des réformes dans ces pays ?
Mondialisation et politique économique, de nos jours.
Les conditions de réussite de la Transition dans les anciennes économies socialistes.

Introduction générale

De la Grande Dépression des années 1870 et 1880 à celle des années 70 et 80, l'Histoire semble se répéter même dans ses conclusions : à la montée irrésistible du capitalisme libéral à la fin du XIXe siècle, on peut rapprocher la victoire d'un nouveau libéralisme à l'orée de l'an 2000. Mais entre ces deux « fins de l'histoire » que de turbulences : deux guerres mondiales, le développement et la disparition du système soviétique, l'entrée en scène des exclus du développement.

Le fait de distinguer quatre grandes périodes dans cette histoire économique du monde met en évidence les ruptures que connaît l'économie mondiale. Cependant, il est possible de dégager des problématiques récurrentes comme l'intervention de l'État, le rôle des échanges internationaux dans la croissance, l'émergence de nouveaux pays industrialisés.

Des années 1880 à 1914, le capitalisme libéral arrive à maturité et la Première Guerre mondiale peut être considérée comme une rupture majeure. Les structures du capitalisme libéral sont profondément modifiées et les tentatives de retour en arrière s'avèrent d'autant plus impossibles qu'un système économique et social concurrent émerge : le système soviétique. La crise de 1929 apparaît alors comme la sanction d'un certain aveuglement de l'orthodoxie économique et une transition vers une nouvelle ère économique.

Les Trente Glorieuses, caractérisées par l'accélération de la croissance économique, sont porteuses d'une grande instabilité : le système soviétique s'enfonce dans une crise structurelle dont il ne se relèvera pas, la décolonisation pose d'une manière crue le problème du sous-développement, l'ouverture grandissante des économies industrialisées remet en cause le cadre national du capitalisme. Ainsi, ce que certains continuent à appeler la crise pétrolière constitue une nouvelle rupture majeure comparable à celle de 1914 et marque l'entrée de l'économie mondiale dans le XXIe siècle.

Ire partie

La montée en puissance du capitalisme financier entre 1880 et 1914

En 1880, le capitalisme a déjà commencé sa mutation de capitalisme industriel en capitalisme financier dans la plupart des grandes puissances économiques. Pourtant, ce processus est loin d'avoir abouti, en particulier en matière d'internationalisation.

Les pays bénéficiant d'un essor économique bien ancré (Grande-Bretagne, France) assoient leur prospérité, tandis que de nouvelles puissances tentent de leur disputer leur suprématie (Allemagne, États-Unis). Le Japon et la Russie s'engagent dans une voie de développement capitaliste particulière, marquée par une forte intervention de l'État, mais se contentent d'abord des seconds rôles dans la concurrence internationale. Enfin, nombreux sont les pays qui conservent des structures économiques et sociales traditionnelles, qui les condamnent à assister en spectateurs au partage du monde, voire pour certains à en devenir les acteurs principaux contre leur gré.

Chapitre 1

L'affirmation du capitalisme entre 1880 et 1914 dans les pays industrialisés

Cours

Introduction

Lorsqu'elles entrent dans le dernier quart du XIXe siècle, les économies occidentales n'en sont pas au même stade dans leur processus de développement. L'industrialisation date en effet de près d'un siècle en Grande-Bretagne et d'après l'époque napoléonienne en France. D'autres pays, tels l'Allemagne ou les États-Unis, connaissent un démarrage plus tardif, mais également plus rapide, si bien que les écarts initiaux seront comblés lorsqu'éclatera la Première Guerre mondiale.

cf. *synthèse* p. 19

1. Les « vieux pays » industrialisés

1.1. La Grande-Bretagne à l'apogée de sa puissance

1.1.1. Le ralentissement de la croissance britannique

• *L'essoufflement des industries de la première révolution industrielle*

Globalement, en 1870, la Grande-Bretagne réalise 32 % de la production manufacturière mondiale. Mais cette part passe à 19,5 % en 1900 et 14,1 % en 1913. La suprématie industrielle de la Grande-Bretagne est donc ébranlée au cours du dernier quart du XIXe siècle. Cette remise en cause est perceptible à travers le rythme de croissance de la production de houille et celui de la production de fonte et d'acier.

Production de houille, de fonte et d'acier en Grande-Bretagne de 1860 à 1913 (en millions de tonnes)

Années	Production de houille	Production de fonte	Production d'acier
1860	80	3,8	1,5
1880	149	7,8	3,7
1900	230	9,1	6
1913	290	10,4	9

Source : P. Bairoch, cité par J.-P. Rioux, *La Révolution industrielle*, Paris, Le Seuil, 1971, p. 95-96.

Les industries motrices ont été le textile à la fin du XVIIIe siècle et la sidérurgie à partir des années 1830. Ces activités ont bénéficié de l'absence de concurrence étrangère jusqu'à la moitié du XIXe siècle, et éprouvent des difficultés à entraîner encore la croissance anglaise.

• *La contestation de la suprématie commerciale anglaise*

L'économie britannique peut, après 1846 et l'abolition des *corn-laws*, être considérée comme ayant choisi un modèle de croissance extravertie. Jusqu'à l'arrivée des concurrents étrangers, la Grande-Bretagne importait

des produits de base et exportait des produits manufacturés, avec une balance commerciale structurellement déficitaire. En revanche, elle recevait de l'étranger les revenus des invisibles (fret, assurance, bénéfices rapatriés...) pouvant ainsi solder ses échanges commerciaux et, en plus, consacrer ses excédents de devises à des investissements directs. Pourtant, ce modèle de croissance comportait en lui-même les germes de sa remise en cause.
En effet, les pays accueillant les capitaux et les techniques de production anglaises, les États-Unis ou la Russie, ont bénéficié d'un savoir-faire qui leur a permis d'améliorer leur compétitivité. Dès lors, il n'est pas surprenant de voir leurs parts de marché s'accroître rapidement. En 1870, les États-Unis réalisaient 23,3 % de la production mondiale de produits manufacturés ; cette part s'élève à 35,8 % en 1913. Contestée sur ses marchés extérieurs, la Grande-Bretagne offre des débouchés proportionnellement de moins en moins importants : elle n'absorbe plus que 17 % des exportations mondiales en 1913, contre 26 % en 1873. Du point de vue des échanges internationaux, la période 1880-1914 correspond à une remise en cause de la situation dominante de la Grande-Bretagne.

1.1.2. La Grande-Bretagne conserve cependant des atouts

• *Le rôle des services et de la finance*

Plus vite lancée dans un processus d'industrialisation, la Grande-Bretagne s'est dotée rapidement de moyens pour commercer : une marine marchande et des compagnies d'assurance telles que la Lloyd's. Ces activités ont logiquement vu leur volume d'affaires croître au même rythme que celui du commerce international. Lorsque de nouveaux pays se sont insérés dans le commerce international, les entreprises anglaises de services, dominantes sur leurs marchés, en ont profité pour conquérir de nouveaux clients et ainsi renforcer leur position.
La montée en puissance des autres économies européennes s'est accompagnée d'une réaffectation des investissements directs anglais. Au fur et à mesure que la France, l'Allemagne ou la Russie augmentaient leur participation aux échanges internationaux de marchandises, les perspectives de profits se réduisaient, ou du moins augmentaient plus lentement pour les investissements effectués dans ces pays. En effet, la concurrence plus âpre se traduit par des tensions sur les prix de vente, donc sur les marges et en fin de compte sur les bénéfices redistribuables. C'est pourquoi les investissements anglais en Europe ne représentent plus en 1913 que 5 % du total, contre 50 % en 1880. Ce sont les investissements dans les pays neufs qui progressent le plus vite, à savoir l'Argentine et des pays de l'Empire britannique (Canada, Nouvelle-Zélande, Australie, Afrique du Sud). Leur part dans les investissements anglais passe de 10 % à 45 % entre 1880 et 1913.

• *Le rôle de l'Empire colonial*

Dans la première moitié du XIXe siècle, l'Empire jouait un double rôle dans l'économie britannique. D'une part, les colonies fournissaient des matières premières à bon marché, comme les cotonnades indiennes, d'autre part, l'Empire offrait des débouchés aux industries anglaises, même si pour ce faire, la destruction des activités indigènes s'avérait nécessaire, comme ce fut le cas du textile en Inde.

À partir du troisième quart du XIXe siècle, cette division du travail entre la métropole et les colonies évolue et les dominions produisent à leur tour des produits manufacturés. Il y a à cela plusieurs raisons :

- la disponibilité de capitaux anglais pour financer l'industrialisation ;
- l'existence d'une main-d'œuvre d'origine européenne, capable d'adopter des techniques de production importées de métropole ;
- l'obligation d'installer des activités à forte valeur ajoutée, pour offrir des débouchés solvables aux industries britanniques.

L'Empire colonial britannique permet donc à l'économie anglaise de bénéficier d'approvisionnements diversifiés et de débouchés privilégiés, soit pour ses produits manufacturés, soit par exportation de ses techniques de production et de ses capitaux.

1.2. L'ambiguïté de la croissance française

1.2.1. Des structures productives fragiles

• *Les effets de la spécialisation bancaire*

À partir des lois de 1863-1867 sur les sociétés anonymes, les créations de banques s'accélérèrent sous forme de sociétés anonymes : de 29 banques actives et publiant un bilan en métropole en 1891, on passe à 105 en 1912. Les banques sont d'abord peu différenciées ; mais à partir de la faillite de l'Union générale en 1882, la distinction s'établit entre banques de dépôts et banques d'affaires.

Les banques de dépôts, comme le Crédit Commercial de France (1894), ont pour vocation de collecter les dépôts des particuliers et d'effectuer des placements à court terme ou très sûrs à l'image des bons du Trésor* ou des obligations garanties par l'État, comme les fameux emprunts russes.

Les banques d'affaires trouvent des ressources par l'émission d'obligations à long terme et ont pour rôle de financer les investissements industriels ou les infrastructures, par exemple ferroviaires. Cette spécialisation favorise le développement d'un financement intermédié* mais pénalise le recours à la finance directe, c'est-à-dire prive les entreprises françaises du financement par émission de valeurs mobilières. De plus, échaudées par le krach de 1882, les banques de dépôts françaises se désengagent progressivement du secteur industriel en cédant les participations qu'elles détiennent dans les grandes entreprises.

• *Les contrastes de l'industrie française*

En 1870, l'industrie française réalisait 10,3 % de la production manufacturière mondiale, contre 7 % en 1913. Cette évolution laisse apparaître des réalités bien différentes suivant les secteurs industriels. Le textile, première industrie d'envergure, est fortement concurrencé par l'essor des « pays neufs » et connaît une croissance faible entre 1880 et 1913 (1,2 % en moyenne annuelle). D'autres secteurs sont beaucoup plus dynamiques, comme l'industrie mécanique (5,7 % de croissance annuelle moyenne) ou la métallurgie (3 %).

L'industrie française incorpore les innovations moins rapidement que celle des autres pays, du fait de la conjonction de plusieurs raisons :

- les inventeurs, considérés comme des rêveurs, agissent souvent de manière isolée et sont mal relayés par les industriels (cinéma, photographie, aéronautique…) ;

- les industriels recourent massivement à l'autofinancement, ce qui les incite à la prudence et à l'attentisme ;
- les chercheurs ne sont pas reliés à l'industrie car une découverte peut ne pas avoir d'utilisation productive avant un délai assez long ;
- les fabricants visent les techniques qualitativement sûres, au détriment des techniques plus productives, qui permettraient d'atteindre plus tôt le stade des économies d'échelle.

Enfin, si la concentration des entreprises est moins accentuée que dans les autres pays, ce constat est surtout sensible dans les activités peu capitalistiques comme le travail du bois, celui des cuirs, peaux et étoffes. À l'inverse, les activités capitalistiques comme la métallurgie, connaissent une expansion caractérisée par une concentration plus affirmée.

1.2.2. Une insertion particulière dans les échanges internationaux

• *Des échanges extérieurs marqués par le protectionnisme*

L'ouverture sur l'extérieur n'a jamais été une caractéristique essentielle de l'économie française, ni une préoccupation de ses dirigeants. En 1875, avec 12,7 % des exportations mondiales, la France occupait le second rang du commerce mondial ; elle se trouvait à la quatrième place en 1913 avec une part tombée à 7,6 %. Son commerce extérieur avait progressé mais moins vite que celui des « pays neufs ».

À partir de 1880, l'ouverture des frontières, consentie à contrecœur par nombre de responsables industriels et agricoles, est remise en cause. C'est le ralentissement de l'activité constaté dans les années 1870 qui sert de prétexte à l'instauration de mesures protectionnistes. Un premier volant de mesures modérées entre en application à partir de 1881 ; mais à partir du début des années 1890, une vague protectionniste envahit la société française : les lois Méline sont votées par la Chambre le 17 janvier 1892.

Le dispositif est basé sur une différenciation des tarifs douaniers selon les pays d'origine des produits importés. Le *tarif général*, le plus élevé (15 à 30 % selon les produits), s'applique à tous les pays. Par contre, des conventions peuvent être signées avec certains pays pour leur accorder le *tarif minimum* (12 à 20 %), au-dessous duquel aucun n'échange n'est possible.

Le protectionnisme ne fut pas remis en cause avant 1914. L'arsenal a même été renforcé par la loi du 19 mars 1910 relevant les taux *minima* pour permettre aux gouvernements de lutter contre le *dumping**.

• *Des investissements guidés par une logique financière*

Entre la fin du XIXe siècle et 1913, l'épargne des Français a environ doublé, atteignant annuellement 4 à 5 milliards de francs. Ces flux, contrairement à la Grande-Bretagne, n'alimentaient pas le financement direct de la croissance des entreprises, mais étaient davantage dirigés vers des placements « sûrs » comme les obligations d'État ou les bons du Trésor.

L'épargne française a été de plus en plus orientée vers l'exportation de capitaux. Pour des raisons de politique étrangère, les gouvernements français ont en effet encouragé les placements dans des emprunts étrangers, privés ou publics. L'exemple des emprunts russes est révélateur : de 1890 à 1913, 1 600 000 souscripteurs, souvent de la petite bourgeoisie, leur consacrent leur épargne, au total 13 milliards de francs.

À la veille de 1914, les engagements français à l'étranger se montent à environ 50 milliards de francs, et leur revenus permettent l'entrée des devises nécessaires pour financer le déficit commercial. Même si les entreprises françaises vendent peu aux pays emprunteurs, négligeant ainsi leur assise économique et industrielle, la France peut avoir l'impression d'être un pays prospère.

2. D'autres pays connaissent un développement accéléré

2.1. L'essor de l'économie allemande

2.1.1. Le dynamisme de l'industrie lourde

• *Le rôle moteur des transports*

À l'instar de ses deux prédécesseurs européens en ce domaine, l'Allemagne a commencé son processus d'industrialisation par une révolution agricole. Celle-ci a permis de multiplier la production agricole par près de 2,5 entre 1810 et 1865, si bien qu'à partir de 1850, l'Allemagne exporte des céréales. Mais la crise de 1873-1879 se traduit par un effondrement des cours et une baisse de la production. L'Allemagne est obligée d'importer des produits agricoles pour satisfaire une demande croissante, du fait des taux de natalité élevés. En 1914, le déficit alimentaire est de l'ordre de 20 % de la production agricole : l'exportation est donc une nécessité vitale pour l'Allemagne, qui doit impérativement trouver des débouchés extérieurs, d'où l'importance des moyens de transports.

L'Allemagne a commencé sa révolution industrielle plus tardivement que la France et la Grande-Bretagne. Elle a donc bénéficié de l'expérience, des progrès techniques... et des capitaux anglais. C'est pourquoi les transports, et en particulier le chemin de fer, ont pu jouer un rôle moteur dans le processus d'industrialisation (la première locomotive a été construite en 1841 en Allemagne). De 19 500 km en 1870, la longueur des voies ferrées passe à 43 000 km en 1890 et 61 000 en 1910. La comparaison avec le tableau ci-dessous permet de mettre en évidence la corrélation entre la croissance du réseau ferroviaire et celle de l'industrie lourde.

Production de houille, de fonte et d'acier en Allemagne entre 1880 et 1913 (en millions de tonnes)

Années	Production de houille	Production de fonte	Production d'acier
1880	47	2,4	2
1900	100	7,5	7,3
1913	190	16,7	17

Source : P. Bairoch, cité par J.-P. Rioux, *Op. cit.*, p. 95-96.

La production de moyens de transports, sans oublier la construction navale (en 1913, l'Allemagne possède la troisième flotte commerciale mondiale) a donc permis des effets d'entraînement en amont, stimulant et entretenant ainsi la croissance économique et l'industrialisation.

• *Un système productif épaulé par les banques et précocement concentré*

Les banques allemandes jouent un rôle particulier dans le processus d'industrialisation. Les « 4 D »*, les quatre plus grandes banques allemandes, assuraient en 1914 près de 80 % de l'activité bancaire et leur capital avait été multiplié par 4,8 environ entre 1890 et 1914. Cette concentration bancaire a facilité les rapprochements avec une industrie possédant la même caractéristique. Celle-ci obtient aisément des prêts bancaires pour moderniser et rationaliser sa production. En contrepartie, les banques participent au capital des entreprises industrielles et leurs représentants siègent aux conseils d'administration. La plus grande société de charbonnages de la Ruhr, la Gelsenkirchen, est ainsi contrôlée par l'une des 4 D, la Diskonto Gesellschaft. Des interdépendances étroites existent donc en Allemagne entre les milieux bancaires et industriels, permettant aux uns et aux autres de bénéficier de synergies.

La phase B du cycle 1850-1895, entamée avec la crise de 1873, accélère le processus de concentration du système productif. Ce phénomène suit une logique darwinienne : les petites entreprises, plus fragiles, sont acculées à la faillite par la baisse de leurs recettes consécutives à la chute des prix, alors que les plus grandes résistent mieux car elles sont plus à même, par leur taille, de répercuter la baisse des prix sur leurs fournisseurs. Ainsi, en 1895, un tiers seulement des entreprises du textile survivent par rapport à 1885. Le processus de concentration s'achève au début du siècle en donnant naissance à des structures de nature différente :

cf. *synthèse* p. 21

- au niveau horizontal, les cartels proviennent d'une entente de plusieurs firmes, indépendantes financièrement, qui fixent d'un commun accord, les prix et les quantités produites, comme pour la production de potasse en Saxe et en Alsace (depuis 1904), qui est dominée par un seul cartel ;
- au niveau horizontal toujours, certaines grandes entreprises absorbent les plus petites lors de la dépression : on peut citer ici le cas de la Badische Anilin und Soda Fabrik, créée en 1865, employant 7 000 salariés en 1870 et 77 000 en 1882 ;
- enfin, les *konzern* constituent une forme de concentration financière et verticale, en étant formés de sociétés liées par des participations croisées : ainsi, Hugo Stinnes possède des mines de charbon et de fer, des entreprises de la métallurgie et chimiques, des fabriques de papier et des journaux…

2.1.2. Une forte intervention de l'État

• *Un État dirigiste*

L'État mène une politique active d'aménagement du territoire et assure un rôle de régulation de l'activité économique.

En 1873, Bismarck installe un Office des chemins de fer et le dote de pouvoirs étendus. Il peut construire des lignes dans tout le Reich et contrôle l'installation des lignes privées. Les voies fluviales ne sont pas négligées : le canal de Kiel est construit en 1896, les lits des fleuves sont creusés et aménagés (Rhin) ou canalisés (Main). Des ports fluviaux y sont installés. Les commandes d'État en armement ou en vaisseaux de ligne

constituent autant d'autres stimulants puissants à l'activité de l'industrie lourde.
L'intervention de l'État s'effectue aussi par voie réglementaire et légale. Soucieux de pouvoir mener une politique active, Bismarck impose le mark comme monnaie unique (1873) et attribue à la Reichsbank le monopole de création de monnaie fiduciaire (1876). Le Reich perçoit dorénavant des impôts indirects (sur les tabacs, l'alcool et le café) et dispose ainsi de ressources propres, bien que limitées au regard des souhaits du chancelier. Celui-ci rejoint les préoccupations des industriels et des propriétaires terriens lors de la crise de la décennie 1870 en instaurant des droits de douane pour protéger le marché intérieur, tout en augmentant de manière sensible les recettes du Reich.

• *Le « socialisme d'État » bismarckien*

Soucieux de limiter l'influence social-démocrate, et après avoir tenté la manière forte, Bismarck applique à partir de 1883 une politique sociale hardie pour une économie entrant dans un processus d'industrialisation. Votée à contrecœur par les conservateurs, toute une série de lois contribue à améliorer sensiblement le niveau de vie des salariés allemands :

- création de l'assurance maladie obligatoire en 1883, dont les ressources sont constituées aux 2/3 de cotisations ouvrières et pour un 1/3 de cotisations patronales ;
- indemnisation des accidents du travail à la charge du patronat (1884) ;
- lois sur l'invalidité et la vieillesse, prévoyant le versement d'une pension pour les travailleurs assurés depuis l'âge de 16 ans (1889), caisses alimentées pour moitié par des cotisations ouvrières et pour l'autre par des cotisations patronales.

Cette politique sociale se révèle être un échec politique pour Bismarck, puisque le SPD obtient près de 1,4 million de voix et 24 députés au Reichstag aux élections de 1890. Le chancelier songe alors à remettre en cause ce « socialisme d'État » mais est désavoué par l'Empereur Guillaume II qui met fin à ses fonctions. En dehors de cet aspect politique, la politique sociale a permis une certaine stabilisation de la demande intérieure, tout en incitant les entreprises allemandes à rechercher des gains de productivité pour pouvoir supporter le surcoût salarial qu'elle a induit.
En définitive, la période 1880-1914 consacre la réussite d'un modèle de développement (le « capitalisme rhénan ») basé sur une industrie dynamique mais protégée et une intervention économique et sociale de l'État plus forte que dans les autres pays européens.

2.2. La croissance des États-Unis

2.2.1. Le capitalisme américain atteint la maturité

• *Les États-Unis deviennent la première puissance industrielle du monde*

Le tableau ci-après (p. 16) montre que la période 1880-1914 correspond aux taux de croissance les plus élevés pour l'économie américaine ; on remarque paradoxalement que c'est au cœur de la « grande dépression » (1873-1896) que la croissance américaine est la plus rapide.

Taux de croissance (en %) de la production de biens par décennie entre 1869 et 1919	
Décennies	**Taux de croissance**
1869-1879	62
1879-1889	63
1889-1899	36
1899-1909	46
1909-1919	25

Source : R.E Gallman, cité par M. Niveau, *Histoire des faits économiques contemporains*, Paris, PUF, 1966, p. 90.

cf. *synthèse* p. 19

Cette croissance accélérée dont le rôle moteur a longtemps été attribué aux chemins de fer n'est pas récente : le *take-off* américain date des années 1840-1850. Ainsi, c'est en 1855 que la Grande-Bretagne achète pour la première fois une machine-outil américaine.

L'après-guerre de Sécession marque et provoque l'entrée dans une nouvelle étape de développement : entre 1880 et 1913, P. Bairoch estime que la production de houille fait plus que sextupler, celle de fonte se multiplie par 8 et celle d'acier par 26. Entre 1881 et 1885, les États-Unis réalisent 28,6 % de la production mondiale de produits manufacturés ; en 1913, leur part s'élève à 35,5 %. Et c'est en 1890 que la part de la production industrielle dépasse celle de la production agricole.

C'est donc bien entre 1880 et 1914 soit à peine un demi-siècle après son *take-off*, que l'économie américaine est devenue l'une des premières puissances industrielles du monde.

• *Les caractéristiques de l'industrialisation américaine*

L'industrie américaine est marquée dès la deuxième moitié du XIXe siècle par deux traits particuliers : une production de masse et une concentration particulièrement accentuée.

La recherche de gains de productivité élevés est une des constantes de l'économie américaine depuis le milieu du XIXe siècle. Les débuts de ce phénomène sont observables dans l'agriculture, à cause de la rareté du facteur travail. Mais cette quête du rendement maximum touche aussi l'industrie, qui adopte très tôt les procédés de rationalisation de la production, comme l'attestent des exemples de la première moitié du XIXe siècle : E. Whitney commence à utiliser des pièces standardisées pour la fabrication d'armes légères dès 1800, en 1849 la moissonneuse McCormick est construite avec le même procédé. Mais c'est avec Frederik Winslow Taylor* que cette organisation du travail se systématise à la fin du siècle.

Pour lutter contre la flânerie *(fallacy)* des ouvriers de métier et surtout casser le pouvoir que leur confère leur monopole des savoir-faire professionnels, Taylor instaure dans son aciérie de la Bethleem Steel Company une organisation du travail axée sur la recherche du maximum d'efficacité du travail ouvrier *(the one best way)*. Il s'agit de séparer les tâches de conception et d'exécution (division verticale du travail), ainsi que de découper le savoir-faire ouvrier en opérations élémentaires aisément assimilables (division horizontale du travail), pour pouvoir les confier à des ouvriers spécialisés au salaire moins élevé. La rationalisation de la production est encore davantage poussée avec H. Ford qui, au début du siècle, supprime un autre frein à la course à la productivité : l'instauration d'une chaîne de production automatisée pour la production des Ford T, parachevée vers 1913, lui permet d'éviter tout déplacement des ouvriers, qui seront ainsi, à l'image de C. Chaplin dans *Les Temps modernes*, rivés à leur poste de travail. L'économie américaine peut obtenir des gains de productivité élevés, qui lui permettront un accès rapide à la consommation de masse.

Un autre facteur possible de baisse des coûts de production réside dans l'obtention d'économies d'échelle. Pour les réaliser, les entreprises américaines se sont orientées précocement vers la voie de la croissance externe, c'est-à-dire de la concentration. Ainsi, la plupart des industries de la seconde révolution industrielle sont concentrées dès leur apparition. Dans l'industrie électrique naissante, les fusions se succèdent à un rythme si rapide que la General Electric se retrouve seule face à Westinghouse sur le marché américain avant la fin du siècle. Le même processus est observable dans toutes les branches d'activité, favorisant l'apparition de grands trusts, propriétés d'entrepreneurs sans scrupules, tels Vanderbilt pour les chemins de fer ou Carnegie pour l'acier. La Standard Oil, créée en 1870 par J.-D. Rockefeller ne raffine à ses débuts que 4 % du pétrole américain, mais parvient à contrôler 90 % des raffineries américaines en 1879 et détient 85 % du marché national en 1904. Regroupée en trust en 1882, et dissoute après le *Sherman Act** en 1890, cette entreprise s'est reconstituée sous forme de holding dès 1899. En définitive, la concentration relaye la croissance interne pour renforcer les économies résultant de la maîtrise d'un marché. Mais cette évolution n'avait de possibilité de durer qu'une fois résolue la question des débouchés.

2.2.2. Le rôle de l'immigration

• *Une main-d'œuvre abondante*

Période	Solde migratoire
1850-1880	+ 8 000 000
1880-1900	+ 12 000 000
1900-1914	+ 12 000 000

Source : J.-C. Asselain, *Histoire économique*, Paris, Presses de la FNSP & Dalloz, 1985, p. 146.

Une des particularités des États-Unis est d'avoir été un pays d'immigration. Comme le montre le tableau ci-dessus, les flux migratoires ont été plus forts lors de la Grande Dépression. Comme le note Jean-Charles Asselain, à la veille de la Première Guerre mondiale, les gains directs de population depuis le milieu du siècle précédent représentent l'équivalent de la population américaine de 1860. De tels transferts de population peuvent avoir des effets conséquents sur le développement économique :

- comme les immigrants sont souvent de jeunes adultes, ils permettent un apport de « capital humain » déjà constitué, qui décharge d'autant le pays d'accueil des coûts d'élevage et d'éducation ;

■ les immigrants contribuent aussi indirectement au rajeunissement de la population en permettant le maintien d'un taux de natalité plus élevé qu'en Europe ;
■ les immigrants, souvent désargentés, sont obligés de s'installer dans les grandes villes de l'Est, où ils acceptent, parfois comme prix de leur voyage, des conditions de travail et de rémunération moins favorables que celles qu'obtiennent les *WASP**, d'où l'intérêt que leur portent des entrepreneurs comme Taylor ;
■ le *melting pot* a entraîné l'apparition d'une structure sociale moins rigide qu'en Europe, permettant ainsi une plus grande fluidité sociale et préparant le terrain à une consommation uniformisée.

• *Un vaste marché intérieur*

Le rôle limité des échanges extérieurs dans l'industrialisation américaine tient à la conjonction de plusieurs facteurs.
D'abord, les entreprises américaines ont disposé très tôt d'un réservoir d'espaces et de matières premières qui paraissait illimité, et qui a sans doute freiné l'abandon d'une croissance extensive entre la guerre d'indépendance et les années 1840.
Lorsqu'elles ont privilégié la course aux rendements, elles ont ensuite obtenu des gains de productivité élevés qui leur ont permis d'adopter plus vite que dans les pays d'Europe une politique salariale expansionniste : les *five dollars day* de Ford en constituent l'exemple le plus célèbre. Cette évolution des salaires, non contrariée par l'immigration, a permis à l'économie américaine d'atteindre rapidement le stade de la consommation de masse, apte à offrir des débouchés aux entreprises géantes du pays. De plus, celles-ci vivent déjà depuis 1861, et surtout depuis 1890 (les tarifs McKinley) à l'abri de barrières tarifaires draconiennes, si bien qu'en 1912, le tarif douanier moyen est de l'ordre de 40 %, soit le double de celui du pays européen le plus protectionniste !

Conclusion

Ces quatre pays ont connu sur la période 1880-1914 un développement économique spécifique, mais suivant une direction commune, l'industrialisation accompagnée de l'apparition d'une classe ouvrière et un mouvement d'urbanisation. Après avoir prospéré chacune sur son territoire, ces économies en viennent à se concurrencer les unes les autres, générant ainsi des tensions internationales qui favoriseront l'éclatement de la Première Guerre mondiale.

cf. *synthèse* p. 59

Synthèses

1. Les étapes de la croissance économique

C'est le titre de l'ouvrage que W.W. Rostov publie en 1960 (traduction française 1963) où il développe une analyse historique du développement économique. Cette thèse adopte une vision évolutionniste de l'histoire de l'humanité, en concluant que toute société évolue selon le même modèle, en passant par cinq grandes étapes :

- la première étape est celle de la « société traditionnelle ». C'est une société préindustrielle où le secteur primaire demeure très majoritaire, tant dans la production de richesses que dans l'emploi ; marquée par de faibles gains de productivité, les conditions d'existence y sont difficiles pour la quasi-totalité de la population ;
- la seconde étape est celle des « conditions préalables au démarrage ». Il s'agit de l'ensemble des transformations économiques et sociales qui permettent des progrès dans l'industrialisation. Comme conditions préalables, on peut citer la révolution agricole, l'apparition de techniques nouvelles, le « désencastrement du marché » ou l'apparition d'une classe d'entrepreneurs dont l'importance est soulignée par P. Bairoch ;
- le « décollage » ou *take-off*, troisième étape, correspond à la période où « la société finit par renverser les obstacles et les barrages qui s'opposaient à sa croissance ». La croissance économique s'auto-entretient car le taux d'investissement dépasse 10 % de la richesse créée ;
- dans la quatrième étape, le « progrès vers la maturité », l'industrie prend une part croissante dans le revenu national et dans l'emploi, provoquant ainsi la généralisation du salariat et une urbanisation rapide ;
- la cinquième étape consacre « l'ère de la consommation de masse » : c'est maintenant la consommation qui entraîne principalement la croissance économique. Le caractère auto-entretenu de la croissance est ici assuré par le couplage consommation de masse-production de masse, permettant des économies d'échelle et des gains de productivité réguliers, alimentant la demande, donc la production.

Le schéma ci-dessous indique la durée de ces étapes pour quelques pays, telle que Rostov pouvait l'analyser au début des années 60.

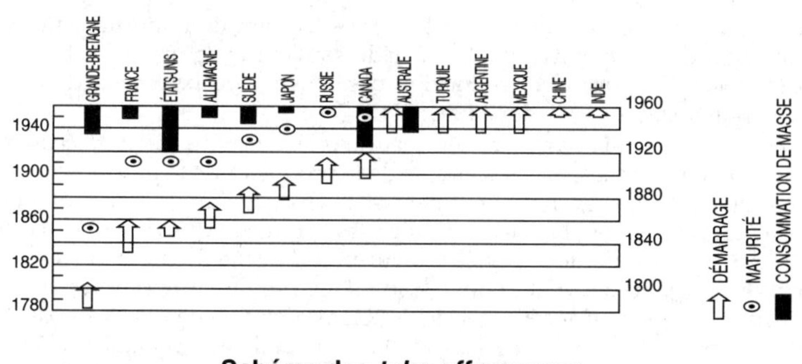

Schéma des *take-off* par pays

En adoptant la grille de lecture évolutionniste de Rostov, il est alors possible de considérer le sous-développement comme un simple retard de développement. Il s'agirait donc d'un problème technique : comment orienter les politiques économiques des PVD dans un sens plus favorable au développement ?

2. Les fluctuations cycliques de l'économie

Introduction

D'après le *Dictionnaire d'économie et des sciences sociales*, sous la direction de C.D. Echaudemaison, les cycles désignent « des mouvements de l'activité économique, alternés, récurrents, d'amplitudes et de périodicité régulière ».

1. Les différentes phases d'un cycle économique

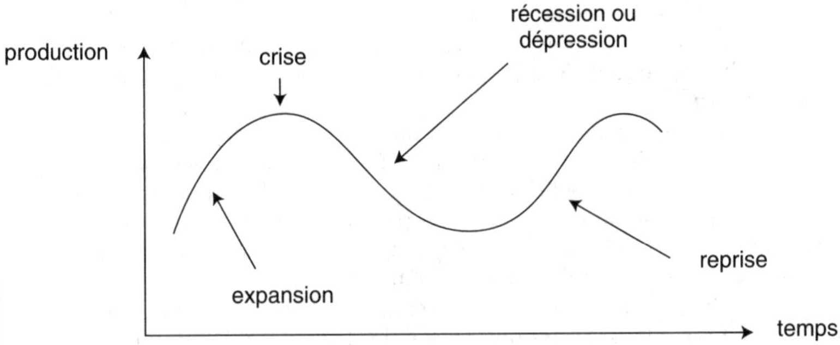

Schéma des cycles

C'est l'économiste français Clément Juglar qui, autour de 1860, mit en évidence le retour périodique des crises économiques. Comme l'indique le schéma ci-dessus, un cycle est caractérisé par quatre phases :

- l'expansion : phase de croissance de la production, des prix et des revenus. Comme la production augmente, les entreprises ont d'importants besoins de main-d'œuvre et pour les satisfaire, accordent des augmentations de salaire. L'emploi s'accroît, de même que les prix car les entreprises veulent rattraper leurs coûts de production en hausse et gonflent leurs prix de vente. Les revenus augmentant, la demande croît rapidement, entretenant les tensions inflationnistes ;
- la crise au sens strict, en d'autres termes le point de retournement de la conjoncture. Juglar note qu'elle coïncide souvent avec un krach boursier, provoquant une brusque contraction des moyens de paiement, donc une évolution négative de la demande ;
- la récession (ralentissement du taux de croissance de l'activité économique) ou la dépression (baisse durable de la production) : la production et les prix baissent ; les revenus diminuent et le chômage augmente. Comme la demande a fortement baissé, les entreprises éprouvent des difficultés à écouler leur production, donc réduisent leur prix de vente en rognant sur leurs marges. Elles ne peuvent maintenir le même rythme d'investissement ; les difficultés gagnent donc l'industrie des biens d'équipement. Les embauches diminuent et le chômage s'accroît. La demande des travailleurs privés d'emploi est plus faible que s'ils étaient en activité, de même les entreprises adaptent à la baisse leurs demandes de matières premières et de biens d'équipement. Donc la demande globale baisse encore ; les entreprises les moins performantes ferment leurs portes, licenciant leurs salariés, et provoquant ainsi une nouvelle contraction de la demande globale, donc une nouvelle baisse de la production… ;

■ la reprise de l'activité correspond au point où les anticipations des entrepreneurs ne peuvent être plus pessimistes. Les entreprises survivantes ne peuvent donc raisonnablement tabler que sur une croissance de la production et se préparent en rachetant des concurrentes ayant fait faillite, et de nouvelles machines, en embauchant de nouveaux salariés pour être prêtes à temps… Ce faisant, elles augmentent les moyens de paiement en circulation dans l'économie et créent elles-mêmes les conditions d'une nouvelle phase d'expansion, d'où le retournement à la hausse de la conjoncture et l'entrée dans un nouveau cycle.

Les révolutions technologiques et les branches motrices depuis le XVIIIe siècle

Révolutions technologiques **A : expansion** **B : récession**	**Branches motrices**	**Nations ou régions dominantes (1) en rattrapage (2)**
Première révolution technologique A : 1790-1814 B : 1815-1847	**Cycle vapo-textilier** Agriculture, métallurgie, mécanique, textile, charbonnages	Angleterre
Deuxième révolution technologique A : 1848-1874 B : 1875-1895	**Cycle carbo-ferroviaire** Charbonnages, sidérurgie, chemins de fer, BTP	États-Unis
Troisième révolution technologique A : 1896-1919 B : 1920-1939	**Cycle sidéro-mécanique** Sidérurgie, mécanique, industrie électrique, chimie minérale	États-Unis, Allemagne
Quatrième révolution technologique A : 1940-1967 B : 1968-1995 ?	**Cycle pétro-électrique** Automobile, aéronautique, armement, énergie nucléaire, électroménager, BTP, services sociaux, chimie organique	États-Unis (1) ; Europe occidentale, Japon (2)
Cinquième révolution technologique A : 1995 ?- ? B : ?- ?	**Cycle bio-électronique ?** Télécommunications, informatique, espace, loisirs et culture, environnement, chimie fine, bio-industries…	États-Unis, Japon (1) ; Europe occidentale, NPI (2).

Source : C. Stoffaës, *Fins de mondes*, O. Jacob, Paris, 1987.

2. Les différents cycles en économie

Repérer les cycles en œuvre dans l'activité économique n'est pas chose facile. En effet, il existe plusieurs types de cycles, de périodicité différente, dont les phases d'expansion et de récession sont enchevêtrées, si bien que la lecture des faits peut être problématique. On distingue toutefois trois cycles différents, en plus des cycles saisonniers ou des cycles liés à une activité particulière (comme le cycle du porc) :

■ les cycles Juglar, d'une durée de vie de 6 à 11 ans, s'observent en parallèle dans l'ensemble des pays industrialisés ;
■ les cycles Kitchin, d'une durée de 3 à 4 ans, sont liés aux comportements de stockage/destockage des entreprises. Quand la production s'écoule moins facilement, les entreprises se constituent des stocks. Lorsque ceux-ci dépassent le niveau désiré, elles ralentissent leur production pour alimenter le marché avec leurs stocks excédentaires, puis recommencent à produire pour alimenter le marché, recommencent à stocker lors de signes de ralentissement de la demande ;
■ les cycles longs ou cycles Kondratieff, du nom de l'économiste russe les ayant déterminés au début du XXe siècle. Durant environ un demi-siècle, ils

sont composés d'une phase A (phase d'expansion d'à peu près un quart de siècle), marquée par une croissance de la production et des prix, et d'une phase B, c'est-à-dire d'une phase de baisse des prix et de croissance ralentie, d'une durée analogue.

Après la Deuxième Guerre mondiale, le repérage des cycles longs devient délicat pour deux raisons :

- Kondratieff s'était intéressé aux mouvements des prix de gros et de détail au cours du XIXe siècle. Or, depuis les années 40, les prix augmentent quasiment continuellement dans tous les pays industrialisés ;
- il n'est pas possible de discerner les phases de dépression, puisque les taux de croissance des économies sont presque toujours positifs, à quelques exceptions près (les années 1975 ou 1993 en France). Seules sont observées des récessions, c'est-à-dire une succession de plusieurs années de croissance ralentie, comme la période 1979-1982.

3. L'interprétation des cycles longs par J.A. Schumpeter

Depuis la révolution industrielle, on peut repérer cinq grands cycles longs (voir tableau *supra* p. 21). Chacun des cycles est caractérisé par des branches motrices et une « grappe d'innovations ».

Pour Schumpeter, chaque cycle long observé depuis la fin du XVIIIe siècle peut être rattaché à l'introduction d'une innovation majeure dans l'économie. Une innovation peut être définie comme l'utilisation économique (c'est-à-dire productive) d'une invention ; une innovation majeure supposant un saut qualitatif. Schumpeter estime que chaque cycle est entraîné par l'apparition d'une innovation majeure dans une branche motrice, entraînant une révolution industrielle.

L'innovation majeure se décline ensuite sous plusieurs formes (innovations mineures) dans les autres branches de l'économie du fait des effets d'entraînement entre les différentes branches.

Ainsi, les innovations apparaissent par « grappes », mais avec un rythme de plus en plus faible, car plus on avance dans le temps, plus l'innovation majeure s'épuise : les innovations mineures sont de moins en moins sources de gains de productivité, en d'autres termes, le progrès technique se ralentit.

Dès que les marchés commencent à être saturés, les entreprises les moins performantes éprouvent des difficultés et disparaissent (processus de destruction), d'où augmentation du chômage et baisse de la croissance. Schumpeter qualifie cette destruction de créatrice car c'est elle qui incite les entrepreneurs à innover et permet l'apparition d'une nouvelle innovation majeure pendant la période de dépression. Lorsque les effets de cette innovation majeure commencent à se faire sentir, l'activité économique reprend, d'où l'entrée dans un nouveau cycle long.

3. L'institutionnalisation du marché

Dans son ouvrage, *La Grande Transformation,* publié en 1944, l'économiste Karl Polanyi analyse l'évolution des sociétés depuis le XIXe siècle, en la mettant en perspective avec le rôle du marché. La thèse centrale développée est que le marché n'est pas naturel. C'est une construction sociale, dont l'institutionnalisation a été favorisée par l'État. Le marché autorégulateur décrit par les auteurs libéraux ne peut être alors que considéré comme une fiction.

Polanyi montre que dans les sociétés traditionnelles, le marché était « encastré », c'est-à-dire que son fonctionnement dépendait d'institutions qui lui étaient extérieures, telles que la coutume, les règles juridiques de « droit divi », les corporations... Au cours du XIXe siècle, le marché s'est désencastré. En d'autres termes, le marché est devenu indépendant des autres phénomènes économiques et sociaux. Cette autonomisation du marché s'est doublée d'une exigence nouvelle, celle de l'asservissement des autres dimensions du système social aux phénomènes économiques. Cet avènement d'un « marché libre » a été paradoxalement obtenu par une intervention accrue de l'État, mais une intervention dirigée vers « l'établissement du laisser-faire ».

Pour se protéger, les sociétés ont été amenées à développer un « contre-marché », c'est-à-dire un ensemble d'institutions ayant pour but de préserver le lien social, en limitant l'influence du marché. Les syndicats de salariés, les organisations patronales, ou un État interventionniste, comme à travers une législation sociale, sont des exemples d'institutions limitant le poids du marché pour défendre la cohésion sociale.

La « grande transformation », c'est la rupture imposée par la dépression économique des années 30 et son cortège de crises sociales et politiques. Alors que de la révolution industrielle aux années 30, le marché avait prospéré en devenant l'institution prépondérante des sociétés occidentales, la dépression des années 30 donne, d'après Polanyi, un coup d'arrêt au processus d'expansion du libéralisme pur et dur.

Pour Polanyi, les politiques économiques et sociales pratiquées après les années 30 constituent une victoire des forces luttant contre l'expansionnisme du marché : l'économie a été placée à nouveau sous la domination de la société. En définitive, le « réencastrement » du marché traduit une socialisation de l'économie.

Depuis 1944, les faits atténuent la portée de l'analyse de Polanyi en ce qui concerne l'avenir de l'économie de marché. Cependant, les problèmes de la transition vers le capitalisme des pays de l'Est, confirment sa pertinence en ce qui concerne le lien entre économie de marché et société de marché.

Clés et repères

Bons du Trésor : titres émis par le Trésor public, créés en 1824, destinés à trouver un financement de court terme pour les dépenses de fonctionnement de l'État.

***Dumping* :** stratégie commerciale qui consiste à vendre à perte sur un marché (prix de marché inférieur aux coûts de production) pour éliminer la concurrence.

Financement intermédié : type de financement de l'activité où les agents à besoin de financement le satisfont en empruntant auprès d'un intermédiaire financier, qui au préalable a collecté l'épargne disponible. Il s'oppose au financement désintermédié, où l'agent à besoin de financement trouve des liquidités en émettant lui-même des titres financiers (actions, obligations ou billets de trésorerie) qu'il introduit sur les marchés financiers.

Quatre « D » : ce sont les quatre premières banques allemandes généralistes au XIXe siècle : la Darmstadter Bank (1855), la Diskontogesellschaft (1856), la Deutsche Bank (1870) et la Dresdner Bank (1872).

Sherman Act : législation anti-trust adoptée par le Congrès américain en 1890 sur proposition de John Sherman, frère du général nordiste de la guerre de Sécession. Cette loi n'aboutit en réalité qu'à donner naissance à une nouvelle forme juridique de concentration : la *holding* juridiquement tolérée remplace ainsi le *trust*.

Taylor (Frederick Winslow) : 1856-1915. Ouvrier américain devenu ingénieur puis directeur d'aciéries. On lui doit la composition des aciers à coupe rapide. C'est surtout le concepteur de « l'organisation scientifique du travail », qui consiste à chronométrer et à analyser chacun des gestes accomplis par les ouvriers de métier, afin de pouvoir les remplacer par des ouvriers spécialisés moins coûteux et globalement plus productifs.

***WASP* :** sigle de *White Anglo-Saxon and Protestant*. Terme désignant les Américains d'origine anglaise dont les ancêtres avaient émigré avant les grands flux migratoires débutant au milieu du XIXe siècle.

Chapitre 2

Les économies à l'orée du développement capitaliste entre 1880 et 1914

Cours

Introduction

À la fin du XIXe siècle, la plupart des grandes puissances d'aujourd'hui sont déjà entrées dans un processus de développement capitaliste, à deux exceptions près : le Japon et la Russie. Malgré des contrastes évidents (taille, dotation en matières premières, conditions politiques...), ces deux pays possèdent nombre de points communs, en particulier une sortie tardive de la féodalité et une implication particulièrement accentuée de l'État dans les transformations industrielles.

1. Le dynamisme japonais au lendemain de l'ère Meiji

Au printemps 1868, une coalition politique et sociale hétéroclite renverse le Shogun. Le jeune Empereur Mutsu Hito proclame le début d'une ère nouvelle, le Meiji (« politique éclairée »). Les nouveaux maîtres du pays comptent dans leurs rangs des personnalités participant au pouvoir avant 1868, mais aussi des hommes nouveaux, parfois d'origine modeste. Leur objectif commun est à la fois de retourner à la tradition, mais aussi de moderniser le pays. Il s'agit de s'appuyer sur la puissance du sentiment national pour doter le Japon de structures modernes lui permettant de faire jeu égal avec les étrangers.

1.1. L'État impérial joue un rôle actif dans l'industrialisation

L'État nippon est l'acteur essentiel du *take-off* du pays : son intervention est à la fois qualitative (organisation du développement) et quantitative (investissements publics).

1.1.1. Une politique de réformes favorable au développement économique

• *Les réformes agraire et fiscale et leurs effets*

Les institutions féodales sont abolies en 1871, mais ils faut attendre 1873 pour que les terres soient mises en vente librement, alors qu'en parallèle, un impôt foncier unique est levé. Il se monte d'abord à 3 % (puis 2,5 à partir des années 1880) de la valeur des terres possédées ; ce n'est donc pas un impôt lié au revenu des paysans, c'est-à-dire à la récolte. Représentant environ 30 % du revenu agraire, il permet de financer durablement le budget de l'État.

Effet pervers de la fixité de l'impôt, en cas de mauvaise récolte, les paysans sont obligés de recourir à des usuriers pour emprunter les sommes nécessaires pour le payer. Nombreux sont alors ceux qui perdent leurs terres (c'est le cas de 11 % d'entre eux entre 1880 et 1888) et sont donc contraints à l'exode rural, fournissant ainsi une main-d'œuvre bon marché pour l'industrie.

Par ailleurs, lors de la suppression des fiefs, l'État ménage la susceptibilité des *daimyô** ainsi que celle de leurs samuraïs*, en attribuant aux premiers une rente annuelle équivalente à 10 % de la valeur du montant des terres reprises et en pensionnant les seconds. Ces mesures entraînent rapidement une montée des charges de l'État et donc une forte croissance de la dette publique. En 1876, l'État a substitué aux pensions un titre de créance sur l'État, rapportant entre 5 et 7 % par an, d'une durée de 20 ans. Cette mesure devait permettre d'économiser la moitié des dépenses prévues à cet effet, mais elle est également à l'origine de la révolte des samuraïs en 1877. L'écrasement de celle-ci par les troupes impériales a eu deux conséquences majeures. D'une part, une partie de la dette publique s'est éteinte avec les samuraïs tués lors de la révolte ; d'autre part, les samuraïs déchus n'ont eu d'autre solution pour défendre leur statut social que de participer activement aux mutations en cours. À l'instar d'Isakawa, créateur de Mitsubishi, les samuraïs se révélèrent capables de reconversions commerciales et industrielles. Le Japon a ainsi trouvé sa classe originale d'entrepreneurs, dont l'existence est, depuis P. Bairoch, reconnue comme essentielle pour pérenniser le développement.

• *Un effort singulier pour l'éducation et la formation*

Dès son accession au pouvoir, le nouveau gouvernement lance le chantier de la formation dans deux directions complémentaires :

- en 1872, est rendue obligatoire mais non gratuite une scolarité primaire de seize mois, portée par la suite à 3 ans. Le système éducatif est hiérarchisé de façon napoléonienne, avec 8 académies comptant lycées et écoles primaires. En 1873, 46 % des garçons et 17 % des filles scolarisables vont à l'école. La gratuité de l'enseignement en 1907 permet de généraliser l'éducation primaire, tout en servant de propagande à l'État impérial ;
- en plus de cette instruction publique, l'État intervient précocement, de façon déterminante et variée dans la formation professionnelle :
  - envois de stagiaires japonais dans les entreprises étrangères et d'étudiants dans les écoles étrangères les plus modernes,
  - emploi de techniciens et de conseillers étrangers dans les entreprises d'État (qui servent ainsi d'écoles professionnelles « sur le tas ») et d'enseignants étrangers itinérants,
  - création d'écoles spécialisées conjointement avec les grandes firmes, comme dans l'industrie de la soie au début du siècle pour la moderniser.

La politique de formation japonaise, particulièrement pragmatique, est orientée à la fois vers la défense du nouveau pouvoir et vers le développement économique.

1.1.2. Le rôle moteur des investissements publics dans l'industrialisation

Assez classiquement, le gouvernement subventionne les entreprises pour accélérer leur développement, mais l'action des pouvoirs publics a été au Japon beaucoup plus radicale.

• *L'État a créé des entreprises dans tous les secteurs d'activité avant 1880*

La justification des investissements publics tient à l'insuffisance de l'épargne privée pour financer les investissements nécessaires, particulièrement dans les infrastructures. Ainsi, après avoir cherché à faire financer la construction de la ligne ferroviaire Kyoto-Osaka par des capitaux privés (Mitsui), l'État prend les travaux à sa charge, en lançant un emprunt auprès de souscripteurs anglais, et la ligne ouvre en 1872. La dépense publique pour les infrastructures augmente régulièrement jusqu'en 1900 ; sa part dans le budget de l'État régresse ensuite, l'effort initial le plus vigoureux étant accompli. Le caractère particulier de l'action publique nippone réside dans la variété des investissements réalisés :

- dès 1872, création d'une manufacture de soie où sont installées des machines italiennes et françaises ;
- fondation d'usines d'armement et d'aciéries à Yokohama ;
- construction d'arsenaux pour la production de vaisseaux de guerre (cuirassés) à Osaka ;
- mais aussi des manufactures de coton, de laine, de papier, des verreries et des cimenteries, des mines, des brasseries et des filatures.

En définitive, en 1880, l'État possède et gère directement 10 mines (charbon, cuivre, fer, or et argent), 5 arsenaux, 3 chantiers navals, 51 cargos, 52 usines diverses ainsi que les réseaux télégraphique et ferroviaire.
Ces investissements publics ont permis au Japon d'atteindre un taux d'investissement moyen de 13 % entre 1887 et 1907, avec une contribution publique à la FBCF oscillant entre 30 et 40 %. Par contre, les résultats financiers de cette politique prêtent à controverse : pour les uns, ces entreprises d'État sont revendues à partir de 1880 car elles seraient devenues rentables et économiquement viables en ayant franchi leur point mort ; pour d'autres, l'État s'en débarrasse à vil prix car leurs résultats sont décevants, du fait d'une gestion peu performante.

• La privatisation des entreprises publiques et le décollage du secteur marchand

La période 1877-1881 a été marquée par des troubles (révolte des samuraïs) peu propices aux récoltes et au commerce. La pénurie relative de denrées s'est donc traduite par une inflation dont l'effet global a été une redistribution des revenus et de la richesse au profit de l'État et des grands propriétaires terriens, détenteurs de biens matériels dont le coût réel est devenu très faible. Cette redistribution, au contraire, s'est faite au détriment des samuraïs pensionnés et des petits paysans — les revenus fixes des premiers étant réduits à peau de chagrin, et la charge fiscale des seconds, le plus souvent payée en nature à leur propriétaire, pesant de plus en plus en termes réels.
En 1881, un an après la création du yen et du système bancaire, 153,3 millions de yens papier sont en circulation, justifiant ainsi la politique déflationniste entreprise par Matsukata. En 1885, le volume de yens fiduciaires a été réduit de 20 %.
En contrepartie, le gouvernement a cherché à réaliser des économies dans les dépenses publiques, notamment en cherchant à se désengager des entreprises d'État fondées dans la décennie précédente. En mars 1882 est ordonnée la vente à des parts de toutes les entreprises d'État, exceptées les infrastructures et les entreprises travaillant à des fins militaires. Les acheteurs attendant la baisse des prix, conséquence des mesures déflationnistes, les ventes ne deviennent effectives qu'à partir de 1884. Pour l'État, le manque à gagner fut élevé : ainsi, les cimenteries où il avait

investi 468 000 yens ne furent revendues qu'un peu plus de la moitié de cette somme. Ces privatisations à bas prix peuvent s'expliquer par le souci de trouver des acheteurs pour ces entreprises peu compétitives ; mais il est possible d'y voir l'influence des amis du régime, gros commerçants ou grands propriétaires terriens enrichis par les réformes.
Les entreprises vendues en bloc à des groupes familiaux donnent ainsi naissance aux *zaibatsus** : les filatures de soie devinrent la propriété de Mitsui et les chantiers navals de Nagasaki celle de Mitsubishi. Le capitalisme japonais entre alors de plain-pied dans l'ère de la concentration.
Mais l'action économique de l'État ne cesse pas pour autant : entre 1880 et 1890, les subventions à l'industrie ont été multipliées par 7 en valeur réelle, ce qui permet le réel décollage de l'investissement et de l'entreprise privée au Japon. En se basant sur un taux de croissance du revenu national de 4 à 5 % par an entre le milieu des années 1880 et 1914, Rostov considère que le *take-off* du Japon a eu lieu en 1885.
Au Japon, pendant le dernier quart du XIXe siècle, l'État a orchestré et exécuté un processus de développement sans pareil dans les nations l'ayant précédé sur la voie de l'industrialisation. Ayant passé le relais au secteur privé, l'État nippon conserve cependant une forte implication dans l'économie au début du XXe siècle.

1.2. *L'extraversion précoce de l'économie japonaise*

Au début du siècle, l'économie japonaise s'appuie déjà sur le commerce international pour assurer son développement. Cet expansionnisme commercial se double d'un impérialisme militaire qui exerce des effets multiplicateurs sur la croissance économique.

1.2.1. Une industrie orientée vers la conquête des marchés extérieurs

Inspirés par une analyse classique du commerce international, deux constats permettent de comprendre les fondements de la stratégie commerciale du Japon. Le pays est d'abord contraint de se procurer les ressources productives dont il est dépourvu (machines et certaines matières premières) ; ensuite, il doit profiter de ses avantages comparatifs, en particulier une main-d'œuvre bon marché. Une politique de change appropriée renforce cet avantage par un *dumping* monétaire.

• *La mutation du commerce extérieur japonais*

À l'instar de l'industrie cotonnière en Grande-Bretagne, celle de la soie a joué un rôle moteur dans l'industrialisation du Japon. En 1875, elle représente 45 % de la valeur totale des exportations. Celles-ci étaient alors composées en quasi-totalité de produits primaires comme le cuivre ou le thé. Ces exportations — écoulées d'autant plus facilement que la demande mondiale en matières premières augmentait régulièrement pour les besoins des économies occidentales — ont permis au Japon d'importer des produits manufacturés, dont la valeur représentait au début des années 1880 près de la moitié de celle des exportations. Le Japon a ainsi pu se procurer les marchandises indispensables à son industrialisation sans avoir à s'endetter (trois emprunts internationaux seulement sur la période qui nous intéresse). Les exportations absorbant près des 2/3 de la production de soie, le secteur traditionnel artisanal est complété à partir de 1872 par des entreprises de taille industrielle davantage favorables au progrès technique (élevage du ver à soie, filatures). Le secteur traditionnel demeurant longtemps prépondérant, il assure à ses salariés ruraux des revenus qui leur permettent d'acquérir de plus en plus la production de l'industrie manufacturière visant le marché intérieur.

Cependant, le Japon ne se limite pas à cette insertion de type colonial dans le commerce international. En effet, les exportations de produits manufacturés ne représentaient en 1878 que 7,5 % de la production alors qu'en 1913, cette part est montée à 21,5 %. Par ailleurs, la part des produits manufacturés dans les exportations japonaises passe de 4,7 à 30,4 % sur la même période. À l'inverse, l'accroissement de la productivité agricole (+1,7 % par an au début du siècle) ne parvient pas à offrir assez de matières premières et de produits alimentaires, si bien que le Japon est contraint d'importer progressivement de plus en plus de produits agricoles de base. Pratiquant une substitution d'importations, c'est surtout le secteur des biens de consommation industriels (cotonnades), qui permet aux firmes japonaises après avoir conquis un marché intérieur, d'envahir les marchés étrangers, à commencer par ceux d'Asie. Pour cette expansion, l'industrie japonaise s'appuie sur les faibles coûts salariaux d'une main-d'œuvre abondante et disciplinée par tradition, où les femmes et les enfants paient le plus lourd tribut. En 1914, on comptait ainsi au Japon plus d'ouvrières (564 000) que d'ouvriers (384 000). Les hommes plus scolarisés et socialement encouragés à s'engager dans les activités nouvelles étaient recrutés par le secteur moderne leur assurant des salaires plus élevés et une garantie d'emploi.

• *La sous-évaluation du yen dope les exportations japonaises*

Grâce à leurs faibles coûts de production, les produits manufacturés japonais pénètrent donc les marchés extérieurs avec des prix anormalement bas. De plus, les exportations japonaises ont aussi bénéficié de la sous-évaluation du yen, renforçant ainsi le *dumping* social. En effet jusqu'en 1897, la valeur du yen était basée sur l'étalon-argent. Or, la plupart des économies occidentales s'étant converties au monométallisme (la France en 1878), la demande mondiale de l'argent diminue alors que celle de l'or augmente. Le cours de l'argent baisse donc et les monnaies toujours gagées sur l'argent, donc le yen avant 1897, sont soumises à un phénomène de dépréciation suivant le mécanisme de la « Loi de Gresham » : le yen, gagé sur la « mauvaise monnaie » (l'argent) est peu recherché dans le paiement des échanges, il est donc surabondant par rapport aux besoins internationaux, son cours baisse donc. Cette sous-évaluation du yen renchérit le prix des importations (ce qui est déjà favorable à la production japonaise) mais surtout baisse artificiellement le prix des produits japonais après leur conversion en monnaies étrangères pour la vente sur ces marchés. Un *dumping* monétaire s'ajoute donc au *dumping* social pour doper les exportations japonaises de produits manufacturés.

1.2.2. L'économie japonaise est renforcée par l'expansionnisme militaire

cf. *synthèse* p. 40

C'est un autre des traits caractéristiques du développement japonais à partir de la fin du XIXe siècle. Les différents conflits armés favorisent à plusieurs titres le développement économique du Japon.

• *L'industrie japonaise est confortée par les conflits*

L'impérialisme militaire profite pleinement à l'industrie japonaise dès la fin du XIXe siècle. Celle-ci trouve en effet des avantages dans l'extension militaire du territoire impérial :

- les dépenses militaires qui triplent entre 1900 et 1910 exercent un effet d'entraînement sur l'ensemble de l'industrie : en amont, sidérurgie, métallurgie et production de matériel de transport sont stimulées par les commandes provenant des arsenaux ; en aval, les commandes de cotonnades (uniformes) et de produits manufacturés accélèrent la croissance des industries de transformation ;
- la conquête de la Mandchourie et de la Corée permettent aux *zaibatsus* de se doter de nouveaux approvisionnements en matières premières, en particulier en charbon et en fer ;
- l'extension du territoire japonais signifie également une augmentation des marchés à la portée des trusts japonais, d'autant que les représentants de ceux-ci fréquentent les coulisses du pouvoir.

L'ensemble de ces facteurs contribue à dynamiser l'industrie nippone et provoque vers 1900 le passage à une nouvelle étape d'industrialisation, marquée par une collaboration avec des entreprises occidentales.

• *L'apport financier des victoires militaires*

L'impérialisme militaire exerce des effets directs et indirects sur l'économie japonaise. Chaque victoire militaire apporte en effet au pays des indemnités de guerre payables en or et en devises fortes. Ainsi, la victoire sur la Chine a rapporté 364 millions de yens en or et sterling au gouvernement japonais en 1895. En comparaison, la balance commerciale était déficitaire de 310 millions de yens entre 1896 et 1900. Ces indemnités de guerre ont donc contribué au paiement des importations, sans recourir à l'endettement pour assurer l'équilibre de la balance des paiements.

De plus, des victoires militaires ont permis au Japon de confirmer sa modernisation face à l'Occident et d'accéder ainsi au statut de nouvelle grande puissance à la veille de la Première Guerre mondiale : n'est-il pas en effet le premier pays asiatique vainqueur d'un pays européen (la Russie) au cours d'un conflit armé ? Entre 1904 et 1914, l'apport des capitaux étrangers n'est plus aussi négligeable que dans le passé puisqu'il représente près de 40 % de la valeur des importations japonaises. Il permet ainsi de supporter le déficit commercial permanent. Conformément aux principes nationalistes du Meiji, l'entrée de capitaux étrangers ne passe que très peu par l'emprunt, soupçonné de favoriser la dépendance par rapport à l'étranger, mais surtout par des investissements directs de firmes occidentales, créant des *joint-ventures** avec des capitaux nippons, en provenance essentiellement des *zaibatsus*.

Les traits originaux de l'industrialisation japonaise (un État initiateur et finançant les créations d'entreprises, ou un expansionnisme commercial et militaire exceptionnel) ont fait écrire à l'économiste japonais S. Tsuru que « des guerres successives et victorieuses ont été (…) un important facteur d'industrialisation rapide ». À la veille de la Première Guerre mondiale, coexistent dans l'économie japonaise un secteur moderne en expansion, mais minoritaire et un secteur traditionnel profitant de la croissance du premier par le biais de la sous-traitance en sus de ses débouchés habituels : le Japon était alors prêt à remplacer sur les grands marchés mondiaux les producteurs défaillants (France, Grande-Bretagne,

Allemagne) dont l'essentiel des ressources allait être mobilisé par la guerre.

2. Les balbutiements du développement dans la Russie tsariste

Comme pour le Japon, c'est la confrontation brutale avec la suprématie occidentale, en l'occurrence franco-britannique au cours de la guerre de Crimée (1855), qui provoque la volonté impériale de modernisation. Celle-ci se manifeste d'abord par des réformes institutionnelles « d'en haut avant qu'elles ne soient réclamées d'en bas » (*Manifeste impérial* de février 1856) : abolition du servage (serfs de la Couronne en 1858, généralisation aux serfs des particuliers par l'oukase de 1861) doublée d'une réforme agraire permettant aux paysans de racheter une partie des terres qu'ils cultivent en s'endettant pour 20 à 49 ans, réformes administrative et judiciaire en 1864... Après l'assassinat d'Alexandre II, un coup d'arrêt brutal est porté aux réformes politiques et administratives, mais l'État tsariste lance au contraire une forte impulsion pour favoriser le développement économique. Ces efforts publics ne sont hélas pas suffisamment relayés dans le secteur privé si bien que J.-P. Rioux les qualifie, dans *La Révolution industrielle,* « d'irruption maladroite d'un capitalisme violent ».

2.1. Le rôle moteur de l'État dans l'industrialisation

Depuis le début des réformes, la croissance de la production industrielle russe est irrégulière : à une croissance annuelle de 4 % entre 1861 et 1887, succède une accélération avec 7 % de 1887 à 1900, une stagnation de 1900 à 1905, suivie d'une nouvelle phase d'expansion à partir de 1906 (en moyenne une croissance de 5,5 % par an). Or, la période de plus forte croissance coïncide avec un regain d'intervention de l'État, de même que le surplace du début du siècle correspond à une période de réorientation militaire des dépenses publiques. Depuis le milieu des années 1880, l'intervention de l'État russe est marquée, tant en termes budgétaires que fiscaux.

2.1.1. Les pouvoirs publics privilégient les infrastructures ferroviaires

En plus des motifs stratégiques révélés par la guerre de Crimée, l'État souhaite développer les chemins de fer pour favoriser les exportations, de céréales en particulier. Ainsi, les exportations annuelles de céréales sont passées de 1,4 en 1861-1865 à 4,8 millions de tonnes en 1881-1885. Le souci d'agir dans l'intérêt du développement industriel n'apparaît qu'à la fin des années 1870, après la guerre contre la Turquie, victorieuse, mais ayant révélé les lacunes de l'industrie russe. Aussi justifié par la chute des cours mondiaux des céréales à la même époque, ce revirement s'accompagne d'un engagement beaucoup plus soutenu de l'État.

• *L'action jusqu'au milieu des années 1880*

Pour la construction des premières lignes de chemin de fer, la participation de l'État prend des formes variables :

- adoption de faibles droits de douane sur les produits manufacturés. Les rails et le matériel ferroviaire étant importés, leurs coûts demeurent ainsi compatibles avec une extension rapide du réseau ;
- prises de participation et versements de subventions à des compagnies privées ;
- garantie gouvernementale pour les capitaux engagés (prêts ou investissements directs) dans les entreprises ferroviaires russes ;
- construction directe par des compagnies publiques : l'État possédait ainsi 3 300 km de voies ferrées sur un total de 30 000 en 1887 contre 1 200 sur 11 500 en 1870.

En termes d'équipements ferroviaires, le bilan de cette politique est tout à fait respectable : sur cette période, la Russie construit en moyenne un peu plus de 1 100 km de voies par an, alors que l'Allemagne, pourtant engagée depuis plus longtemps dans le développement industriel n'en réalisait que 1 200. Mais en termes macro-économiques, les résultats sont moins positifs :

- malgré l'obligation faite aux compagnies de s'approvisionner pour moitié en rails fabriqués en Russie (1876), la production nationale n'occupe en 1884 que 25 % du marché, révélant les faibles effets d'entraînement de la construction ferroviaire sur l'ensemble du système productif ;
- les importations de rails ne cessent d'augmenter, alors que les recettes d'exportation fléchissent du fait de la baisse des cours des céréales, d'où la persistance d'un déficit commercial, qui oblige à recourir aux capitaux étrangers ;
- le revenu par tête progresse peu, si bien que l'épargne intérieure est insuffisante pour alimenter le système bancaire et financer les grands projets, l'essentiel des ressources étant destiné aux grands propriétaires céréaliers par l'intermédiaire de la Banque de Russie.

Cependant, les compagnies sont bénéficiaires, parfois largement grâce aux subventions publiques, si bien que S. Witte — ministre qui participa pleinement à ce renouveau — qualifie le début des années 1880 « d'âge d'or de la construction ferroviaire privée ». En plus de faire cesser ces gaspillages, l'État veut doper la production de l'industrie lourde, ce qui motive une transformation de son intervention.

• *Le grand « bond en avant » des chemins de fer après 1890*

L'État est résolu à favoriser le développement industriel *via* l'expansion du réseau ferroviaire. Pour ce faire, il tend de plus en plus à construire lui-même les voies, voire à racheter des lignes privées : en 1913, 70 % du réseau est nationalisé. À partir de 1890, la Russie connaît un véritable boom des chemins de fer, avec la réalisation du Trancaspien ou du Transibérien (1891-1902) : dans la décennie 1890, 2 000 km de voies sont construites en moyenne par an. Au tournant du siècle, le réseau ferroviaire russe a doublé de taille par rapport à 1885 ! Or, le taux de croissance annuel de la production industrielle atteint 8 % entre 1890 et 1900. La construction ferroviaire a donc exercé des effets d'entraînement diversifiés :

- en amont, elle stimule la production de rails et de matériel ferroviaire, donc la métallurgie et la sidérurgie. Ainsi, en 1870, la Russie produisait moins de 700 000 tonnes de fonte, alors qu'en 1910, la production atteignait 29 millions de tonnes. L'essor de ces branches entraîne celui des industries extractives (fer de Krivoirog ou charbon du Donetz) ;

- en aval, le chemin de fer favorise la circulation des produits, constituant ainsi une innovation favorable à une croissance de la production, comme la « Ligne Catherine » reliant depuis 1885 Krivoirog au Donetz a permis la naissance de la sidérurgie ukrainienne, le Transcaspien favorise les exportations de pétrole et les approvisionnements en coton des entreprises textiles de la Volga.

La crise du début du siècle touche surtout les chemins de fer, et par conséquent toutes les activités en amont : le niveau de production de fonte, de fer et d'acier de 1900 ne sera ainsi retrouvé qu'en 1908. En revanche, le secteur des biens de consommation, en retrait par rapport au dynamisme précédent de l'industrie lourde, fut épargné par la tourmente de 1900 : le doublement de la production sucrière de 1890-1900 se reproduit entre 1900 et 1912, la production cotonnière accélère sa croissance (+62 % entre 1900 et 1913 contre 39 % entre 1887 et 1900).

La période s'étendant du début du siècle à la Première Guerre mondiale est marquée par une relative autonomie de la croissance industrielle par rapport aux chemins de fer dont la construction fléchit (minimum en 1908-1911). Les débouchés de l'industrie lourde se diversifient en s'élargissant aux biens d'équipement nécessaires aux industries de transformation.

2.1.2. Les pouvoirs publics orchestrent le développement

• *Le monde rural paie un lourd tribut à l'industrialisation*

L'abolition du servage s'accompagna d'une réforme agraire dont les effets se révélèrent pernicieux pour les paysans. En effet, elle plaça les moujiks, disposant d'une liberté formelle, sous l'autorité du mir, lequel contrôlait l'exécution des travaux et redistribuait périodiquement des terres que les paysans pouvaient cependant avoir achetées quand même. De plus, pour que soit indemnisé le seigneur auquel appartenait la terre, le paysan s'endettait auprès de l'État, pour 20 à 49 ans, afin que celui-ci verse à l'ancien propriétaire une indemnité (en générale surévaluée) en bons d'État à intérêt de 6 % par an. Cette réforme agraire devait permettre au pays de disposer de fonds mobilisables par le développement de l'industrie et d'accroître la productivité agricole en accédant aux revendications des anciens serfs. Il n'en fut rien :

- la noblesse utilisa davantage les indemnités pour assurer son train de vie (dépenses de fonctionnement) que pour acquérir des biens d'équipement (dépenses d'investissement) ;
- écrasés par l'autorité du mir, les paysans perdirent leur motivation ; pour pouvoir payer les remboursements, ils obligèrent toute la main-d'œuvre disponible à rester sur les exploitations, d'où des sureffectifs patents dans la population active agricole. Ces deux facteurs se conjuguent pour expliquer une stagnation, voire une baisse de la productivité agricole par tête.

Avant le milieu des années 1880, c'est l'agriculture qui était censée financer les achats de biens d'équipement auprès des puissances occidentales, il fallait donc obliger les paysans à vendre leur récolte en évitant que celle-ci ne serve à l'autoconsommation. Une politique fiscale rigoureuse remplit cet office :

- impôts directs payés par la paysannerie en roubles ;

- impôts indirects sur les biens de consommation, le cas extrême étant le monopole d'État sur la vodka.

Illustrée par le propos cynique et prémonitoire (famine de 1891) du ministre des Finances Vyshnegradski en 1887, « nous mangerons moins mais nous exporterons davantage », la doctrine tsariste considérait que réduire la consommation paysanne permettait non seulement d'augmenter la part du revenu national disponible pour l'investissement mais aussi d'accroître les exportations, donc les recettes en devises, et ainsi de stabiliser la monnaie.

• *Un « protectionnisme éducateur » précoce*

La réorientation de la politique de construction ferroviaire au milieu des années 1880 justifie le revirement protectionniste du gouvernement russe. En effet, depuis 1861, le droit de douane moyen avait baissé pour descendre à 12,8 % de la valeur totale des importations entre 1871 et 1876. Sur la période 1885-1890, il est brusquement remonté à 28,7 %, voire même à 33,1 % sur 1891-1896. La politique suivie par S. Witte accentue donc un protectionnisme déjà présent, mais précède le relèvement général des tarifs douaniers de la fin du XIXe siècle. Le gouvernement russe compte tirer de nombreux avantages de cette nouvelle politique :

- permettre à l'industrie de se développer sur un marché abrité de la concurrence internationale (thèse du « protectionnisme éducateur » de F. List) ;
- trouver de nouvelles recettes fiscales pour continuer la politique budgétaire expansionniste sans écraser, sous de nouveaux impôts, un monde rural déjà opprimé et sujet à des révoltes ;
- retrouver des excédents commerciaux (par réduction du volume des importations rendues plus coûteuses par l'augmentation du droit de douane) et faire entrer des devises dans le pays pour raffermir le cours du rouble et préparer l'étape de sa convertibilité en or (1897).

Rassurés par le respect des « grands équilibres macro-économiques », les investisseurs étrangers viennent placer en masse des capitaux dans le système productif russe. Le protectionnisme est donc pour la Russie tout le contraire d'un repli sur soi !

2.2. *Une croissance ambiguë*

À l'instar de R. Portal, certains auteurs n'hésitent pas à évoquer « un âge d'or du capitalisme russe » pour la période 1908-1914. Cette conception peut légitimement être contestée lorsqu'on met en exergue les grandes caractéristiques de l'économie russe au début du siècle : la dépendance vis-à-vis de l'étranger et le dualisme du système productif.

2.2.1. La Russie sous influences

• *Un déficit d'entrepreneurs nationaux*

Contrairement à la Grande-Bretagne un siècle plus tôt, ou aux États-Unis à la même époque, la Russie n'a pas connu d'entrepreneurs « schumpétériens » et a la plupart du temps recouru à des chefs d'entreprise d'origine étrangère. C'est un Anglais né en Allemagne, L. Knoop, qui fonda en 1860 une filature de coton utilisant l'énergie hydraulique ; c'est encore un Anglais, J. Hughes, qui créa les premiers hauts fourneaux du Donetz en

1869 avec la Nouvelle Société russe ; ce sont les frères Nobel qui exploitèrent le pétrole de Bakou à partir de 1879…
Le personnel d'encadrement des sociétés à capitaux étrangers appartiennent souvent à la nationalité des actionnaires majoritaires : les gestionnaires et les techniciens français, belges et allemands étaient ainsi nombreux dans les mines ou la métallurgie. Mais la préexistence d'une classe d'entrepreneurs n'est pas une condition nécessaire du développement de l'industrie comme le montre l'exemple du Japon qui a suscité la reconversion de sa noblesse dans les affaires.
Cependant, la noblesse russe se révèle bien peu attirée par la modernisation économique, fût-elle celle de ses domaines agricoles. L'indemnisation versée par l'État après la réforme agraire et l'augmentation du prix des terres, absorbées par des dépenses improductives, n'ont pas permis de financer les investissements industriels.
Reste la bourgeoisie, en particulier les paysans libres, les koulaks-propriétaires. Ceux-ci ont bien entrepris de moderniser leurs exploitations pour les rendre plus productives et plus rentables, mais cet effort concentre l'essentiel de leurs ressources financières, sans possibilité de dégager de surplus pour l'industrie.
À la veille de la Première Guerre mondiale, apparaît cependant une petite classe d'entrepreneurs russes, née des progrès de l'instruction (triplement des effectifs scolarisés entre 1894 et 1913) et de l'installation « coopérants » étrangers et de leurs descendants.

• *La dépendance financière de l'économie russe*

En 1914, entre un tiers et la moitié du capital des sociétés établies en Russie appartiennent à des agents économiques étrangers. La présence étrangère est surtout concentrée dans quelques secteurs :

- les industries lourdes, comme la mécanique et la métallurgie, où le Cartel Prodamet présidé en 1910 par un représentant de la Banque de l'Union Parisienne, contrôle 70 % de la production (1908) ; les capitaux investis dans les mines étaient ainsi à 91 % étrangers contre 28 % dans le textile ;
- les banques comme la Russo-Asiatique, première banque russe par son actif dont 65 % des capitaux sont français en 1914.

Les emprunts russes

Cette dénomination recouvre l'ensemble des placements effectués par des agents économiques étrangers en Russie, dont les Français détenaient environ un tiers en 1914. R. Girault estime que ce portefeuille est partagé aux 4/5 en obligations d'État (ou titres assimilés) et pour 1/5 en investissements directs ou achats d'actions et d'obligations émises par des entreprises.
Échaudées par des échecs récents dans le financement de l'industrie, certaines banques françaises telles la Banque de Paris et des Pays-Bas (future Paribas) et le Crédit lyonnais se révèlent constituer des agents de propagande précieux pour le régime tsariste : elles démarchent systématiquement leurs clients pour leur proposer l'achat de titres d'État. Cette insistance, doublée de taux d'intérêt plus élevés qu'en France, explique l'engouement des épargnants, en particulier dans la petite bourgeoisie, pour les emprunts d'État. Au total, les placements français en Russie représentent en 1914 plus de 11 milliards de francs-or, soit presque le quart de tous les placements français à l'étranger.
Mais les bolcheviks se refuseront à rembourser les engagements financiers du régime tsariste, transformant ainsi la poule aux œufs d'or en junk bonds (obligations pourries) et fâchant pour plusieurs générations la population française et les marchés financiers.

Entre 1908 et 1914, 30 % du capital des nouvelles sociétés constituées provenaient de fonds étrangers. En 1900, les Français détenaient près du tiers des capitaux étrangers investis en Russie ; la Grande-Bretagne avec 22,6 % dépassait de peu l'Allemagne (19,7 %) et la Belgique (14,3 %). Depuis 1897, les investisseurs se sentaient protégés d'un risque de dépréciation du rouble et avaient cessé de demander la garantie du gouvernement russe. De plus, les droits de douane plus élevés invitaient à réaliser des investissements directs plutôt que de pénétrer le marché russe avec des produits étrangers.

Outre le fait que la croissance économique russe profitait surtout aux actionnaires étrangers qui rapatriaient les profits réalisés sans toujours les réinvestir sur place, cette dépendance du capital étranger possède un autre inconvénient majeur révélé par la crise de 1900-1903. Fin 1899, les économies occidentales connaissent une récession accompagnée d'une contraction des liquidités disponibles. Pour la Russie, les importations de capitaux devinrent plus problématiques, tant pour alimenter les crédits bancaires aux entreprises nouvellement constituées que pour le placement des bons d'État indispensables pour financer les commandes publiques. Les premiers touchés sont les chemins de fer dont la construction ralentit. Les activités situées en amont subirent un brutal tassement de leurs débouchés, provoquant baisse des prix (-40 % pour la fonte au deuxième trimestre 1900), augmentation du chômage et du nombre de faillites (3 000 entre 1900 et 1903). Du fait d'un surinvestissement durant la décennie précédente, la surproduction temporaire provoqua ainsi 33 fermetures de hauts fourneaux ukrainiens sur 66. L'ensemble de la filière dépendant des chemins de fer fut touché par cette récession consécutive à la baisse exogène des moyens de paiement. C'est donc bien la dépendance du financement de l'économie russe qui est à l'origine de cette fragilité industrielle.

2.2.2. La désarticulation* de l'économie russe

Le processus d'industrialisation dans lequel la Russie est engagée à la veille de la Première Guerre mondiale est caractérisé par la coexistence de 2 secteurs qui ont chacun une logique propre et autonome. Cette caractéristique repérable de nos jours dans certains pays du tiers-monde, s'accompagne de l'étroitesse d'un marché intérieur solvable.

• *Le dualisme du système productif russe au début du siècle*

En Russie, le processus de modernisation économique a touché l'industrie lourde et plus tardivement l'agriculture et le secteur des biens de consommation. En conséquence, les secteurs modernes se sont vigoureusement concentrés alors qu'au contraire la taille des exploitations agricoles a eu tendance à se réduire. Vers 1910, près de la moitié de la main-d'œuvre industrielle travaille dans une entreprise de plus de 500 salariés (contre un tiers aux États-Unis). Cette extrême concentration est due à l'origine étrangère de leurs capitaux propres. Les grandes banques d'affaires qui placent leurs capitaux en Russie recherchent les économies d'échelle, garantes de coûts de production plus faibles et de dividendes plus élevés ; elles privilégient donc les investissements de grande ampleur. De plus, confrontées à une main-d'œuvre peu qualifiée et conditionnée par des siècles de servage, ces entreprises adoptent les techniques de production les plus modernes provenant des usines occidentales, économisant le facteur travail. Nécessitant des investissements plus lourds, seule la grande entreprise pouvait rapidement les amortir. Enfin, ces grandes entreprises avaient un nombre réduit de débouchés : les chemins de fer ou l'exportation accaparaient l'essentiel de la production, si bien que les entreprises russes en aval ne profitaient qu'indirectement des nouveaux approvisionnements. Ainsi en 1913, les importations de biens d'équipement représentaient toujours les 3/4 de la production nationale.

Sachant que la mesure de l'emploi industriel exclut le champ de la petite production artisanale urbaine et rurale, le poids réel de la grande industrie ne doit pas être surestimé : elle n'occupait en 1913 que 4 à 5 % de la population active. La petite entreprise traditionnelle reste prépondérante dans l'emploi. À part celles du textile concurrencées par les grandes firmes, elles grandissent à l'ombre des grandes unités fortement concentrées.

Quant à l'agriculture, elle souffre d'un excédent de main-d'œuvre résultant d'une forte croissance démographique. Comme les familles sont incitées à garder tous leurs actifs afin de payer impôts et dettes, les terres réaffectées par le mir se réduisent d'année en année : en 1900, le lot moyen d'une famille paysanne était inférieur à ce qu'il était en 1861 ! Faute de moyens, les techniques de production ne sont pas modernisées et un dualisme existe aussi dans l'agriculture entre les exploitations des koulaks qui investissent (multiplication par 2,9 du stock des biens d'équipement agricoles en volume entre 1890 et 1913) et obtiennent des rendements en hausse (+26,5 % entre la décennie 1880 et les années 1900) et les petits paysans qui vivent en marge de l'économie de marché.

• *La faiblesse du marché intérieur*

Le manque d'effets d'entraînement de l'industrie lourde peut s'expliquer par le jeu concomitant de deux facteurs. Certes sa part dans l'emploi progresse mais elle reste cependant très minoritaire. De plus, le niveau des salaires est faible et leur croissance est irrégulière : ils augmentent globalement d'1/3 entre 1870 et 1910, mais stagnent depuis le début du siècle. Contrepartie de ces faibles niveaux salariaux, les profits plus élevés ne sont pas forcément réinvestis puisqu'en priorité ils doivent rémunérer les porteurs (étrangers) de capitaux. Au total, la croissance de l'industrie lourde n'est pas contagieuse pour l'ensemble de l'économie.

La productivité des petites exploitations agricoles, trop faible pour nourrir convenablement les familles des exploitants, n'aboutit pas à la production d'un surplus destiné à l'achat de produits industriels. L'achat de biens d'équipement agricoles est favorisé par le regroupement des terres car il permet de plus vite les rentabiliser. Or, seule la taille des exploitations de koulaks augmente, eux seuls peuvent donc s'équiper. L'agriculture n'offre donc pas de débouchés suffisants aux industries pour que leur croissance allège le nombre d'actifs qu'elle occupe. Encore faudrait-il pouvoir lever les obstacles institutionnels, comme le mir, qui entretiennent ce manque de productivité. Il faudra, pour ce faire, attendre les réformes de Stolypine en 1906.

En définitive, une main-d'œuvre abondante et improductive exerce une pression sur les salaires et modère leur progression. La demande solvable n'est alors pas suffisante pour provoquer un boom du secteur des biens de consommation, seul capable d'offrir des débouchés alternatifs aux chemins de fer, pour l'industrie lourde.

Conclusion

Peut-on dégager un modèle de croissance pour ces deux pays à industrialisation tardive ? Des points communs existent entre les croissances japonaise et russe, en particulier le rôle actif de l'État. Cependant, des contrastes importants apparaissent :

- en matière de branches motrices, l'industrie lourde en Russie, l'industrie de transformation au Japon ;
- en matière de relations financières internationales : un Japon privilégiant l'indépendance financière s'oppose à une Russie grande ouverte aux capitaux étrangers ;
- en matière de commerce extérieur, la Russie exporte surtout des produits primaires alors que le Japon exporte déjà plus de 30 % de produits manufacturés au début des années 10 ;
- en matière de classe dirigeante, la noblesse russe vit en marge du développement industriel alors que celle du Japon y participe largement.

Ces différences ont, entre autres, conforté les positions du Japon pendant la Première Guerre mondiale alors que la Russie tsariste a disparu dans la tourmente de la période.

Synthèse

L'impérialisme japonais

Les tentatives d'expansion militaire du territoire japonais ne constituent pas une nouveauté au XIXe siècle : en effet, les Tokugawa, qui dominaient le pouvoir shogunal, avaient essayé de conquérir la Chine dès le XVIIe siècle. Toutefois, la volonté impérialiste du nouveau pouvoir mis en place en 1868, s'appuie sur de nouvelles motivations :

- le besoin de nouveaux approvisionnements en matières premières et de débouchés supplémentaires pour l'industrie en croissance, d'où le soutien « actif » des *zaibatsus* à cette politique ;
- la position stratégique fragile du Japon, archipel s'étendant sur 1 700 km ;
- une croissance démographique forte, découlant à la fois de la croissance de la productivité agricole et de l'amélioration des conditions de vie (notamment sanitaires) : ainsi la population japonaise passe de moins de 35 millions d'habitants en 1872 à plus de 53 en 1914.

L'expansionnisme géographique est partie prenante de l'ère Meiji puisqu'il ne faut pas attendre plus de quelques années (1875) pour voir l'État impérial faire l'acquisition des îles Ryu-Kyu. À partir de 1885, le Japon exerce en commun avec la Chine un protectorat sur la Corée. En 1894, prétextant une révolte, le roi de Corée fait appel aux Chinois, fournissant ainsi au Japon un motif d'intervention militaire. Appuyé en silence par la Grande-Bretagne, qui favorise le Japon pour limiter l'influence russe dans la région, le Japon obtient, par le traité de Shimonoseki (1895), une série d'avantages géographiques :

- la Chine renonce à son protectorat sur la Corée mais est remplacée par la Russie (soutenue par la France et l'Allemagne), d'où le développement d'un fort sentiment anti-russe ;
- le Japon obtient l'annexion de Formose et de la presqu'île du Liaodong (comportant la rade de Port-Arthur qui permet le contrôle de la Mandchourie).

Mais devant les efforts de la France et de l'Allemagne, le Japon est contraint de renoncer à cette dernière conquête. En 1902, la Grande-Bretagne et le Japon signent un traité d'alliance dont l'enjeu est la limitation de l'influence russe pour la première et l'expansion territoriale pour le second. La Russie refusant d'abandonner la Mandchourie, la guerre devient inévitable et elle éclate en février 1904. En mai 1905, vainqueur, le Japon n'obtient que partiellement satisfaction lors de la signature du traité de Portsmouth (septembre 1906). En effet, le président des États-Unis, Théodore Roosevelt, inquiet de la progression nippone, a proposé ses bons offices pour limiter en réalité les ambitions japonaises. Tokyo obtient néanmoins le contrôle de la Corée, qui sera annexée en 1910 et maintient en Mandchourie un corps expéditionnaire qui sera utilisé en Sibérie après 1917.

En un peu plus de 40 ans, la Japon, seul à disposer d'un régime stable en Extrême-Orient, s'est constitué un empire et s'est imposé comme puissance montante.

Clés et repères

***Daïmyo* :** représentant de l'une des 276 grandes familles aristocratiques, détenant les pouvoirs administratifs et judiciaires. Il perçoit sur la population de son fief des redevances en nature, du riz essentiellement. À la veille de l'ère Meiji, ces redevances représentaient près de la moitié de la récolte nationale de riz.

Désarticulation : rupture de l'équilibre traditionnel entre les secteurs d'activités, entraînée par l'insertion exogène dans le système productif d'activités suscitées par les puissances industrialisées.

***Joint-venture* :** filiale créée par deux entreprises ou plus, sans qu'aucune ne la contrôle totalement.

Samuraï : noble sans terres, soumis à un code de l'honneur aristocratique : le *bushido*. En contrepartie de l'allégeance à un *daïmyo*, pour lequel il porte les armes, celui-ci lui confie l'usufruit d'un domaine appartenant à son fief.

***Zaibatsu* :** au sens littéral, terme japonais signifiant « clique financière ». Ce sont des groupes financiers fortements intégrés, propriétés de quelques familles comme Mitsui ou Yasuda. Ces trusts ont pris le contrôle du secteur moderne japonais après les privatisations des années 1880. Ils sous-traitent une partie de leur production aux petites entreprises artisanales. Ainsi naît à la fin du XIXe siècle l'un des traits caractéristiques du capitalisme japonais actuel : la coexistence de grandes unités de production de taille internationale avec un tissu de PME sous-traitantes. Dissous en 1945, ils se reconstituent au cours des années 50 sous la forme de *kereitsu* dont le noyau est constitué d'une banque commerciale (*city bank*), d'une maison de commerce (*sogoshosha*) et généralement d'un groupe d'entreprises de l'industrie lourde.

Chapitre 3

Les économies à la périphérie du développement capitaliste au tournant du XXe siècle

Cours

Introduction

En 1914, la population de l'ensemble des pays déjà engagés dans un processus de développement, ne regroupe guère que 450 millions de personnes alors que la planète compte environ 1,8 milliard d'habitants. Transformant les niveaux et modes de vie d'à peine un terrien sur quatre, l'industrialisation et ses effets constituent l'exception plutôt que la règle. En dehors de cette situation semblable à la périphérie du développement, il est difficile de rassembler des caractéristiques communes à l'ensemble de ces pays. Les pays européens qui ne participent pas au capitalisme industriel semblent « bloqués » au stade de la société traditionnelle et rurale. Pour les pays subtropicaux, la situation est radicalement différente puisque la plupart d'entre eux n'ont, au mieux, qu'une autonomie économique formelle (cas de l'Amérique du Sud) ; dans le pire des cas, ils sont officiellement dépendants des puissances européennes, comme l'Inde ou les pays d'Afrique.

1. Les pays d'Europe à société traditionnelle

Pour apprécier la diversité des situations économiques à la fin du XIXe siècle, il est d'usage de distinguer l'Europe occidentale, qualifiée d'« Europe du cheval-vapeur » de l'Europe du Sud et de l'Est, « l'Europe du cheval de trait ». Cette double métaphore a le mérite de cerner d'emblée la principale caractéristique de l'Europe en marge du développement capitaliste, la prédominance de l'agriculture. Cependant, des contrastes peuvent apparaître suivant les zones géographiques, en fonction essentiellement de l'histoire de chacune.

1.1. L'Europe méditerranéenne

Les deux péninsules, italienne et ibérique, ont connu des passés différents. En effet, l'Italie ne constitue réellement une nation que depuis 1870, alors que l'Espagne et le Portugal, puissances dominantes (et souvent associées) du XVIe au XVIIIe siècle, se remettent mal de la perte de leurs colonies d'Amérique du Sud dans le premier quart du XIXe siècle.

1.1.1. L'économie italienne entre tradition et modernité

• *Une croissance faible et inégale*

Avant 1870, les élites italiennes se sont davantage préoccupées d'indépendance politique que de développement économique, à l'exception notable de Cavour qui comprit très tôt la nécessité de disposer d'infrastructures nécessaires à l'expansion géographique du Piémont. Rien d'étonnant donc à ce que le rythme de croissance de l'Italie entre 1870 et 1913 soit presque de moitié inférieur à celui de l'Allemagne ou de la Russie (1,4 % contre respectivement 2,8 et 2,5 %). Non seulement cette croissance est plus faible, mais elle est aussi inégale géographiquement. Situé à un carrefour de voies marchandes depuis le Moyen Âge, le Nord de l'Italie s'est engagé plus vite dans la modernisation de son système productif, alors que l'activité demeure traditionnelle et rurale dans le *Mezzogiorno.*

• *Le dualisme Nord-Sud*

Le dualisme de l'économie italienne touche aussi bien l'agriculture que l'industrie mais de façon différente, puisque la première n'est pas de même nature, au Nord et au Sud, tandis que la seconde est quasiment inexistante dans le Sud.

En 1914, avec 57 % d'actifs dans l'agriculture, l'Italie demeure un pays rural où coexistent une agriculture moderne et dynamique et une agriculture archaïque. Les inégalités concernent la fertilité des terres, mais aussi la structure foncière.

- dans la plaine du Pô, « la bonification » des terres est poursuivie par les propriétaires terriens appuyés par des financiers. De nouvelles cultures sont introduites, comme la betterave sucrière, et les techniques de production modernisées (irrigation artificielle, engrais, machines agricoles...), si bien que les rendements céréaliers parviennent à égaler ceux de la France ;
- au contraire, le *Mezzogiorno* est une région de *latifundia,* où les grands propriétaires se cantonnent à une agriculture extensive, sans rechercher l'amélioration des rendements et de la qualité. Détenant les clés du pouvoir politique local, ils agissent auprès des autorités du pays pour que soit maintenu le *statu quo* agricole, empêchant toute réforme agraire pourtant demandée par les métayers et ouvriers agricoles. Ils parviennent même à faire adopter en 1883 un des tarifs douaniers les plus élevés d'Europe pour les céréales, au détriment des consommateurs. Les prix élevés ont ainsi retardé le progrès technique agricole dans le sud ;
- les conditions de vie de la petite paysannerie sont extrêmement précaires comme le montre l'*Inchiesta agraria,* le rapport du sénateur Jacini sur l'agriculture dans les années 1880. Les *braccianti* (journaliers) ne peuvent guère espérer que 150 journées de travail par an et sont donc incités à chercher un emploi d'appoint dans les mines ou le bâtiment. Les métayers occupent la mauvaise saison en s'organisant de façon analogue au *domestic system** de la révolution industrielle en Grande-Bretagne.

Les contrastes de développement se retrouvent aussi dans l'industrie. En effet, le Sud comptait bien une industrie textile, mais elle a été condamnée par l'unité et la disparition des droits de douane intérieurs.

L'axe Gênes/Milan/Turin concentre les activités en plein essor : l'essentiel des 3,7 % de croissance annuelle moyenne de la production industrielle est réalisé dans le Nord si bien que le revenu par tête dans le *Mezzogiorno* est inférieur de moitié à celui du Nord. Giolitti, alors Premier ministre, répond à la « question du Sud » par une politique de ségrégation positive* en octroyant des allégements fiscaux (qui profitent surtout aux latifundiaires), et met en chantier des infrastructures ferroviaires, portuaires (Naples) et routières afin de désenclaver le « talon de la botte italienne ».

• *Une industrialisation orientée d'abord vers les biens de consommation*

L'industrialisation italienne s'effectue en deux temps principaux entre 1880 et 1914.

■ jusqu'au début du XXe siècle, l'industrie est organisée autour du secteur des biens de consommation (textile, produits alimentaires…) et ne dépasse pas le stade de la manufacture ;

■ entre 1903 et 1914, la soierie connaît une remarquable prospérité et l'industrie cotonnière double sa production. Pourtant, l'industrie lourde demeure embryonnaire jusqu'à la fin du XIXe siècle. Les raisons sont multiples :

- faible attirance de l'industrie qui, concentrée dans les activités travaillistiques, occupe 80 % de femmes et donne aux salaires ouvriers un statut de revenu d'appoint,
- manque de matières premières, en particulier de fer et de charbon ;
- absence de source d'énergie, qui incitera les pouvoirs publics à miser avec succès sur le développement de l'énergie hydroélectrique (production de 2,5 milliards de kw en 1915),
- inexistence d'infrastructures indispensables pour l'essor des échanges et de la production,
- manque de capitaux, ce qui justifiera l'importation de capitaux allemands, anglais, français ou suisses pour financer les infrastructures nécessaires.

Les capitaux étrangers d'abord, la vente des domaines fonciers ou ecclésiastiques confisqués ensuite, l'impôt (l'un des plus élevé d'Europe) enfin, permettent à l'Italie de se doter d'infrastructures telles que le chemin de fer (1 623 km de voies ferrées en 1861 contre 16 053 en 1900), des ports et des réseaux de gaz et d'électricité. Le gouvernement tente de lancer une sidérurgie en favorisant la création des hauts fourneaux de Terni (1871) mais la production plafonne, et il faut attendre l'élévation des tarifs douaniers en 1885 pour qu'elle prenne son essor puis se concentre au début du siècle (cartel ILVA en 1905). En 1914, seuls les 3/4 des besoins sont couverts par l'industrie sidérurgique nationale.

Le début du siècle marque donc une ère nouvelle pour l'économie italienne : les industries traditionnelles comme le textile ou les produits alimentaires entrent en croissance ralentie, alors que la sidérurgie ou la métallurgie différenciée sont en plein essor. Des entreprises de grande taille voient alors le jour dans les biens d'équipement ou l'automobile : la Fabbrica italiana automobili di Torino (FIAT) est fondée par Giovanni Agnelli en 1899 ; Olivetti se crée en 1908 à Ivrea… Des banques allemandes ou suisses rachètent des banques italiennes ruinées au début des années 1890, comme la Banca commerciale italiana sauvée par la banque Bleichröder. Ces nouveaux partenaires financiers ont eu une influence majeure sur la formation de grands groupes nationaux capables d'affronter la concurrence étrangère, et auront une influence sur la formation des alliances pour la Première Guerre mondiale…

En définitive, à la veille de la guerre, l'Italie est un pays à dominante rurale, connaissant de profondes inégalités, tant géographiques que sociales (malgré les tentatives sociales de Giolitti), où l'industrie joue un rôle croissant mais minoritaire et ne permet pas au niveau de vie moyen d'un Italien de dépasser la moitié de celui d'un Français.

1.1.2. L'archaïsme économique de la péninsule ibérique

À la fin du XIXe siècle, l'Espagne et le Portugal semblent assister en spectateurs au développement du capitalisme industriel en Europe occidentale. Bien qu'ayant disposé d'un empire colonial important en Amérique centrale et du Sud, ces deux pays n'en ont pas tiré profit pour financer une modernisation de l'agriculture et un essor industriel si bien que le niveau de vie progresse peu. En comparaison de la Grande-Bretagne affectée d'une base 100, le revenu par tête en Espagne est de 47,5 en 1880 et de 38 en 1913. L'écart entre la péninsule ibérique et les pays industrialisés d'Europe s'accroît donc.

• *Une agriculture dominée par les grands propriétaires terriens*

L'agriculture est largement majoritaire dans le système productif : 80 % de la population portugaise vit dans des zones rurales. Les deux pays présentent en outre des caractéristiques agricoles communes : la prépondérance des *latifundia* et des disparités Nord-Sud. Les grands domaines sont surtout présents dans le Sud des deux pays et concentrent une part importante des terres. En Espagne, les propriétés de plus de 100 ha ne représentent que 0,28 % du nombre total d'exploitations, mais regroupent 43,7 % des terres alors que 98,1 % des exploitations ont moins de 10 ha et ne représentent que 35,7 % des terres. Rien d'étonnant donc à ce que la majorité des actifs ruraux soient des journaliers (55 %).
Les latifundiaires désertent le plus souvent leur domaine pour vivre en ville et y défendre leurs intérêts (droits de douane prohibitifs sur les céréales en 1868 en Espagne et 1899 pour le Portugal). Ils confient l'exploitation à des régisseurs, en visant une agriculture extensive pour laquelle ils se refusent à investir. Les micro-propriétés sont exploitées par de petits paysans contraints à une polyculture de subsistance sans moyens d'innover. La productivité agricole est donc très faible : l'Espagne est la lanterne rouge de l'Europe pour les rendements céréaliers (8,7 quintaux à l'hectare pour le seigle en 1913) et le Portugal n'exporte que du liège ou du vin !
La forte croissance de la population, entraînée par l'entrée dans la première phase de la transition démographique*, aggrave encore la situation à la fin du siècle car elle est surtout ressentie dans les campagnes, où elle entretient un sous-emploi permanent.

• *Une industrialisation bridée*

Malgré le pillage des ressources des colonies d'Amérique, l'industrialisation bute sur une insuffisance de moyens :

- la faiblesse des performances agricoles et le manque de recettes d'exportation expliquent certes l'inexistence d'un surplus suffisant pour financer le développement industriel. Mais surtout, l'oligarchie foncière se désintéresse du développement industriel, par crainte du risque : au début du siècle, les dépôts portugais à l'étranger se multiplient alors que le pays est en besoin de financement ;
- le système bancaire, embryonnaire au Portugal (si la première banque est fondée en 1821, il n'y en a que 13 en 1867), ne peut assumer le financement de l'industrie. En Espagne, il est extrêmement centralisé jusqu'au début des années 1890, où sont créées des banques régionales en Catalogne ou au Pays basque ;

■ l'industrialisation est aussi freinée par le manque de main-d'œuvre formée et qualifiée : en 1877, 72 % des Espagnols ne savent ni lire ni écrire. Ils sont encore 60 % en 1910.

Pour financer les infrastructures, des capitaux étrangers sont donc mobilisés, français, belges ou britanniques dans un premier temps. Ce sont les chemins de fer qui profitent des ressources dégagées par ces emprunts. En Espagne, le kilométrage de voies ferrées passe de 5 500 en 1868 à 10 000 en 1899 ; au Portugal, le réseau ferré passe de 950 km en 1877 à 2 300 en 1902. Mais, pour reprendre l'expression d'A. Dulphy, cette construction est un « greffon sans racine » : les compagnies s'approvisionnent au moindre coût en important du matériel étranger plutôt que de payer le surcoût que nécessiterait le démarrage de production locale, ce que favorise l'absence d'une protection douanière pour l'industrie jusqu'en 1891 en Espagne. Les premiers hauts fourneaux n'apparaissent qu'en 1880 sur la côte cantabrique ; en 1913 la production espagnole plafonne à 400 000 tonnes, soit vingt fois moins que la France.

Les capitaux étrangers sont également investis dans les mines, anglais pour la Rio Tinto ou français pour la Penarroya ; mais les profits sont rapatriés dans le pays d'origine et par défaut de transferts de technologies, les industries nationales ne profitent pas de ces investissements.

Les handicaps de la péninsule ibérique se conjuguent pour empêcher la modernisation de l'agriculture et le décollage de l'industrie. Les « conditions préalables » au *take-off* ne sont pas réunies au début des années 10.

1.2. *L'Europe centrale*

L'Autriche-Hongrie domine l'Europe centrale entre 1880 et 1914. En effet, la « double monarchie » regroupe un ensemble de régions et de nationalités si important que ne subsiste que quelques pays indépendants (Bulgarie, Roumanie, Serbie...), figés dans des structures économiques et sociales quasi médiévales.

1.2.1. Les « conditions préalables » ne sont pas encore réunies

• *Des barrières institutionnelles et administratives*

Depuis 1867, l'Empire austro-hongrois est divisé en deux États égaux en droits, gardant le même souverain, mais disposant chacun d'une constitution : la Cisleithanie (l'Autriche) et la Transleithanie (la Hongrie). Malgré leur séparation, plusieurs domaines administratifs relèvent de ministres communs, en réalité autrichiens : il s'agit des Affaires étrangères, des Finances, de la Guerre et de la Marine. La cohésion de l'ensemble est assurée par l'Empereur François-Joseph, qui s'appuie sur une administration toute puissante.

Pour favoriser l'emprise impériale sur l'administration, les cadres administratifs méritants pouvaient être anoblis en fin de carrière, quelle que soit d'ailleurs leur nationalité d'origine. Soumise à l'autorité, l'administration devient routinière et d'un formalisme excessif, dénoncé par F. Kafka. Gage de stabilité politique, son manque de souplesse conduit à une lenteur dans le traitement des problèmes nouveaux (qui nécessitent d'en référer successivement à tous les échelons hiérarchiques). Ennemie du changement en général, et surtout de l'imprévu en particulier, l'administration entrave les transformations économiques et n'est pas capable de réagir rapidement aux demandes de créations d'entreprises qui lui sont faites.

• *L'extension du marché bute sur le problème des nationalités*

L'un des atouts de l'Autriche-Hongrie est également sa principale faiblesse : elle dispose d'un marché de 47 millions d'habitants en 1900 et de 51,4 millions en 1910, mais il n'est pas unifié car divisé en peuples et en États. Ce qui lui ôte toute l'homogénéité nécessaire pour fabriquer des produits en série :

- des barrières douanières sont instituées en Transleithanie pour favoriser l'essor de la production industrielle locale et empêcher l'entrée des produits autrichiens ;
- à la mosaïque de peuples correspondent des particularismes linguistiques et culturels qui rendent difficile l'émergence d'une norme de consommation commune ;
- les réflexes nationalistes sont puissants et freinent la circulation des idées et des marchandises entre les différentes régions.

Le manque d'homogénéité de la population de l'Empire austro-hongrois ruine l'atout que représente une population nombreuse et en croissance rapide.

1.2.2. Des disparités géographiques dans le développement

Depuis 1867, une division du travail s'amorce entre l'Autriche et la Hongrie : la première tente de confirmer un essor industriel alors que la seconde modernise son agriculture pour alimenter le marché intérieur de l'Empire et les exportations.

• *Les débuts de l'industrialisation dans l'Empire d'Autriche*

La Cisleithanie connaît à la fin du XIXe siècle une indéniable période d'industrialisation. En effet, si en 1869 l'agriculture occupe quasiment les deux tiers des actifs (64 %), cette proportion tombe à moins de la moitié en 1910 (48,4 %). La croissance de la production industrielle est en moyenne de 2 à 2,5 % par an entre le milieu du XIXe siècle et 1914. En parallèle, une remontée de filière se produit dans l'économie autrichienne, puisque la part du textile dans la production industrielle passe de 41 à 24 % alors que celle des industries chimiques et métallurgiques s'accroît avec la production des locomotives Floridsdorf ou Simmering à Vienne, ou l'usine d'armement de J. Werndl à Steyr et celle d'E. Skoda à Pilsen, en Bohême, qui inaugure en 1886 la fabrication de blindages. Il est vrai que l'État, ayant nationalisé les lignes de chemin de fer dont les propriétaires avaient fait faillite, pouvait passer des commandes favorables à l'industrie locale. Cet essor s'accompagne d'un mouvement de concentration : les petites forges déclinantes depuis 1840 s'effacent devant la concurrence des entreprises plus grandes, comme la Société anonyme austro-alpine de sidérurgie, née du rachat des fonderies de l'Innerberg par le Creditanstalt des frères Rothschild en 1881.

Malgré sa quatrième position européenne pour la production industrielle (6 % du total de la production européenne), l'Autriche éprouve des difficultés à entrer dans la seconde révolution industrielle. Ses élites, en particulier la noblesse, participent pourtant au développement capitaliste, en faisant partie de nombreux conseils d'administration, mais les capitaux manquent pour moderniser le système productif, carence explicable par le krach de 1873. En effet, de nombreux petits épargnants ont été ruinés par la crise boursière du 9 mai. Vienne organisant l'Exposition universelle, la spéculation immobilière fit tripler le prix des terrains et les épargnants confièrent leurs économies à des investisseurs boursiers. L'effondrement des cours, lorsque la bulle spéculative* creva, ruina la petite bourgeoisie et les entreprises ayant misé leur trésorerie. Il s'ensuivit une contraction des moyens de paiement plongeant l'économie autrichienne dans une récession, qui coïncidait de plus avec l'entrée dans une phase B de cycle long. Échaudés par cette aventure, les épargnants autrichiens privilégièrent les titres sûrs, comme les obligations d'État hongroises, au détriment des placements finançant l'activité industrielle. Par conséquent, l'Autriche importa des capitaux étrangers, allemands et anglais dans un premier temps, puis français par la suite : en 1910, les investissements étrangers s'élevaient à 10 milliards de couronnes, dont 60 % étaient allemands et 30 % français.

• *La prédominance de l'agriculture dans le royaume de Hongrie*

La Transleithanie regroupe des régions essentiellement agricoles. Les implantations industrielles hongroises, modestes, sont concentrées sur trois zones dont Budapest, de sorte que le doublement du nombre d'usines entre 1901 et 1913 et le quasi-doublement du nombre de salariés industriels (de 250 000 à 474 000) ne touchent qu'une infime partie du territoire. De plus, les secteurs qui emploient sont traditionnels : 30 % des effectifs salariés dans le secondaire dans les branches cuir/textile/habillement et plus de 12 % dans les produits alimentaires, contre 1,5 % seulement dans la chimie…

Pourtant, la Hongrie a consenti des efforts importants pour se doter d'infrastructures : n'est-elle pas en 1913, avec 22 000 km de voies ferrées, soient 104 km pour 100 000 h, le deuxième pays d'Europe derrière la France (130 km pour 100 000 h) ? Son réseau en étoile centré sur Budapest permet, par Trieste, l'exportation des produits agricoles vers l'ensemble de l'Europe jusqu'à l'arrivée du blé américain à la fin du XIXe siècle. Regroupant plus de 50 % de la population active, l'agriculture hongroise est alors marquée par un fort dualisme entre de grandes propriétés modernisées par les aristocrates et des terres mal mises en valeur par de petits paysans désargentés. L'ensemble des productions agricoles connaît un développement rapide, comme l'atteste le tableau ci-dessous.

Production (en millions de quintaux)	1873	1913
Blé	13	41
Avoine	5,5	12,5
Maïs	11,5	42
Pommes de terre	08,5	51,5
Betteraves sucrières	2,4	38

Source : J. Bérenger, *Histoire de l'Empire des Habsbourg*, Paris, Fayard, 1990.

Mais cette croissance de la production agricole est cantonnée aux grandes exploitations, lesquelles sont très minoritaires puisque 0,3 % des propriétaires (6 000 en effectifs) possédaient des exploitations de plus de 570 ha en 1910 et concentraient 27 % de la surface cultivée. En revanche, 2,5 millions de petits paysans, installés sur des exploitations de moins de 2,8 ha, regrou-

paient seulement 30 % des terres cultivées. Les progrès agricoles n'ont donc enrichi qu'une petite minorité des exploitants, la grande majorité demeurant dans des conditions de vie extrêmement précaires, conditions encore plus délicates pour les presque 5 millions de salariés agricoles…
L'Autriche-Hongrie est donc, dans une large mesure, en dehors du processus de développement capitaliste : elle demeure dominée par l'agriculture, soumise à une domination financière étrangère, et son industrie est essentiellement traditionnelle et en mal de modernisation.
L'Europe n'est pas touchée dans son ensemble et quasiment simultanément par le développement capitaliste. À côté des pays plus anciennement industrialisés (Grande-Bretagne, France) et des pays à croissance plus récente (Allemagne, Russie), existent des pays à économie traditionnelle, artisanale et agricole, où la société reste profondément marquée par des structures agraires héritées du passé.

2. Les pays dominés

Derrière l'expression de « pays dominés » se cache une grande diversité de situations : Amérique du Sud, Chine, les pays d'Afrique et une bonne partie de l'Asie. Pourtant, malgré cette disparité géographique, mais aussi culturelle et politique, des points communs émergent, en particulier le détournement d'une partie significative des richesses créées par des agents économiques étrangers. Cependant, toutes les situations ne sont pas équivalentes d'un point de vue institutionnel. Aussi sera-t-on amené à distinguer les pays informellement dominés, en d'autres termes sous influence, des pays officiellement dominés ayant perdu les rênes politiques de leur destinée, les empires coloniaux.

2.1. Les pays informellement dominés

Ce regroupement rassemble des pays qui disposent certes d'une autonomie politique théorique, mais qui de fait, subissent une domination économique et par conséquent perdent la maîtrise de leur avenir. Évoquer les « républiques bananières » d'Amérique centrale et du Sud ne suffit pas à épuiser le sujet, il faut également prendre en compte la Chine du début du siècle.

2.1.1. Les Amériques sous la coupe des États-Unis

Depuis le début du XIXe siècle, la « doctrine Monroe » avait fait des Amériques une chasse gardée des États-Unis dans le domaine politique. Les présidents Taft et Roosevelt ont accentué cette conception depuis la fin du siècle, avec la politique dite du *big stick*, appuyée par une flotte de guerre qui sera fortement développée entre 1898 et 1911. L'impérialisme politique américain s'accompagne d'une mise sous contrôle économique et financière, partagée avec les autres puissances occidentales, à condition qu'elles acceptent la situation dominante des États-Unis. Les régimes politiques sud-américains, inspirés par la doctrine libérale, étaient condamnés à exporter des produits de base pour payer leurs importations de produits manufacturés et à attirer les capitaux étrangers.

• *Une spécialisation internationale dans les produits de base*

Quel que soit le pays d'Amérique du Sud considéré, une caractéristique commune se dégage aisément : une hyperspécialisation matérialisée par des mono-exportations de produits agricoles ou miniers. Ainsi, l'Argentine et l'Uruguay optèrent pour des productions agricoles comme les céréales ou l'élevage extensif ; le Brésil, la Colombie, l'Équateur ou les Caraïbes se spécialisèrent dans les produits agricoles tropicaux (café, cacao, bananes, canne à sucre...) ; enfin, des pays plus montagneux fournirent des minerais : ce fut le cas du Chili (argent, cuivre, nitrates), de la Bolivie (argent, étain), du Pérou (or, argent, cuivre) ou du Mexique (or, argent et cuivre, puis pétrole).

Cette hyperspécialisation est variable dans son intensité d'un pays à l'autre. En effet, si la part des produits miniers dans les exportations oscille entre 64 et 89 % en Bolivie entre 1900 et 1912, au Mexique les recettes d'exportation sont réparties de façon plus équilibrée en 1910 avec un tiers pour l'argent, 15 % pour l'or et 10 % pour le cuivre et l'agave, sans compter quelques points pour le tabac, le caoutchouc ou le pétrole... Mais tous les pays spécialisés dans la production de consommations intermédiaires pour les industries occidentales devenaient dépendantes de la conjoncture en Europe et aux États-Unis. Ainsi, l'adoption de l'étalon-or par la plupart des puissances occidentales entre 1873 et 1878 avait dopé la demande pour ce métal et donc la production d'or, mais avait fait baisser la demande mondiale d'argent. Lorsque l'ensemble des pays (Russie, Japon...) suivirent le mouvement de l'étalon-or à la fin du XIXe siècle, la demande mondiale d'argent s'effondra, entraînant une forte baisse des cours qui ruina les mines d'argent de Bolivie, du Pérou ou du Mexique.

La croissance économique suivit donc des aléas conjoncturels importants, à l'exception notable des pays de la pampa exportant viande de bœuf, laine et céréales, dont la demande était constamment croissante en Europe. Les Argentins atteignirent ainsi un niveau de vie supérieur à celui des Espagnols ou des Portugais en 1913, mais avec une extrême sensibilité aux variations de la demande, l'expansion pendant la Première Guerre mondiale l'illustrant positivement et le marasme des années 30 négativement.

• *Un développement sous perfusion financière*

La pénétration de capitaux étrangers est une constante économique à partir de la deuxième moitié du XIXe siècle en Amérique centrale et du Sud. Des capitaux français et britanniques furent investis en emprunts d'État alors que les investissements directs furent surtout le fait de grandes compagnies américaines. Selon la spécialisation des pays, l'apport des capitaux étrangers prit une tournure plus ou moins favorable aux économies sud-américaines.

Les pays exportateurs de produits agricoles, l'Argentine ou l'Uruguay, surent profiter des investissements étrangers réalisés dans les infrastructures de transport pour entrer dans un processus d'industrialisation. En effet, à partir des produits agricoles de base, une industrie de transformation vit le jour, traduisant une descente des filières* de production. Ainsi, l'exportation des céréales sous forme de farines entraîna la construction de moulins et de minoteries ; l'élevage fut prolongé par des activités de tannage (peaux) et une industrie textile (laine), alors que la production de viande nécessita l'installation d'abattoirs et la création d'industries agroalimentaires (conserveries, d'où une remontée ultérieure vers la métallurgie différenciée). L'ensemble de ces activités, au départ artisanales, restèrent entre les mains d'entrepreneurs locaux, les capitaux étrangers permettant une modernisation du système productif, notamment par l'octroi de crédits par les banques recueillant les fonds étrangers.

En ce qui concerne les pays exportateurs de quelques produits tropicaux ou de minerais, la situation fut largement moins satisfaisante en matière de développement. Ces situations donnèrent naissance à un modèle que l'on qualifie « d'économie d'enclave » : ce fut le cas du Costa Rica où l'entrepreneur américain Keith échangea 350 000 ha de terres (8 % du territoire costaricain) en 1884 contre la construction à ses frais d'une ligne de chemin de fer, pour laquelle il obtenait en outre une concession d'exploitation de 99 ans ! Le chantier achevé en 1890, Keith cultiva des bananes sur ses terres, les exporta grâce à « son » chemin de fer et fonda en 1899 la célèbre United Fruit Company. Pour le Costa Rica, les effets de cette opération en termes macro-économiques furent minimes, les bénéfices n'étant pas réinvestis sur place. De tels exemples sont nombreux en Amérique latine, qu'il s'agisse de petites « républiques bananières » ou de pays de plus grandes taille, comme le Mexique de P. Diaz (1876-1910).

Le bilan est positif en ce qui concerne la croissance économique puisque toute augmentation de la production entraîne une augmentation de la richesse créée, mais beaucoup plus mitigé par rapport à un réel développement. En effet, la dépendance vis-à-vis des marchés mondiaux est accrue (mono-exportations), la dépendance financière est accentuée (la présence des capitaux étrangers évite l'effort d'une épargne locale) et les transferts de technologies sont quasi inexistants.

2.1.2. La Chine en voie de dépècement

Depuis les traités de Tianjin (1860), l'Empire du Milieu a été contraint d'accepter une pénétration étrangère croissante. Bien que disposant d'une autonomie politique formelle, marquée par l'envoi de diplomates dans les capitales étrangères, la Chine devient progressivement une « hypocolonie », selon l'expression de Sun Yat-sen. Pourtant, les capitaux étrangers permettent de créer des infrastructures et de favoriser un début d'industrialisation.

• *Le break-up de la Chine…*

Le *break-up* (dépècement) débute dans les années 1840, avec le traité de Nankin, consécutif à la « guerre de l'opium » : il permet aux puissances occidentales — Grande-Bretagne et France en tête — de bénéficier de l'ouverture de ports dans des conditions favorables pour écouler leur production sur le territoire chinois, et de recevoir un statut d'exterritorialité, c'est-à-dire de ne pas payer les impôts et de ne pas dépendre des juridictions chinoises. Appuyant la défense de leurs intérêts sur la « politique de la canonnière », les Occidentaux accentuent leur emprise en obtenant des concessions, suivies de la gestion des douanes chinoises (1861), puis celles des ports (1896) et de la poste (1901).

Après la guerre sino-japonaise de 1895, débute le *break-up* à proprement parler : les grandes puissances obtiennent des territoires à bail, où elles peuvent installer des garnisons ou une flotte, exploiter des mines et implanter des usines ; ce sont de véritables enclaves étrangères en terre chinoise. Pour relier entre eux ces territoires et acheminer vers les ports les marchandises produites, chaque puissance fait construire des voies ferrées, pour lesquelles elle dispose d'une concession : ainsi la ligne Pékin/Nankin est exploitée par des concessionnaires belges, tandis que la liaison Nankin/Shangaï est assurée par des Britanniques...

Ce dépècement territorial s'accompagne d'une dépendance financière vis-à-vis des grandes puissances. De 780 millions de dollars en 1902, les capitaux étrangers en Chine passent à 1 610 en 1914 dont plus du tiers correspond à des obligations émises par l'État chinois. En effet, celui-ci doit payer d'importantes indemnités de guerre : il emprunte ainsi 100 millions de taëls en 1895 sur les 200 qu'il doit au Japon, tout en finançant des dépenses d'équipement, en particulier les chemins de fer. Les capitaux anglais sont les plus représentés : leur part passe de 33 % en 1902 à 38 % en 1914, mais la progression la plus spectaculaire est observable pour les capitaux japonais (de 0,1 % en 1902 à 13,6 % en 1914).

Le poids des intérêts étrangers donne un statut particulier à la Chine, celui d'une semi-colonie où se heurtent les impérialismes des grandes puissances. Cependant, les effets de cette situation sont plus complexes qu'il apparaît à première vue.

•... *s'accompagne pourtant d'une modernisation du pays*

La pénétration étrangère se traduit par une modernisation des structures productives du pays. Localisée principalement dans les ports à traité, une industrie moderne voit le jour et se développe à partir des années 1890. Elle concerne essentiellement le textile (filature et tissage) et la métallurgie (armement) ou la transformation de produits agricoles (tabac, thé). Ces implantations sont favorisées par l'existence d'une main-d'œuvre dont le nombre garantit de faibles tensions salariales, l'offre de travail excédant la demande.

En réaction contre le dépècement, l'État tente de moderniser les institutions et les administrations : suppression des examens traditionnels (1905) et création d'écoles modernes sur le modèle occidental (1906), normalisation et simplification des structures administratives, assainissement de la situation monétaire...

Enfin, ce processus d'industrialisation n'est pas sans effet sur les structures sociales chinoises. Dans les ports à traité apparaissent les *compradores*, intermédiaires chinois entre les investisseurs étrangers et les agents économiques locaux. Souvent déjà fortunés, ils s'enrichissent encore plus vite en faisant profiter les firmes étrangères de leurs relations, de leur connaissance des usages indigènes et de leur maîtrise linguistique. Ils permettent aux marchands chinois de s'immiscer dans des affaires avec des Occidentaux et de s'enrichir. Ces mêmes marchands prennent également des participations dans des sociétés « d'économie mixte », où ils partagent le capital avec les pouvoirs publics. (Compagnie chinoise de navigation à vapeur en 1872 ou les Charbonnages de Kaiping en 1877). Les emplois créés dans les concessions attirent également une main-d'œuvre rurale ; l'exode rural donne ainsi naissance à une classe ouvrière, qui alimente les flux d'émigrants à destination des terres bordant le Pacifique.

Placée en situation de dépendance et d'éclatement territorial, la Chine est traversée pendant la période 1880-1914 par une série de crises sociales et politiques, les premières dégénérant le plus souvent en soulèvements populaires et xénophobes (révolte des Boxers) que le pouvoir instrumentalise pour contrecarrer l'influence étrangère.

2.2. *Les empires coloniaux*

cf. *synthèse* p. 59

Entre l'image d'Épinal des bienfaits de la colonisation pour les populations autochtones et la dénonciation systématique des méfaits du colonialisme par Lénine, se cache probablement la vérité. Les effets du colonialisme sur les économies dominées sont ambivalents : les colonies ont connu des transformations économiques et sociales bénéfiques pour leur population et leur économie, mais les métropoles ont sûrement largement profité de leurs colonies.

2.2.1. La colonisation provoque des mutations économiques et sociales

La colonisation n'a pas eu que des effets négatifs pour les pays colonisés. En effet, les métropoles ont, à des degrés divers, réalisé des investissements permettant de mieux utiliser les richesses naturelles de leurs colonies. Ces interventions se sont accompagnées de mutations des conditions de vie de la population.

• *La mise en valeur de richesses naturelles inexploitées*

Adoptée d'abord par la Grande-Bretagne, puis par la France (1900), les colonies disposent d'une autonomie financière qui leur permet d'emprunter pour financer des infrastructures. Ainsi, l'emprunt représente environ 32 % des capitaux français placés dans les colonies françaises avant 1914, alors que l'endettement public de l'Empire britannique est multiplié par près de 2,8 entre 1870 et 1890, l'Inde concentrant 41 % du montant de 468 millions de livres en 1890.

Les capitaux levés par l'emprunt sont utilisés pour la mise en valeur des territoires coloniaux :

- des infrastructures ferroviaires indispensables pour la circulation des hommes et des marchandises ;
- des moyens de communication modernes comme le câble (Pacific Cable Board en 1900) qui permettent aux agents économiques des différents dominions de suivre l'état des marchés en « temps réels » ;
- des travaux d'irrigation accroissent la surface agricole cultivable : ceux des vallées du Gange ou du Pendjab en Inde, ceux réalisés par la France en Indochine ou au Niger, ou enfin la construction du premier barrage d'Assouan qui permit à l'Égypte de se lancer dans la culture du coton ;
- l'exploitation des richesses du sous-sol débute à la fin du XIXe siècle avec des investissements réalisés par des grands groupes financiers, comme la Société générale de Belgique qui contribue à la création de l'Union minière du Haut-Katanga en 1907 (cuivre) ou à celle de la Forminière (diamants du Kasaï) ; en Afrique du Sud, Sir C. Rhodes crée la De Beers Company et la British South-Africa Company pour exploiter les mines d'or et de diamants ;
- enfin, les Européens introduisent de nouvelles techniques de production, favorables à une croissance des rendements, ou de nouvelles variétés de produits, y compris dans l'agriculture vivrière : le manioc, un des produits de base de l'alimentation africaine, est ainsi d'origine américaine.

• *Des progrès indéniables en matière d'hygiène et de santé*

À partir de la deuxième moitié du XIXe siècle, les autorités coloniales se penchèrent sur le sort des populations autochtones, non par philanthropie, mais pour les utiliser comme main-d'œuvre bon marché. Il apparaît alors important de favoriser la croissance de la population indigène car les coûts salariaux de celle-ci demeureront d'autant plus faibles qu'il existera un stock de travailleurs inemployés qui pèseront sur les rémunérations.

Cette politique populationniste passe par la formation de personnels médicaux spécialisés dans les maladies tropicales (l'Institut Pasteur de Saïgon est créé en 1891, trois ans après celui de Paris). Une « assistance médicale indigène » gratuite fut mise en place dans l'Empire français entre 1896 (Madagascar) et 1912 (Nouvelle-Calédonie). En Afrique anglophone, chaque district (la plus petite unité administrative) possédait un médecin et parfois un hôpital de brousse. Ces médecins menaient une politique de prévention et de dépistage des maladies, voire collaboraient à des travaux de recherche de nouveaux médicaments (les travaux de R. Koch en Afrique orientale allemande mobilisèrent ainsi plus de 100 médecins).

Ces progrès dans l'hygiène publique se traduisirent à partir des années 1880, par une baisse de la mortalité, qu'on qualifie souvent de « baisse importée », sans que les comportements de fécondité, marqués par des traditions et des cultures ancestrales, ne s'ajustent à la baisse. Malgré une surmortalité occasionnée par la pratique du travail forcé, la population des colonies augmenta donc rapidement, constituant une redoutable bombe à retardement pour le siècle suivant, sans provoquer d'autres inquiétudes que chez les Anglais à propos de l'Inde.

2.2.2. Le pillage des ressources par les métropoles

La colonisation a eu pour effet de lancer les pays dominés dans les échanges internationaux, en suivant une spécialisation internationale imposée par les métropoles : cette division internationale du travail (DIT) repose sur la production de produits primaires par les colonies et celle de produits manufacturés par les grandes puissances, ces dernières important les produits des premières, et inversement. L'instauration de cette DIT provoque des transferts de richesses entre les pays du « centre » (métropoles) et ceux de « la périphérie » (colonies).

• *Les industries européennes s'approvisionnent à bon compte en matières premières*

Après une première moitié du XIXe siècle marquée par le système de l'exclusif*, les échanges entre colonies et métropoles se libéralisèrent à partir des années 1850, imitant le libre échangisme britannique : suppression de l'exclusif en France en 1860, en 1870 en Hollande… Cependant, dans la dernière décennie du siècle, le retour en force du protectionnisme s'explique par la nécessité de lutter contre la concurrence des économies émergentes (États-Unis, Japon, Allemagne). Chaque puissance coloniale cherche alors à protéger son marché colonial en plus de celui de la métropole.

Le commerce colonial peut schématiquement être divisé en deux parties :

- le commerce de produits rares existe depuis la Renaissance : il a pour objectif de permettre l'importation et la consommation par les pays européens de produits dont ils sont dépourvus, ou pourvus en faibles quantités par rapport à la demande (ivoire d'Afrique, thés ou soies d'Asie, fourrures du Canada, sucre des Antilles...). Avec le système de l'exclusif, il n'existe pas de concurrence puisque chaque colonie est obligée de vendre sa production à des agents métropolitains. Les prix d'achat sont donc artificiellement bas par rapport à la rareté relative sur les marchés européens ;

■ à partir de 1840, les échanges de masse sont permis par l'amélioration des moyens de transport (canaux interocéaniques, augmentation du tonnage des navires due à des progrès en matière de propulsion, navires avec chambres froides...). Ils sont explicables par une double nécessité. D'une part, les industries occidentales ont des besoins croissants en matières premières, d'autre part, elles doivent élargir leurs débouchés pour écouler l'ensemble de leur production. La croissance de l'industrie automobile justifie l'importation par l'Europe de caoutchouc sud-américain ou d'Asie du Sud-Est, la laine australienne est utilisée par l'industrie anglaise, le Congo belge produit des minerais pour la France et sa métropole... Or, les cours de ces matières premières sont le résultat des ententes en grandes firmes dont chacune possède une zone d'influence spécifique ; là encore les conditions de la concurrence sont faussées et les industries de transformation se procurent ainsi des *inputs* avec un niveau de coûts leur permettant de modérer leurs propres prix de vente, dans le but d'être plus compétitives et de conquérir des parts de marché. Par ailleurs, les marchés coloniaux sont les chasses gardées des entreprises métropolitaines, qui y vendent leurs produits à des prix prohibitifs. Les économies colonisées subissent donc une dégradation des termes de l'échange*, en vendant leurs produits de base à bas prix, et en achetant les produits manufacturés à un coût élevé.

• *La destruction des structures productives préexistantes*

Pour favoriser leurs desseins, les métropoles organisent autoritairement une transformation du système productif, en éliminant les activités traditionnelles agricoles ou artisanales, et en dirigeant la production vers un secteur marchand, afin d'imposer l'échange monétaire, qui leur permettra d'écouler leur production.

La destruction des structures de production existant auparavant est illustrée par le cas paroxysmique de l'Inde : les artisanats textile et sidérurgique y sont laminés par la concurrence anglaise dont les rendements sont plus élevés grâce à la mécanisation, donc dont les prix de vente sont largement inférieurs. Bien qu'une industrie indienne prenne le relais des importations britanniques (création du groupe Tata en 1887 dans l'industrie cotonnière avec extension des activités à la sidérurgie en 1907), elle doit affronter depuis 1882 une concurrence anglaise sans la protection de droits de douane. Ce « commerce inégal » se traduit par de nombreuses faillites et une baisse de l'emploi artisanal, provoquant un chômage endémique dans une population active abondante. Conséquence : selon certains auteurs, les salaires réels sont, à la fin du XIXe siècle en Inde, inférieurs de 75 % à leur valeur à l'époque de l'âge d'or des cotonnades indiennes.

En dehors de l'impact destructeur sur l'artisanat local de la concurrence issue de la colonisation, celle-ci transforme aussi l'agriculture traditionnelle, tournée vers l'autoconsommation et la satisfaction directe des besoins des petits paysans. En premier lieu, les indigènes sont souvent spoliés d'une partie de leurs terres, dont les droits de propriété coutumiers ne sont pas reconnus par les autorités colonisatrices : en Rhodésie, en 1894 et 1903, 6 millions d'hectares sont confisqués, tandis qu'en Algérie, entre 1830 et 1914, les colons européens s'accaparent 2 millions d'hectares, provoquant une raréfaction des pâturages, donc une diminution du cheptel ovin (de 8 millions à 6 de 1865 à 1900). Enfin, les autochtones sont contraints de se détourner des cultures vivrières pour :

- consacrer une partie de leur temps de travail à des corvées dues aux colons occidentaux ou aux autorités coloniales, comme le prévoit le système Van Den Bosch à Java (de 60 à 200 jours de travail par an pour la culture des terres publiques) ;
- un travail salarié ou l'adoption de productions marchandes qui leur rapportent du numéraire pour payer les impôts, comme c'est le cas au Sénégal où la culture de l'arachide se substitue peu à peu à celle du mil (semis à faire en même temps) car elle est exportée et donne donc lieu à un échange monétaire ; le paysan peut alors payer ses impôts, il suffit au pouvoir métropolitain d'augmenter ceux-ci pour rendre les agriculteurs dépendants des céréales françaises pour leur survie...

Conclusion

Le vaste ensemble des pays à la périphérie du développement capitaliste au début du siècle possède donc peu de caractéristiques communes, exceptée une relative dépendance à l'égard des puissances économiques dominantes, au plan financier et pour ses débouchés. Pour des raisons diverses, tenant à leur histoire ou aux difficultés pour pénétrer certains territoires, ces pays disséminés dans le monde, et pour quelques-uns situés à proximité des foyers d'industrialisation et de croissance, ne jouent qu'un rôle secondaire dans l'épopée du capitalisme industriel, quand ils n'en sont pas absents.

Synthèses

1. Religions et capitalisme (Max Weber)

Dans *L'Éthique protestante et l'esprit du capitalisme* (1905), M. Weber (1864-1920) souligne la correspondance entre les zones d'Europe ayant entamé les premières un développement industriel et commercial, et les zones de forte implantation protestante.

Il s'agit plus particulièrement des populations de confession calviniste ainsi que des fidèles des sectes puritaines (méthodisme, baptisme).

C'est le dogme de la prédestination qui joue un rôle central dans le développement d'une morale favorable au capitalisme. En effet, à la différence du catholicisme, le protestantisme nie la possibilité pour un chrétien de gagner le salut de son âme par ses bonnes actions ou sa soumission aux obligations religieuses. Le salut, le fait d'être impérialiste « élu » n'est pas une récompense mais un effet de la grâce divine sur lequel le fidèle n'a aucune certitude. Toutefois, certains signes sont annonciateurs de « l'élection » : au premier chef la réussite matérielle, d'où l'ascétisme moral des protestants, qui bannissent les signes extérieurs de richesse et adoptent un mode de vie frugal, basé sur un travail acharné.

Comme les gains obtenus ne sont pas dépensés mais accumulés, l'épargne disponible est plus abondante pour financer un essor commercial et industriel. Ainsi, l'*ethos* puritain serait à la base d'une tradition morale et culturelle ayant favorisé l'émergence du capitalisme en Grande-Bretagne ou dans certaines régions d'Allemagne et de France, voire ultérieurement aux États-Unis.

Des études ultérieures consacrées notamment à la Chine, montrent que dans ce pays centralisé, les dirigeants administratifs s'accommodent de religions marquées par l'apparat et le formalisme car elles marquent leurs statuts sociaux, alors le monde des petits commerçants et artisans est un terreau plus propice aux cultes accordant une plus large place à la valorisation des efforts individuels : le statut de chacun y dépend en effet de son travail et de ses vertus de thésaurisation.

> « L'ascétisme protestant, agissant à l'intérieur du monde, s'opposa avec une grande efficacité à la jouissance spontanée des richesses et freina la consommation, notamment celle des objets de luxe. En revanche, il eut pour effet psychologique de débarrasser les inhibitions de l'éthique traditionaliste, le désir d'acquérir. Il a rompu les chaînes (qui entravaient) pareille tendance à acquérir, non seulement en la légalisant, mais aussi… en la considérant comme directement voulue par Dieu.
>
> […]
>
> Un *ethos* spécifiquement bourgeois de la besogne avait pris naissance. Ayant conscience de se tenir dans la plénitude de la grâce de Dieu, d'être manifestement une créature bénie, aussi longtemps qu'il demeurait dans les limites d'une conduite formellement correcte, que sa conduite morale était irréprochable et que l'usage qu'il faisait de ses richesses n'était en rien choquant, l'entrepreneur bourgeois pouvait veiller à ses intérêts pécuniaires ; mieux, son devoir était d'agir de la sorte. En outre, la puissance de l'ascétisme religieux mettait à sa disposition des ouvriers sobres, consciencieux, d'une application peu commune, faisant corps avec une tâche considérée comme voulue par Dieu. »
>
> M. Weber, *L'Éthique du protestantisme*, Paris, Plon, « Agora », 1964.

2. La Première Guerre mondiale : résultat de l'impérialisme ou d'antagonismes politiques antérieurs ?

Introduction

La présentation traditionnelle des causes de la Première Guerre mondiale est le plus souvent articulée autour d'une idée de proximité temporelle : il y aurait ainsi des causes lointaines et des causes plus proches du conflit. Pourtant, une cause structurelle doit être ajoutée : celle qui fait du conflit la conséquence du choc des intérêts divergents des capitalismes nationaux.

« Le capitalisme porte en lui la guerre comme la nuée l'orage... » Cette phrase célèbre de J. Jaurès met l'accent sur les causes économiques de la Première Guerre mondiale.

1. La guerre, aboutissement des conflits d'intérêts nationaux

Il est indéniable que les rivalités économiques aient poussé les puissances à entrer en guerre. Le conflit éclate en effet au moment où :

- le partage du monde est effectif, et toute nouvelle puissance entrant dans le jeu colonial doit conquérir des territoires déjà colonisés, donc les soustraire à une autre puissance : la conquête coloniale est alors un jeu à somme nulle et non plus à somme positive ;
- les progrès techniques issus de la seconde révolution industrielle permettent des gains de productivité importants dans le secteur des produits manufacturés, encore faut-il disposer d'un marché assez vaste pour bénéficier des nécessaires économies d'échelle ;
- enfin, dans un monde recourant systématiquement au protectionnisme, l'exception anglaise place la Grande-Bretagne en situation de concurrence délicate, en particulier avec l'Allemagne.

2. La confrontation des impérialismes

Pour les auteurs marxistes que sont R. Hilferding, R. Luxemburg et Lénine, la Première Guerre mondiale est causée par l'impérialisme, « stade suprême du capitalisme » pour reprendre le titre de l'article que Lénine a consacré aux causes du conflit. Formé en économie de monopoles, le capitalisme a un besoin vital d'extension des marchés pour écouler une production de masse et d'approvisionnements peu coûteux en matières premières, pour continuer à générer des profits. L'impérialisme conduit d'abord à un partage du monde, avec la formation de « zones tampons », où la concurrence est exprimée (Chine) ; ensuite il conduit à un conflit généralisé.

Conclusion

Ainsi par cette approche, la Première Guerre mondiale apparaît engendrée par le capitalisme et non par des causes politiques.

Clés et repères

Bulle spéculative : ou bulle financière. Situation où les cours des valeurs s'accroissent sur un marché au-delà du cours auquel auraient du les amener les facteurs objectifs et réels, comme les bénéfices réalisés par les entreprises pour des actions.

Descente de filière : stratégie industrielle consistant à installer en priorité des industries lourdes, en amont d'une filière, puis à créer au fur et à mesure les unités de production successives qui en utiliseront les produits semi-finis, pour arriver au secteur des biens de consommation satisfaisant les besoins finaux (aval).

***Domestic system* :** littéralement « système de travail à domicile ». C'est une organisation du travail en vigueur pendant la première révolution industrielle dans le textile, où un donneur d'ordres confie du matériel et des matières premières à un travailleur payé à la tâche, en général un paysan cherchant un complément de revenu.

Impérialisme : concept forgé par l'économiste autrichien R. Hilferding désignant la poursuite par le capital financier d'une politique visant à « la création d'un territoire économique aussi vaste que possible,... la défense de ce territoire contre la concurrence étrangère par des barrières douanières et par suite... sa transformation en champ d'exploitation pour les monopoles du pays » (*Le Capital financier*, 1910). Le capital financier étant défini par Lénine comme la « concentration de la production avec, comme conséquence, les monopoles, fusion ou interpénétration des banques ou de l'industrie ». Le capital financier signifie alors « l'unification du capital » (*L'impérialisme, stade suprême du capitalisme*, 1916).

Ségrégation positive : il s'agit d'établir une distinction nette entre les éléments d'un ensemble (une population, un territoire) pour pratiquer une politique économique et sociale différenciée, permettant ainsi d'avantager ceux qui doivent en bénéficier sans que les autres ne puissent en profiter.

Système de l'exclusif : système d'exploitation colonial réservant à la métropole le monopole du commerce des produits coloniaux et de leur transport, instaurant une spécialisation de la colonie dans les produits nécessaires à la métropole.

Termes de l'échange : il s'agit d'apprécier les conditions économiques d'un échange. On mesure leur évolution par un rapport : TE=indice du prix des produits exportés/indice du prix des produits importés* 100. Si le rapport est inférieur à 100, il y a détérioration des termes de l'échange mesurés en produits importés : le pouvoir d'achat des exportations diminue.

Transition démographique : expression forgée par le démographe français A. Landry en 1930. Elle désigne le passage en deux étapes d'un régime démographique ancien (forts taux de natalité et de mortalité, faible accroissement naturel) à un régime démographique moderne (faibles taux de natalité et de mortalité, faible accroissement naturel). La première phase consiste en la baisse de la mortalité, la seconde en la baisse de la natalité.

Plan

Le rôle de l'État dans les économies déjà engagées dans un processus d'industrialisation entre 1880 et 1914

Introduction

La période s'étendant de la révolution industrielle jusqu'en 1914 est souvent présentée comme l'âge d'or du capitalisme, réservant à l'État des fonctions réduites à peau de chagrin. Cette conception du rôle de l'État, connue sous le nom d'« État-gendarme », correspond à la prise en charge par celui-ci de ses fonctions régaliennes (défense, sécurité, justice, diplomatie). Certains auteurs libéraux contemporains rajoutent l'éducation et les services publics, générateurs d'externalités positives, qui doivent être fournis par la société, faute d'en identifier clairement les bénéficiaires.
Il s'agit donc de savoir si l'intervention de l'État a été conforme au modèle d'État-gendarme dans les pays suivants : Grande-Bretagne, France, Allemagne, États-Unis, Japon, Russie.
A priori, l'État remplit toutes les missions que lui assigne le modèle libéral ; cependant, la réalité n'est pas aussi nette : l'intervention de l'État a été beaucoup plus importante que prévu, en principe.

1. Dans les puissances économiques de l'époque 1880-1914, l'État a rempli les tâches d'un État-gendarme…

1.1. L'État, arbitre de l'activité économique

1.1.1. Les pouvoirs publics mettent en œuvre des conditions favorables au développement capitaliste
- mise en place d'une législation favorisant la concurrence (le Sherman Act) ;
- choix du libre-échange (Grande-Bretagne) ou d'un « protectionnisme éducateur » (Allemagne, Japon).

1.1.2. L'État prend en charge les activités insolvables mais nécessaires à court terme pour le développement
- financement des infrastructures (voies ferrées) ;
- formation de la main-d'œuvre (Japon, Allemagne).

1.2. L'État, gendarme de la société

1.2.1. L'État est-il le garant des libertés fondamentales pour le développement capitaliste…
- l'État assure la défense de la propriété privée, condition nécessaire pour l'extension des échanges marchands ;
- l'État garantit la liberté de circulation et de travail, indispensable à la mobilité du facteur travail.

1.2.2… ou un jouet entre les mains des classes dominantes ?
- la répression du mouvement ouvrier est orchestrée ou autorisée par les pouvoirs publics ;
- la théorie du capitalisme monopoliste d'État.

2. Mais l'action de l'État a en réalité dépassé de très loin les missions que lui assigne le modèle libéral de croissance

2.1. L'État intervient directement dans l'activité économique

2.1.1. Les pouvoirs publics créent des entreprises pour remplacer l'initiative privée défaillante
- les créations d'entreprises en Russie ;

– la participation publique attire les capitaux étrangers.

2.1.2. Les débuts des politiques économiques et industrielles

– la politique monétaire influence le volume des échanges extérieurs (cas du yen au Japon) ;
– les choix en matière d'armement favorise la croissance de la production industrielle (cas de l'Allemagne, des États-Unis).

2.2. L'État mène une politique sociale, d'ampleur variable suivant les pays

2.2.1. Dans les pays où la « question sociale » est minimisée, la « réponse sociale » est timide

– certains pays s'appuient sur un *dumping* social (Japon) ;
– les décideurs refusent parfois de lâcher du « lest social » (France, ou investisseurs étrangers en Russie).

2.2.2. Des avancées significatives pour la classe ouvrière là où elle parvient à s'organiser

– l'invention de la sécurité sociale généralisée par Bismarck pour contrer la Social-démocratie ;
– la rareté du personnel qualifié et un mouvement syndical puissant permettent un niveau de vie plus élevé pour la classe ouvrière (États-Unis).

IIe partie

D'une guerre à l'autre 1914-1939

L'entre-deux-guerres constitue une période complexe. Les certitudes héritées du XIXe siècle sont remises en cause. Un monde caractérisé par sa stabilité disparaît, un autre, fait de ruptures brusques et apparemment sans véritables continuités, le remplace : Première Guerre mondiale, années folles succédant à une profonde crise de reconversion, crise des années 30. Le capitalisme apparaît vieillissant et incapable de surmonter ses propres contradictions si ce n'est par la montée de la barbarie. À l'inverse, l'expérience soviétique semble montrer le chemin de l'avenir. Cependant rien n'est simple. L'entre-deux-guerres constitue une formidable période d'innovations. Les États-Unis, nouvelle puissance économique mondiale, développent une nouvelle société fondée sur la consommation de masse. La crise des années 30 régénère une pensée économique sclérosée. De jeunes économies, asiatiques et sud-américaines, atteignent un nouveau stade de leur développement. Quant à l'expérience soviétique, elle reste à l'écart de tout regard critique mais certains signes indiquent les limites du modèle.

Chapitre 4

La guerre et les années 20

Cours

Introduction

Le mois d'août 1914 marque la fin du XIXᵉ siècle et l'entrée dans le XXᵉ siècle. Jamais une guerre n'avait provoqué un tel choc sur les économies nationales. Cependant, la Première Guerre mondiale a montré la capacité d'adaptation des économies capitalistes à une nouvelle donne, essentiellement caractérisée par le rôle grandissant de l'État dans la sphère économique. Les années 20, les « années folles », ne traduisent pas le retour à l'ordre ancien mais confirment l'entrée de l'économie mondiale dans une ère d'instabilité et de ruptures successives propres au XXᵉ siècle.

1. La Première Guerre mondiale

1.1. De la paix à la guerre

1.1.1. La guerre, un choc économique

• *La guerre provoque des déséquilibres*

En août 1914, les belligérants prévoient une guerre courte et leur économie n'est pas préparée à l'effort de guerre. Pourtant, l'entrée dans le conflit entraîne une série de ruptures dans les circuits économiques :

- rupture des circuits financiers. La guerre renforce l'incertitude pour les épargnants, ce qui les conduit à vendre leurs titres et à effectuer des retraits dans les banques. Les principales places boursières sont obligées de fermer pour éviter l'effondrement des cours, et les banques ne peuvent plus accorder de crédits aux entreprises ;
- rupture des relations commerciales. Avant la guerre, les pays belligérants étaient des partenaires commerciaux dépendants les uns des autres : dépendance surtout alimentaire pour la Grande-Bretagne et l'Allemagne, énergétique pour la France dont les importations de charbon représentaient un tiers de sa consommation totale ;
- rupture dans les transports intérieurs. La guerre mobilise les infrastructures de transports pour assurer le déplacement des hommes et du matériel ;
- rupture dans l'organisation de la production. Le système productif est inadapté à l'économie de guerre. Le chômage apparaît dans certains secteurs comme les industries de luxe, alors que dans d'autres secteurs, l'agriculture notamment, il y a pénurie de main-d'œuvre.

• *L'adaptation des pays en guerre*

Au moment de la déclaration de guerre, la production des pays européens représente 43 % de la production mondiale. Cependant, cette richesse repose sur l'exportation des produits manufacturés et la faiblesse des prix des importations. Les ruptures que nous avons analysées précédemment vont, dès les premiers mois de la guerre, poser le problème du financement. Deux solutions sont possibles : la première est d'agir sur la fiscalité, considérant qu'il ne faut pas hypothéquer l'avenir, la deuxième est de recourir à l'emprunt, signifiant ainsi que les générations futures, si elles n'ont pas payé le « prix du sang », doivent au moins en supporter le financement :

- en Grande-Bretagne, l'effort fiscal est la principale source de financement de l'effort de guerre. L'impôt sur les revenus salariaux et les entreprises augmente fortement et le gouvernement britannique met en place une taxe sur les biens de consommation importés, montrant ainsi une certaine souplesse dans l'application des règles du libre-échange. Cependant, l'impôt ne couvre que 30 % des dépenses de guerre. Il faut donc financer un déficit important en recourant essentiellement à l'emprunt ;
- en France, le poids relatif de l'effort de guerre est quasiment identique à celui de la Grande-Bretagne mais l'impôt ne couvre que 16 % des dépenses : l'impôt sur le revenu n'est appliqué qu'en 1917 et si le gouvernement français institue une taxe sur les bénéfices de guerre, son rendement est très faible. C'est essentiellement la création monétaire et l'emprunt à court terme qui financent l'effort de guerre ;
- l'Allemagne occupe une position intermédiaire entre la Grande-Bretagne et la France. L'impôt sur les revenus, essentiellement sur les bénéfices de guerre, augmente mais l'effort fiscal ne représente que 15 % environ des dépenses. Le déficit sera surtout couvert par l'emprunt à long terme.

1.1.2. Les structures de l'économie de guerre

• *Le rôle de l'État*

Avant 1914, l'intervention de l'État était déjà une réalité dans les économies industrielles. Cependant, le choc provoqué par la guerre nécessite la mise en place d'une véritable direction de l'activité économique. Mais le dirigisme d'État ne remet pas en cause le système économique et social car c'est le pragmatisme qui inspire l'action des pouvoirs publics. Les structures de guerre qui se mettent en place ont comme objectif de mobiliser l'économie au service de la guerre et les différences de modalité suivant les pays s'expliquent essentiellement par des modes de développement différents de l'industrie.

C'est en Allemagne que les structures de l'économie de guerre se mettent en place le plus rapidement. Menacé dans ses approvisionnements, le Reich dispose de structures industrielles très concentrées qui favorisent la mobilisation de l'économie au service de la guerre. Les initiatives d'industriels comme Walter Rathenau et les relations étroites entre les pouvoirs publics et les grandes firmes aboutissent à la constitution d'une administration économique de guerre dirigée par les militaires : office des matières premières en 1914, office du ravitaillement en 1916. Les industriels allemands constituent un comité de guerre de l'industrie allemande chargé d'organiser le commerce extérieur, de répartir les commandes de l'État et de distribuer les crédits. Dans chaque branche est institué un cartel de guerre dans lequel l'État est représenté par des commissaires.

En France, les liens entre l'État et l'industrie sont traditionnellement moins étroits et l'intervention est plus tardive. En 1915, est créé un sous-secrétariat d'État à l'Armement confié à Albert Thomas qui a pour principal objectif de coordonner les efforts en faveur de l'économie de guerre et d'éviter les abus. Les relations entre les pouvoirs publics et les entreprises sont caractérisées par une grande souplesse, cependant l'État affirme sa volonté de restructurer le système industriel, notamment dans les secteurs peu concentrés.

Patrie du libéralisme, la Grande-Bretagne est sans doute le pays le moins préparé à la définition d'une économie de guerre. Mais les contraintes du conflit nécessitent une intervention grandissante et aboutissent au contrôle direct de l'économie par les pouvoirs publics : un ministère des Munitions, dirigé par Lloyd George, met en place des usines d'armement d'État et impose des contraintes à l'industrie privée, à partir de 1916 le contrôle de l'État s'étend à la production alimentaire et minière ainsi qu'aux transports maritimes.
Entrés tardivement en guerre (avril 1917), les États-Unis instituent les rouages d'une économie de guerre dès 1916 avec la création d'un conseil de la Défense nationale. En 1917, l'emprise du gouvernement sur l'économie devient plus importante mais elle se caractérise par des liens étroits entre les pouvoirs publics et les dirigeants des entreprises privées, ces derniers assurant la direction des administrations économiques créées durant la guerre.

• *La gestion des ressources*

Il s'agit essentiellement de gérer la pénurie dans une économie qui a pour principal objectif de satisfaire les besoins de la guerre. Il faut d'abord remplacer les hommes partis au front. En France, chaque département est doté d'un office de placement qui répartit la main-d'œuvre disponible dans les secteurs prioritaires (industries de guerre, transports, agriculture), puis recrute de la main-d'œuvre étrangère et féminine. En 1915, la loi Dalbiez* institue les « affectés » spéciaux, qui sont des ouvriers qualifiés retirés du front mais qui conservent un statut militaire. Au début de la guerre, les conditions de travail et de salaires sont peu favorables aux travailleurs. Mais la prolongation des combats entraîne le développement de nombreux conflits aussi bien en Allemagne qu'en France ou en Grande-Bretagne. Les pouvoirs publics réagissent en imposant la concertation entre patrons et salariés et en arbitrant les désaccords.
Les commandes de l'État constituent la priorité de l'activité industrielle. Cette situation implique l'engagement des gouvernements dans la répartition de la production en donnant la priorité aux producteurs les plus efficaces, ce qui favorise la concentration. Dans le secteur agricole, la gestion des ressources est délicate car on passe très vite de la pénurie à la surproduction : en Allemagne, on décide de limiter les abattages de bétail à l'automne 1914 puis de les développer en janvier 1915. La taxation agricole se heurte au refus de vente des agriculteurs et, pour cette raison, la Grande-Bretagne fixe en 1917 un prix garanti pour le blé, suffisamment rémunérateur.

1.2. De la guerre à la paix

Situation des grandes puissances économiques en 1919 (indices base 100 en 1913)					
	Japon	**États-Unis**	**Royaume-Uni**	**France**	**Allemagne**
Production industrielle	176	122	93	70	59
PIB	141	111	97	78 (a)	-
Prix	236	206	254	356	415

(a) 1920.
Source : d'après J.-C. Asselain, *Histoire économique du xx*[e] *siècle. La montée de l'État*, Paris, Presses de Sciences Politiques et Dalloz, 1995, p. 69.

La guerre ne touche pas les grandes puissances économiques de la même manière et celles-ci ne peuvent pas envisager le retour à la paix de façon identique.

1.2.1. Un nouvel ordre mondial

• *Déclin relatif des économies européennes*

Les principales conséquences de la guerre pour l'Europe sont d'abord humaines : deux millions d'Allemands meurent sur les champs de bataille, 1,4 million de Français et 750 000 Britanniques. Ce sont principalement des hommes jeunes et actifs, ce qui a pour conséquence un grave déséquilibre démographique et annonce le déficit des naissances à venir.
Les pertes matérielles sont également très importantes. En France, elles représentent près de 10 % du patrimoine économique tandis que l'Allemagne vaincue perd une grande partie de son potentiel économique, notamment ses ressources minières. Si les conséquences humaines et matérielles sont moins importantes pour la Grande-Bretagne, celle-ci a perdu sa position internationale dominante : émancipation des dominions, concurrence des États-Unis sur le plan commercial et financier.

• *Impulsion des économies non européennes*

cf. *cours* p. 73

En 1919, les États-Unis occupent la première place dans la hiérarchie des grandes puissances économiques mondiales imposant à ce pays de nouvelles contraintes qui ne seront pas toujours assumées tout au long des années 20. Au cours de la guerre, New York est devenu le centre du négoce international et les capitaux américains se substituent aux capitaux anglais en Amérique du Nord et latine. Le niveau de vie s'accroît, annonçant la suprématie de l'*american way of life*.
Puissance industrielle en gestation, le Japon apparaît comme le principal bénéficiaire d'une guerre à laquelle il a modestement contribué. L'économie japonaise voit s'ouvrir les marchés asiatiques monopolisés par l'Europe jusqu'en 1914. Longtemps spécialisée dans les biens de consommation, l'industrie se tourne vers les biens d'équipement, donnant ainsi une impulsion nouvelle au développement de la société japonaise.

1.2.2. Un retour difficile à la normale

• *Les difficultés de reconversion*

La question sociale, déjà posée au cours de la guerre, prend un tour plus radical à partir de 1919 et les conflits sociaux se radicalisent en Allemagne et en Europe centrale. Sur le plan économique, la fin de la guerre est marquée d'une part par la volonté du patronat de mettre fin au contrôle de l'État et d'autre part par les problèmes de la reconstruction.
La tendance générale est au désengagement de l'État. Dès 1919, des personnalités comme Clémentel en France ou Rathenau en Allemagne n'ont plus de responsabilités gouvernementales. Or, elles étaient représentatives du courant dirigiste prônant des réformes économiques impulsées par l'État. Cependant, le retour à la paix n'implique pas le désengagement total de l'État. En Allemagne, le gouvernement impose aux producteurs d'acier la création d'un syndicat pour fixer les prix et répartir les exportations. En France, un secteur d'économie mixte se développe, notamment dans la navigation fluviale, l'électricité et les industries extractives. Aux États-Unis et en Grande-Bretagne, le démantèlement de l'économie de

guerre s'effectue rapidement et sans véritables discussions. Cependant, tous les pays ont recours au protectionnisme tarifaire.
Privés durant la guerre, les consommateurs se rattrapent et la hausse de la demande de biens de consommation permet d'éviter le chômage des militaires démobilisés. Mais, dès 1921, la tendance s'inverse et tous les pays sont touchés par la crise, signe de la reconversion des économies de guerre en économies de paix.

• *Les contraintes financières et monétaires*

La plus grande partie des dépenses de guerre a été financée par l'emprunt intérieur et extérieur. La fin de la guerre implique de nouvelles charges : financement de la Reconstruction, indemnisation des victimes de guerre. Cette situation rend encore plus sensible le problème des réparations, notamment en France où les pouvoirs publics pensent y trouver la solution au déséquilibre financier. Le déséquilibre commercial de l'Europe vis-à-vis des États-Unis se traduit par la dépréciation des monnaies européennes. Cette baisse des taux de change est aggravée par la décision américaine de mettre fin aux crédits accordés aux pays européens.

cf. *synthèse* p. 74

cf. *synthèse* p. 76

2. Les incertitudes des années 20

2.1. *Les conditions de la croissance*

2.1.1. Les conditions économiques

• *Les innovations*

La crise de reconversion de 1921 est de courte durée. Les années 20 sont caractérisées par une forte expansion dont la principale cause est l'exploitation d'innovations apparues avant 1914. Le moteur à explosion modifie radicalement l'économie des transports. L'électricité transforme les méthodes de production grâce au moteur électrique et favorise l'apparition de nouveaux produits de consommation (aspirateur, récepteur radio). Les nouvelles sources d'énergie constituent un stimulant pour le développement urbain et les campagnes sont transformées par l'électrification. L'expansion des industries chimiques est dopée par la production de pellicules photographiques et de films.
Le mouvement d'innovations ne concerne pas seulement les procédés de production et les produits mais également l'organisation du travail et la structure des entreprises. Le taylorisme tend à se généraliser et l'ingénieur français Henri Fayol* préconise une meilleure coordination entre les différents services de l'entreprise.
Le processus d'innovations rend nécessaire la concentration des entreprises afin de contrôler des marchés rendus sensibles aux évolutions de la conjoncture économique. Au cours des années 20, de grandes entreprises se constituent comme IG Farben en Allemagne (1923). Si les ententes ne sont pas un phénomène nouveau, l'originalité de l'époque tient à la volonté des entreprises d'atteindre une dimension internationale suffisante. Ainsi, à partir de 1927, les principales compagnies pétrolières se partagent le marché mondial. Les accords passés entre les entreprises favorisent le syndicalisme patronal : création de la Confédération générale de la production française en 1929.

• *Une croissance déséquilibrée*

La prospérité des années 20 ne touche pas les pays et les secteurs d'activité de la même manière. La part des pays industrialisés dans la production mondiale tend à augmenter : en 1929, les quatre premières puissances industrielles (États-Unis, Allemagne, Royaume-Uni, France) représentent 69,8 % de la production industrielle alors qu'elles ne représentent que 13 % de la population mondiale. Les industries traditionnelles comme le textile et la sidérurgie connaissent un déclin relatif et les industries de pointe (chimie, automobile, constructions électriques) sont en forte expansion. La production agricole est constamment menacée par la surproduction à partir de 1922 et la baisse des prix ne peut être freinée que par une politique de stockage financée par l'État.

Le commerce international ne suit pas la croissance de la production industrielle et les exportations ne jouent plus un rôle moteur dans la croissance mondiale : entre 1913 et 1929 la croissance annuelle moyenne de l'industrie est de 2,7 % et celle des exportations des produits manufacturés est de 1,6 %. Les économies européennes sont particulièrement touchées par cette situation car elles ont une forte spécialisation dans les exportations de produits manufacturés et subissent la concurrence des « pays neufs » comme le Canada et le Japon. Les États-Unis ne connaissent pas les mêmes problèmes car le marché intérieur est le principal moteur de l'expansion.

2.1.2. Les conditions monétaires et financières

• *Les relations monétaires*

cf. *synthèse* p. 76

Au XIXe siècle, le système monétaire international reposait sur le principe de l'étalon-or. Mais l'inflation entraîne la fin de la convertibilité intérieure des monnaies nationales en or. Londres n'a plus le monopole financier et la concurrence entre les places financières renforce ainsi l'instabilité monétaire. En 1922, la conférence de Gênes institue le système de l'étalon change-or (*Gold Exchange Standard*). Ce système repose sur des devises clés convertibles en or, le dollar et la livre sterling. Les autres devises sont indirectement convertibles en or. Le principal inconvénient est d'instituer une véritable concurrence entre les devises clés, source d'instabilité monétaire. Cependant, la coopération entre les banques centrales permet d'éviter toute crise monétaire jusqu'en 1931.

• *Les mouvements de capitaux*

Les États-Unis sont devenus au cours de la Première Guerre mondiale le principal créancier de l'économie internationale. Entre 1919 et 1929 les capitaux américains investis à l'étranger augmentent de 17 milliards de dollars. Cependant, ce flux est très irrégulier : forte progression jusqu'en 1921, puis le flux se tarit pour reprendre en 1924 avec le plan Dawes pour à nouveau s'arrêter au second semestre 1928. Cette irrégularité est facteur d'instabilité et s'explique par un certain refus de prendre en compte les contraintes internationales.

La réduction des investissements britanniques est très importante. Mais plus grave apparaît la distorsion entre les prêts à long terme et leur financement à court terme. Il suffisait alors d'une perte de confiance dans la livre sterling et le déplacement des capitaux à court terme de Londres vers d'autres places financières pour remettre en cause le financement de l'économie mondiale.

2.2. *Des évolutions différentes suivant les pays*

2.2.1. Les contrastes européens

• *Croissance et inflation en France et en Allemagne*

cf. *cours* p. 67

L'inflation est une conséquence majeure de la guerre. Les causes sont facilement repérables : le coût de la guerre et le gonflement de la masse monétaire résultant des déficits publics, la dépréciation des taux de change. Cependant, le processus inflationniste ne suit pas le même cours : inflation modérée en France, hyper-inflation en Allemagne. Ces processus marquent la croissance de ces pays au cours des années 20.

Le bilan de la guerre est lourd pour la France : une génération d'hommes jeunes a quasiment disparu, les destructions matérielles représentent 11 années d'investissements. La Reconstruction commence par l'appel à la main-d'œuvre immigrée et le nombre d'étrangers passe de 1,4 million en 1919 à 3 millions en 1930 permettant de maintenir le niveau de la population active. D'un point de vue économique, la Reconstruction est un succès : dès 1923 le revenu national par habitant égale celui de 1913 et il continue à progresser jusqu'en 1929. Mais les structures économiques ne sont pas modifiées et la modernisation s'effectue lentement. La petite exploitation paysanne domine l'agriculture française et plus de 80 % des entreprises industrielles ont moins de 6 salariés. L'empire colonial est un marché protégé ne favorisant pas les efforts de compétitivité.

cf. *synthèse* p. 74

La Reconstruction est suivie d'une période marquée par les difficultés monétaires. Si le plan Dawes permet en partie de régler le problème de l'endettement extérieur, la dette intérieure se trouve dépréciée par l'inflation, ce qui provoque une véritable crise de confiance chez les épargnants et la fuite des capitaux. En 1926, la formation du gouvernement Poincaré crée un véritable choc psychologique qui ramène la confiance et met fin à la spéculation contre le franc. En juin 1928, le franc redevient convertible en or au cinquième de sa parité d'avant-guerre.

En Allemagne, l'inflation est le fait majeur des premières années d'après-guerre. Commencé dès 1914, le processus inflationniste est encouragé par les conditions imposées par les Alliés. Les Allemands n'ont pas intérêt à voir se redresser une situation financière qui ne profiterait qu'aux vainqueurs au titre des réparations de guerre. De même, pour le patronat allemand l'inflation et la dévalorisation du mark favorisent la concentration de l'industrie et la conquête des marchés extérieurs. Mais en 1923, l'hyper-inflation devient un obstacle à la croissance économique. En octobre 1923 est créée une nouvelle unité monétaire : le *Rentenmark*. Celui-ci n'est pas convertible en or et son émission est limitée. Dans le même temps, le gouvernement mène une politique déflationniste dont le principal objectif est de rétablir l'équilibre budgétaire. Sous l'action du Dr Schacht, président de la Banque centrale allemande (la *Reichsbank*) le mark se stabilise et en 1924 est créé le *Reichsmark* défini par la même parité que le mark d'avant-guerre. La rapidité du redressement monétaire en Allemagne est favorisée par le plan Dawes et l'afflux des crédits américains permettant de soutenir le cours de la monnaie.

• *La déflation britannique*

Dès 1918, avec le rapport Cunliffe*, les Britanniques annoncent leur volonté de rétablir la parité de la livre au niveau de 1913. Outre l'idéalisation de l'étalon-or, cette décision trouve son explication dans le souci de redonner à Londres son rôle central dans le système financier international. Le retour de la parité de la livre sterling à celle d'avant-guerre nécessite une politique déflationniste visant à annuler l'écart d'inflation entre les États-Unis et la Grande-Bretagne. L'objectif est atteint en 1925 mais ce succès a un coût élevé : ralentissement de l'activité, baisse de l'investissement, hausse du chômage.

Si la Grande-Bretagne n'a pas connu une véritable reprise entre 1925 et 1929 comme les autres pays industriels, le bilan doit être nuancé. En effet, les difficultés sont avant tout d'ordre structurel et liées au déclin des activités traditionnelles (extraction de charbon, sidérurgie, textiles) et la faible compétitivité dans ces secteurs a pour conséquence le recul des exportations soumises à la concurrence des « pays neufs ». Mais de nouvelles activités tournées vers le marché intérieur se développent (construction électrique, automobile, chimie) et attirent les investissements. Cette reconversion du système productif explique la résistance de l'économie britannique à la crise des années 30.

cf. *cours* p. 86

2.2.2. L'expansion américaine

• *La croissance des années 20*

En 1929, l'industrie manufacturière américaine représente 42 % de la production mondiale alors qu'elle ne représentait que 35,8 % de celle-ci en 1913. Cependant, les années 20 ne représentent pas un nouvel avantage des États-Unis par rapport aux autres puissances industrielles. Sur la période 1922-1929, le taux de croissance du PIB américain par tête est inférieur à celui de la France. Pourtant, c'est au cours de ces années que se construit le mythe du nouveau monde industriel caractérisé par la consommation de masse.

Au cours des années 20, la croissance économique aux États-Unis est heurtée : expansion en 1922-1923, 1925-1926, 1928-1929 et récession en 1921 et 1923-1924, enfin stagnation en 1927-1928. Mais certaines industries symbolisent la mise en place d'une nouvelle civilisation. La population devenant à majorité urbaine, l'industrie du bâtiment bénéficie de ce mouvement et les « gratte-ciel » deviennent le symbole de la puissance américaine. Entre 1921 et 1929, la fabrication d'automobiles est multipliée par trois et la vente de postes de radio par 14. L'amélioration des salaires et des conditions de travail des ouvriers qualifiés et l'augmentation du nombre d'employés (les « cols blancs ») aboutissent à la formation d'une classe moyenne qui sera le principal bénéficiaire de la consommation de masse. Celle-ci est favorisée par les économies d'échelle* et les gains de productivité qui réduisent les coûts de production et rendent abordable le prix des biens de consommation durables. Mais le crédit à la consommation finance aussi 15 % des ventes totales.

Tous les Américains ne profitent pas de la prospérité des années 20. Près de 20 % de la population a un revenu inférieur au seuil de pauvreté, surtout les Noirs et les nouveaux immigrants. Le revenu des agriculteurs baisse du fait de la chute des prix. Lourdement endettés, ces derniers ne peuvent compter sur la revente de la terre dont le prix ne cesse de diminuer. Ils perdent alors leur statut de propriétaires pour redevenir fermiers.

• *Le rôle international des États-Unis*

Tout au long du XIXe siècle, la Grande-Bretagne a joué un rôle central dans l'économie mondiale, contribuant ainsi à une certaine stabilité. À partir de 1918, seuls les États-Unis peuvent jouer ce rôle. Mais le courant isolationniste reste dominant et il s'exprime lors du refus d'entrer à la Société des Nations.

Les États-Unis sont en partie responsables de la crise de reconversion de 1921 :

cf. *cours* p. 69

- afin d'endiguer les tensions inflationnistes, les autorités conduisent une politique de réduction des dépenses dès 1919 et de restriction des crédits en 1920, ce qui a pour conséquence une crise de liquidités au niveau mondial ;
- sur la question des réparations, la conduite des États-Unis est incertaine. D'un côté il n'est pas question, dans le principe, d'annuler la dette des Alliés, mais d'un autre il faut consolider l'économie allemande hypothéquée par la lourdeur des réparations. Or, la Grande-Bretagne et surtout la France posent comme condition au remboursement de leur dette le paiement des réparations par l'Allemagne. Résultat : une série de mesures qui tendent à aviver les griefs entre les Alliés.

cf. *synthèse* p. 74

Premier exportateur mondial, les États-Unis n'ont pas de contrainte extérieure : les exportations ne représentent que 5 % du PIB et la balance commerciale est excédentaire. Le marché intérieur, moteur de la croissance, doit être protégé. En 1922, le tarif Fordney-Mac Cumber porte les droits de douane à 38 % alors qu'ils n'étaient que de 21 % en 1914. Ce protectionnisme s'accompagne de mesures visant à réduire l'immigration.

Conclusion

La Première Guerre mondiale constitue une rupture dans l'histoire économique. Les puissances nationales européennes ne peuvent plus jouer le rôle qui était le leur au XIXe siècle. Si le dirigisme de l'État n'a plus cours durant les années 20, ce dernier reste un partenaire économique. La prospérité des années folles est lourde de déséquilibres. L'instabilité n'est pas seulement financière et monétaire, elle touche un système productif en voie de restructuration. Les États-Unis, devenus la première puissance économique, ne sont pas prêts à assumer cette responsabilité. Sans être inéluctable, la crise apparaît alors possible.

Synthèses

1. Les réparations

Introduction

« L'Allemagne paiera. » Cette expression, aujourd'hui employée dans un sens dérisoire, exprime l'attitude de la France en 1919. Gouvernement et opinion publique se rejoignent pour considérer que, parmi les Alliés, la France a payé le prix du sang et qu'on ne peut lui demander plus. Posé de cette manière, le problème des réparations ne pouvait que déboucher sur des conflits : entre les Alliés sur les principes, avec l'Allemagne sur l'application.

1. Le traité de Versailles

Le traité de Versailles définit un certain nombre de dispositions économiques. L'Allemagne est l'agresseur et doit donc supporter la responsabilité financière des destructions causées pendant la guerre. Pour définir le montant des réparations, une commission est mise en place. Elle doit évaluer le montant et les modalités de paiement. Les ressources de l'Allemagne devront être utilisées en priorité pour les remboursements. De plus, le traité de Versailles contient des clauses commerciales prohibant toute forme de protectionnisme pour les importations provenant des pays alliés.

2. Le montant des réparations

À la conférence de Spa en juillet 1920, la commission des Réparations fixe la répartition de celles-ci entre les Alliés : 52 % pour la France, 22 % pour le Royaume-Uni, 10 % pour l'Italie, etc. En mars 1921, la conférence de Londres définit un montant compris entre 200 et 226 milliards de marks-or. Finalement, le montant est fixé à 132 milliards de marks-or en avril 1921 et le remboursement est réparti sur 30 ans à un taux de 4 %, ce qui représente des annuités correspondant à 15 % du revenu national allemand.

Le délai relativement long pour évaluer le montant des réparations s'explique par les désaccords entre les Alliés. D'un côté les Français exigent de lier le remboursement de leur dette extérieure aux paiements allemands et militent pour un montant élevé des réparations, alors que les Américains s'en tiennent à une position strictement juridique sur les dettes interalliées et veulent éviter l'effondrement de l'Allemagne traversée par une grave crise sociale et politique. Cependant, Aristide Briand et Lloyd George se rejoignent pour faire payer l'Allemagne en menaçant d'occuper la Ruhr.

3. L'Allemagne est-elle en mesure de payer ?

Dans l'absolu, le montant des réparations apparaît très élevé. À titre de comparaison, l'indemnité exigée par Bismarck à la France correspondait à trois mois du revenu national français de 1869 contre deux ans et demi du revenu national allemand de 1913. Mais c'est surtout les conditions du règlement qui posent problème. En effet, l'Allemagne doit rembourser en métal précieux et non pas en marchandises. Or l'Allemagne est pauvre en or et le seul moyen d'en obtenir est de développer les exportations, ce qui contredit la volonté des Alliés, surtout les Français, d'éviter un renforcement du potentiel économique allemand. Le conflit devient d'autant plus inévitable que le gouvernement américain refuse la proposition française de réduire la dette allemande en échange de l'annulation des dettes interalliées. En 1921 et 1922, les paiements s'effectuent de plus en plus difficilement. En 1923, l'Allemagne demande un moratoire complet de trois ans. Le gouvernement français, dirigé par Poincaré, répond en occupant la Ruhr.

4. Le plan Dawes

Une conférence réunie en juillet-août 1924 reprend les conclusions de la commission des Réparations présidée par le général Dawes. Le plan Dawes entre en application en septembre 1924 et il prévoit l'échelonnement des versements en fonction de la situation économique en Allemagne. Surtout, il est le signal d'une reprise des crédits américains octroyés aux pays européens. Le plan Dawes est révisé par le plan Young en juin 1929, qui prévoit des annuités de réparations jusqu'en 1988. À partir de 1925, la France accepte de l'Allemagne des livraisons en nature.

Conclusion

Pour l'opinion française, les réparations laissent un certain goût d'amertume. Cependant, les versements n'ont pas été négligeables puisque entre 1925 et 1929 ils représentent 2 % du revenu national. Mais l'illusion du slogan « l'Allemagne paiera » renforcera l'instabilité monétaire et la spéculation contre le franc.

2. Le système monétaire international

Introduction

La Première Guerre mondiale remet en cause près d'un siècle de stabilité monétaire. La création monétaire pour financer la guerre rend impossible la convertibilité intérieure de la monnaie en or. Londres se trouve concurrencée par New York dans son statut de place financière internationale. Ces évolutions mettent fin au système de l'étalon-or.

1. Pourquoi un Système monétaire international (SMI) ?

Une monnaie a trois fonctions :

- comme unité de compte, elle permet de mesurer la valeur des biens et services échangés ;
- comme moyen de règlement, elle est utilisée pour acheter et vendre ce qui est produit ;
- comme instrument de réserve, elle peut être conservée pour un échange ultérieur.

Un système monétaire organise les relations monétaires, c'est-à-dire les conditions d'utilisation de la monnaie et les règles de sa création. Au cours du XIXe siècle, les grandes puissances industrielles ont des systèmes monétaires fondés sur l'existence d'une monnaie nationale et d'une Banque centrale qui tirent leur légitimité de la constitution d'un pouvoir national. Au niveau international, il n'existe pas de pouvoir supranational et les relations monétaires ne peuvent être que le produit d'un rapport de force entre les nations.

Le SMI a pour objectif de définir des règles dans les relations monétaires entre les pays. Elles concernent essentiellement le problème des régimes de change* et les liquidités internationales*.

2. Le système de l'étalon-or (*Gold Standard*)

Pour comprendre le système de l'étalon-or, il faut saisir l'évolution des différentes formes de la monnaie. À l'origine, celle-ci a une valeur intrinsèque car elle a comme support des métaux précieux. Le principal inconvénient est le maniement difficile et dangereux de ces supports monétaires. Pour ces raisons, les échanges s'effectuent sous la forme papier correspondant à des crédits donnant lieu à compensation entre agents économiques car ceux-ci sont à la fois créanciers et débiteurs. La valeur de la monnaie papier tient à la capacité de celui qui l'émet de la convertir en métal : elle repose donc sur la confiance, d'où le nom de monnaie fiduciaire.

Au XIXe siècle, les grandes puissances industrielles se dotent d'une Banque centrale qui reçoit le monopole de l'émission de monnaie papier. En 1844, après une longue controverse entre la *Currency school* et la *Banking school*, le *Bank Charter Act* réorganise la Banque d'Angleterre et définit les conditions de l'émission de billets : elle doit être totalement couverte par le stock d'or détenu par la Banque centrale à l'exception d'un découvert fixé à 14 millions de livres, une livre sterling valant 7,322 grammes d'or fin depuis 1816.

En principe, le système de l'étalon-or n'accepte que l'or comme monnaie internationale et il rétablit automatiquement les déséquilibres des échanges extérieurs. En effet, un déficit de la balance commerciale entraîne une sortie d'or et donc une réduction de l'émission de monnaie fiduciaire. La baisse du volume de monnaie en circulation entraîne une baisse des prix et une plus grande compétitivité, ce qui permet de rétablir l'équilibre des échanges internationaux.

Mais ce système a un coût : le maintien de la parité en or nécessite le plus souvent de sacrifier l'équilibre intérieur à l'équilibre extérieur.

Dans la réalité, la livre était utilisée comme la principale monnaie de règlement, l'or étant utilisé comme monnaie de réserve. La stabilité du système était donc liée au rayonnement financier de Londres et à la volonté des Britanniques d'assumer leur responsabilité internationale, ce qu'ils firent grâce à leur politique monétaire.

3. Le système d'étalon change-or (*Gold Exchange Standard*)

À la fin de la Première Guerre mondiale, la principale préoccupation est de retrouver la stabilité de l'étalon-or en évitant une crise de liquidités. L'étalon de change-or semble être la réponse la plus appropriée. La conférence de Gênes prend un certain nombre de décisions : les parités sont définies en or ; seuls les règlements entre banques centrales sont effectués en or ; certains pays deviennent des centres-or, car leur monnaie est convertible en or, qui constituent des devises clés. Les autres monnaies dont la parité est définie en or sont rattachées au métal précieux par l'intermédiaire des devises clés. Celles-ci sont le dollar jusqu'en 1934, la livre de 1925 à 1931 et le franc de 1928 à 1936.

Le système de l'étalon change-or n'est pas nouveau : déjà, au XIXe siècle, les devises étaient utilisées comme réserves par les Banques centrales. Le changement provient de l'existence de devises clés qui se font concurrence. Celles-ci opposent d'abord New York et Londres lorsque la livre redevient convertible en or et Paris affronte la capitale britannique à partir de 1928. Cette concurrence encourage les mouvements spéculatifs de capitaux obligeant la Grande-Bretagne dont la monnaie est surévaluée à sacrifier la croissance intérieure à la croissance extérieure. À la suite du rapport Mac Millan, la Grande-Bretagne abandonne l'étalon-or en 1931. L'échec de la conférence de Londres met fin à l'expérience de l'étalon de change-or.

Clés et repères

Les économies d'échelle : elles représentent la baisse des coûts de production due à l'augmentation de l'échelle de production.

Fayol (Henri) : 1841-1925. Ingénieur français. Il définit de nouvelles règles de gouvernement dans l'entreprise. Dans son livre paru en 1916, *Administration industrielle et générale, prévoyance, organisation, commandement, coordination, contrôle,* il insiste sur le principe d'unicité de commandement qui permet une plus grande cohérence dans la gestion de l'entreprise.

Liquidités internationales : ensemble des moyens de paiement utilisés dans les échanges internationaux. Elles incluent les réserves officielles détenues par les Banques centrales et les monnaies utilisées par les agents privés dans les transactions internationales.

Loi Dalbiez : du nom du parlementaire radical, rapporteur de cette loi en juin 1915. Elle prévoit une meilleure utilisation des mobilisés dans l'économie et le retour à l'arrière de la main-d'œuvre qualifiée nécessaire au bon fonctionnement de l'industrie.

Rapport Cunliffe : en janvier 1918, le gouvernement britannique nomme une commission présidée par Lord Cunliffe qui a pour but d'organiser le retour à la convertibilité-or de la livre. Le rapport Cunliffe propose d'utiliser l'or seulement dans les transactions internationales et de distinguer les pays dont la monnaie serait convertible en or, ceux-ci détenant le métal précieux en réserve, et les autres pays dont les réserves seraient constituées de devises. Ce rapport inspire les décisions prises à la conférence de Gênes en 1922.

Régimes de change : on distingue deux régimes, le change flottant et le change fixe. Dans le premier, les taux de change fluctuent en fonction de l'offre et de la demande sur le marché des changes. Dans le régime de change fixe, la parité officielle est définie par rapport à un étalon : l'or ou une monnaie nationale ou un panier de monnaies comme l'écu. La Banque centrale doit défendre la parité en intervenant sur le marché des changes en utilisant ses réserves.

Chapitre 5

La crise des années 30

Cours

Introduction

cf. *synthèse* p. 20

La crise des années 30 reste un événement majeur de l'histoire économique au XXe siècle. La crise en elle-même, c'est-à-dire le moment du retournement de la conjoncture économique, ne constitue pas un phénomène exceptionnel. C'est surtout dans son intensité et dans sa durée que l'on trouve l'originalité de cette crise. Partie des États-Unis, elle se diffusera dans le monde entier. Au cours des années 30, les expériences de lutte contre la crise sont très diverses mais toutes ont nécessité une intervention croissante de l'État dans la vie économique et sociale.

1. De la crise américaine à la crise mondiale

1.1. La crise américaine

1.1.1. Le krach boursier

• *Les mécanismes de la spéculation*

En principe, la Bourse est un marché où s'échangent des valeurs mobilières émises par des entreprises pour se financer. Le cours de ces titres dépend des revenus versés par les entreprises. En période de croissance, les profits augmentant, il est normal que les cours boursiers s'élèvent : entre 1925 et 1928, le Dow Jones* augmente de 61 %. Mais, en période de hausse, se forme un mouvement spéculatif : on anticipe l'augmentation des cours en achetant pour pouvoir vendre plus cher.
La spéculation au cours des années 20 repose sur le principe de l'achat sur marge. Pour acquérir des titres, le spéculateur demande un prêt à son courtier (*broker*) et, en garantie, lui laisse ses titres en dépôt plus une marge en cas de pertes. De son côté, le *broker* emprunte à une banque pour acquérir les titres qui servent de garantie auprès des établissements de crédit. La spéculation repose donc sur une pyramide de crédits confortée par le mouvement de hausse des valeurs mobilières. La spéculation s'accélère en 1928-1929 et la masse des prêts accordés par les banques augmente : 4 430 millions de dollars en décembre 1927, 8 525 millions de dollars en octobre 1929. Durant la même période, les taux d'intérêt pour les prêts à vue (*call loans*) aux courtiers par les banques de New York passent de 4,25 % à 8,62 %.

• *Le krach*

En 1929, la hausse des cours boursiers ne suit plus l'évolution de l'économie réelle. Aux États-Unis, à partir du mois de juin, un certain nombre de signes montrent que la conjoncture s'inverse : baisse de la production automobile, dégradation des résultats des grandes entreprises. La politique monétaire en Grande-Bretagne se durcit, ce qui entraîne des mouvements de capitaux, de New York vers Londres. Cependant, malgré cette dégradation de la situation économique, les cours boursiers continuent à grimper sous la poussée de la spéculation.

Logiquement, cette évolution doit un moment s'arrêter mais la spéculation agit dans les deux sens : elle accélère la hausse des cours et elle accentue brutalement la chute de ceux-ci. Le jeudi 24 octobre, date symbolique de la crise de 1929, se produit le krach boursier : 13 millions de titres sont cédés ce jour-là, 16,5 millions le 29 octobre. Entre le mois de septembre et le mois de novembre, l'indice des valeurs cotées en bourse passe de 381 à 198. La baisse se poursuit pendant trois ans : entre 1929 et 1932, les cours boursiers ont chuté de 87 %.

1.1.2. Le retournement de la conjoncture américaine

• *Les effets de la crise boursière sur l'économie américaine*

Le rôle du krach boursier dans les origines de la crise est difficile à évaluer et, pour certains économistes comme M. Friedman*, il n'a joué qu'un rôle secondaire. Il est vrai que certains signes dans l'économie américaine font penser à un retournement de la conjoncture avant la crise boursière : contraction de la construction de logements, baisse des revenus agricoles. De plus, l'accroissement de la part des profits aux dépens des salaires dans la répartition des revenus tend à aggraver les distorsions qui apparaissent entre la croissance de l'offre et l'évolution de la capacité de consommation.

cf. *synthèse* p. 94

Cependant, le krach boursier est un véritable détonateur car il entraîne une profonde crise de confiance, notamment dans le système de crédit. En effet, les épargnants effectuent des retraits auprès des banques. Celles-ci, engagées dans la spéculation, ne peuvent rembourser leurs clients et font faillite. Cette crise bancaire, qui est également liée à la crise financière internationale, est favorisée par la fragilité d'un système bancaire américain, très atomisé : 642 banques font faillite en 1929, 1 345 en 1930, 2 298 en 1931. La crise de confiance et la restriction des crédits agissent sur les anticipations des entreprises qui suspendent leurs projets d'investissements. Ainsi se met en place un cercle vicieux de la dépression aux États-Unis.

cf. *cours* p. 82

• *Les manifestations de la crise aux États-Unis*

Les principaux indicateurs de la crise aux États-Unis

	1929	1930	1931	1932
Production industrielle (100 en 1928)	111	96 (a)	78 (b)	54 (c)
Investissement privé (% du PNB)	15,4	11,2	7,2	1,5
Revenu national (milliards de dollars)	87,4	75	58,9	41,7
Indice des prix (100 en 1926)	95,3	86,4	73	64
Taux de chômage (%)	3,1	8,8	16,1	24

a : Novembre 1929, b : février 1931, c : avril 1932.

Sources : C. Ambrosi, M. Baleste, M. Tacel, *Économie contemporaine*, t. I, Paris, Delagrave, 1990, p 77.

M. Niveau, *Histoire des faits économiques contemporains*, Paris, PUF, 1976, p. 223.

La dépression qui suit le krach de Wall Street se poursuit jusqu'en 1932. Élu en 1928, le président Hoover reste prisonnier de la logique non interventionniste : la crise ne peut être que passagère car les fondements de l'économie américaine sont solides. L'orthodoxie libérale recommande de ne pas agir et de maintenir les grands équilibres, notamment l'équilibre budgétaire. Cependant, il serait erroné de penser que l'administration républicaine reste inactive. Mais la hausse des tarifs douaniers et la baisse des taux pratiqués par la Banque centrale sont des mesures qui se heurtent à la logique dominante et qui sont très insuffisantes face à une crise qui devient mondiale.

cf. *cours* p. 83

1.2. La crise mondiale

1.2.1. La diffusion de la crise

• *La crise financière*

Au cours des années 20, le système financier est caractérisé par un déséquilibre structurel entre d'un côté les États-Unis qui représentent la principale source de financement, et les pays débiteurs, principalement l'Allemagne. Dans cette situation de surendettement, il faut distinguer les capitaux à court terme à la recherche de taux d'intérêt avantageux — et qui peuvent donner lieu à des retraits très rapides — et les capitaux à long terme, qui prennent la forme d'investissements directs ou de placements boursiers. Tout mouvement de retrait peut alors déstabiliser le financement des économies surendettées et provoquer ainsi un mouvement déflationniste. Pour les pays créanciers, le risque tient à la perte de confiance dans la monnaie. C'est ce scénario que nous retrouvons au début des années 30.

Le 14 mai 1931, le Kredit Anstalt de Vienne cesse ses paiements, ce qui entraîne une quasi-faillite du système bancaire autrichien car cette banque représente près de 70 % du bilan total des banques autrichiennes. Seul un prêt international peut éviter la banqueroute : mais si la Grande-Bretagne accorde un prêt de 7 millions de dollars, la France ne fait rien car elle s'oppose au projet d'union douanière entre l'Autriche et l'Allemagne. En juin 1931, la crise se déplace vers l'Allemagne. La crise autrichienne provoque un mouvement de retraits dans les banques allemandes, aggravé par la faillite de la société textile Nordwolle, ce qui entraîne des pertes de l'ordre de 220 millions de marks pour la Damstadter und Nazional Bank, l'une des principales banques allemandes.

Le chancelier allemand H. Brüning annonce alors qu'il n'est plus en mesure de payer les réparations avant la fin de l'année. Le moratoire Hoover, suspendant les paiements pour les réparations, ne peut empêcher la crise financière en Allemagne.

Au mois de juillet, le centre de la crise financière se déplace vers la Grande-Bretagne. La sortie de capitaux s'accélère malgré la politique déflationniste menée par le gouvernement d'Union nationale dirigé par R. Mac Donald et les crédits accordés par la Banque de France et le Système de réserve fédérale. Le 21 septembre 1921, la livre n'est plus convertible en or, son taux de change flotte entraînant à sa suite les pays les plus liés à la Grande-Bretagne, ce qui précipite la chute du SMI défini à Gênes. À partir de septembre, c'est le dollar qui est attaqué, provoquant d'importantes sorties d'or des États-Unis. En 1932, seule la France semble échapper à la crise financière.

cf. *synthèse* p. 77

• *La rupture des échanges internationaux*

Après la guerre, les exportations restent pour les principaux pays industriels un élément important de leur croissance et la rupture des échanges internationaux a des effets déflationnistes.

Indice du volume des exportations (1929-1938)				
	Grande-Bretagne	**France**	**Allemagne**	**États-Unis**
1929	100	100	100	100
1932	62,4	58,5	59,5	43,9
1935-1938 (a)	76	56,9	60,9	69,9

a : moyenne sur la période.

Source : J.-C. Asselain, *Histoire économique du XXe siècle. La montée de l'État*, Paris, Presses de Sciences Po et Dalloz, 1995, p. 189.

La chute du commerce international est d'abord la conséquence directe de la situation aux États-Unis : la baisse de l'activité entraîne une baisse des importations américaines et par là-même des exportations des autres pays. Mais ce processus classique est aggravé par le protectionnisme.
Le protectionnisme, au début des années 30, prend plusieurs formes.

- il est d'abord tarifaire. Aux États-Unis, le tarif Hawley-Smoot augmente les prélèvements douaniers de 30 à 40 % afin de protéger le marché intérieur américain. Cette mesure provoque des mesures de rétorsion de la part des autres pays telles que la France et l'Allemagne. Même la Grande-Bretagne, adepte du libre échange depuis 1846, met en place un tarif douanier général de 10 % ;
- les dévaluations consécutives à la décision des Britanniques de suspendre la convertibilité-or de la livre pénalise les exportations des pays qui ne dévaluent pas comme la France qui répond en instaurant des surtaxes compensatrices. Mais la France se distingue surtout en prenant des mesures portant sur les quantités importées : système de contingentements ou de quotas (3 000 produits sont concernés en 1934).

1.2.2. Une crise de forte amplitude et durable

• *La déflation mondiale*

cf. *cours* p. 72

Par sa nature déflationniste, la crise des années 30 s'apparente à celles du XIXe siècle et du début du XXe siècle. Si on la compare à la crise de reconversion de 1920-1921, le choc initial n'est sans doute pas aussi brutal : ainsi, l'indice de la production industrielle aux États-Unis baisse de 25 % sur la période 1920-1921 et de 17 % en 1929-1930. Cependant, la crise prend immédiatement une dimension internationale et sa durabilité constitue son trait majeur.
La durée de la crise peut s'expliquer à la fois par un enchaînement de décisions intérieures et extérieures qui accentuent le processus déflationniste. Pour l'ensemble des gouvernements, quelle que soit la couleur politique, la crise est une conséquence de l'instabilité des années 20 et le souvenir de l'inflation marque encore les mémoires. Le principal souci est alors de revenir à l'orthodoxie financière et monétaire et même Roosevelt, lorsqu'il accède au pouvoir, a pour objectif de rétablir les grands équilibres économiques. La volonté de réduire le déficit budgétaire se traduit le plus souvent

par une hausse des impôts et des économies budgétaires. Les effets négatifs sur la demande aggravent la baisse de la production, ce qui empêche le retour à l'équilibre. Les politiques monétaires restrictives accentuent la baisse des investissements liée à la chute des profits faisant suite à la diminution des prix. Toutes ces mesures concourent à la déflation et la relance de l'activité est rendue d'autant plus difficile que les gouvernements imposent des politiques salariales restrictives.

La dislocation des échanges internationaux a également des effets déflationnistes. Le commerce international n'est plus considéré que comme un moyen de satisfaire les besoins les plus urgents. À la coopération multilatérale, sont préférés le développement des échanges bilatéraux et le repli sur les marchés coloniaux pour la Grande-Bretagne et la France. L'échec de la conférence de Londres, en juin 1933, est le symbole le plus représentatif du renoncement des grandes puissances industrielles à retrouver les conditions normales de l'échange international. Ayant comme objectifs le désarmement douanier et la stabilisation des monnaies, la conférence s'ouvre au moment où le gouvernement américain mène une politique de dépréciation monétaire afin de protéger le marché intérieur. En fait, tout se passe comme si chaque pays voulait exporter sa propre déflation dans les autres pays.

• *Tous les pays ne sont pas touchés de la même manière*

Il est difficile de distinguer les pays les plus ou les moins touchés suivant les caractéristiques de leur système productif. Ainsi, en termes de revenu national, ce sont les États-Unis, première puissance industrielle, et la Hongrie, nation agricole, qui connaissent la baisse la plus importante. Parmi les moins touchés, on trouve la Grande-Bretagne, économie vieillissante, et le Japon, pays neuf. Cependant, il apparaît que la crise est plus brutale pour les « économies dominées » c'est-à-dire celles qui sont exportatrices de produits primaires. En effet, la chute des prix dans le secteur primaire est plus importante que dans l'industrie, ce qui implique une dégradation des termes de l'échange. Quant à la France, elle entre plus tardivement dans la crise mais celle-ci y fera sentir ses effets plus longtemps.

cf. *synthèse* p. 93

La diversité des situations est la conséquence d'un ensemble de facteurs externes et internes dont il est difficile de distinguer les plus importants. L'impact de la crise dépend en grande partie des structures économiques et sociales qui restent très diverses aussi bien dans les pays industriels que dans les pays spécialisés dans les produits primaires.

2. Les expériences de lutte contre la crise

2.1. Les expériences « libérales »

2.1.1. Le New Deal

• *Les mesures*

Lorsque Roosevelt accède au pouvoir en 1933, il n'a pas encore d'idées précises sur la politique à mener. Son programme électoral s'inspire de l'orthodoxie libérale en critiquant l'action de Hoover et en proposant le maintien de l'équilibre du budget et la stabilité monétaire : l'*Economy Act*, en mars 1933, prévoit des restrictions dans les dépenses.

cf. *cours* p. 82

Mais, ce qui conduit sa démarche, c'est le pragmatisme et la priorité aux objectifs nationaux, ses conseillers représentant tous les courants économiques. Les mesures que l'on regroupera sous le nom de *New Deal* ne constituent pas *a priori* un ensemble cohérent même si, rétrospectivement, on peut y voir l'ébauche de nouvelles formes d'organisation des économies capitalistes. On peut distinguer deux *New Deal* : le premier a comme priorité de lutter contre toutes les manifestations de la crise, le deuxième a des préoccupations plus sociales :

- le premier *New Deal* est composé de l'ensemble des décisions prises entre mars et juin 1933 :
  - l'*Agricultural Adjustement Act* (AAA, mai 1933) a pour but de réduire la production agricole pour favoriser le redressement des prix, le principe étant de verser des indemnités compensatoires aux agriculteurs qui baissent leur production,
  - le *National Industrial Recovery Act* (NIRA, juin 1933) prévoit l'élaboration par les industriels de codes de concurrence loyale dans chaque branche fixant des quotas de production, des prix *minima*, la limitation du temps de travail et l'instauration d'un salaire minimum. De plus, ces codes reconnaissent le principe de la négociation collective. Cependant, l'adhésion à ces codes est libre,
  - pour lutter contre le chômage, le gouvernement entame une politique de grands travaux (la *Tennessee Valley Authority* en mai 1933) et crée la *Civil Work Administration* (CWA, novembre 1933) qui emploie des chômeurs pour les travaux publics : en janvier 1934, la CWA occupe 4 millions de chômeurs ;
- le second *New Deal*, à partir du printemps 1935, ouvre les voies de l'État-providence et reconnaît la nécessité d'utiliser le déficit budgétaire comme arme anti-crise, appliquant ainsi une politique keynésienne avant que les idées de l'économiste ne soient popularisées :
  - la *Works Progress Administration* (WPA, mai 1935) succède à la CWA. Elle occupe près de 3 millions de chômeurs en 1938 et verse des salaires proches du salaire moyen,
  - le *National Labor Relation Act* ou loi Wagner (NLRA, juillet 1935) reprend les dispositions du NIRA et élargit le droit syndical dans les entreprises. Le *National Security Act* (NSA août 1935) jette les bases d'un système de sécurité sociale en instituant une assurance vieillesse et une assurance chômage,
  - enfin le *Fair Labor Standard Act* (juin 1938) instaure un salaire minimum.

cf. *synthèse* p. 91

• *Les résultats*

Les limites de la reprise américaine

	1929	1932	1933	1934	1935	1936	1937	1938
Production industrielle (indice 100 en 1929)	100	53	64	69	79	95	103	83
Chômeurs (en millions)	1,5	11,9	12,6	10,9	10,2	8,6	7,3	9,9

Source : J.-C. Asselain, *Histoire économique du XX*[e] *siècle. La montée de l'État*, Paris, Presses de Sciences Po et Dalloz, 1995, p. 206.

Il est difficile d'établir des conclusions définitives sur le bilan du *New Deal*. Il y a bien reprise de l'activité à partir de 1933, mais on ne retrouve

pas le niveau de 1929 et on assiste à une rechute de la production industrielle dès la fin 1937, ce qui se traduit par une brutale hausse du chômage qui reste à un niveau élevé tout au long des années 30.
Ces résultats décevants peuvent s'expliquer par un manque de cohérence de l'ensemble des mesures formant le *New Deal*. Roosevelt, par pragmatisme, renforce les rouages de l'interventionnisme malgré l'opposition des industriels et de la Cour suprême qui annule le NIRA en mai 1935 et l'AAA en janvier 1936, sans pour autant renoncer totalement à l'orthodoxie libérale. Ce n'est qu'à partir de 1937 que la doctrine keynésienne de relance par le déficit budgétaire financée par la création monétaire s'impose. En 1939, les dépenses pour le réarmement accélèrent la reprise de l'activité.

2.1.2. L'Europe démocratique

• *La Grande-Bretagne*

Dès 1934, la Grande-Bretagne retrouve le niveau de production atteint en 1929. Sur la période 1929-1937, le taux de croissance annuel moyen de la production industrielle est de 3,5 % contre 2,8 % sur la période 1924-1929. Pourtant, l'économie britannique ne connaît pas de véritable rupture et son redressement se situe essentiellement dans le cadre des transformations structurelles qu'elle connaît depuis la Première Guerre mondiale. Par conséquent, les facteurs d'offre jouent un rôle plus important que ceux agissant sur la demande : essor des industries nouvelles, croissance de la construction. Cependant, l'action politique n'est pas totalement étrangère à cette reprise. Une décision déterminante est l'abandon de la parité-or de la livre en 1931 qui favorise une politique monétaire expansionniste à partir de 1932. La réorientation des échanges extérieurs vers les dominions à la suite de l'*Ottawa Agreement Act** et l'application de mesures protectionnistes avec l'*Import Duties Act* n'entraînent pas un véritable redressement des exportations mais elles prémunissent les consommateurs contre une hausse des prix des produits de première nécessité favorisant la consommation de nouveaux types de produits.

cf. *cours* p. 72

cf. *cours* p. 83

Des mesures structurelles sont prises. Le *Development and Improvment Act* en 1934 permet d'aider les régions en difficulté où sont implantées les industries vieillissantes et le ministère du Travail favorise le déplacement ainsi que le reclassement de la main-d'œuvre. Le *Coal Mines Act* en 1930 crée une commission chargée de fixer les quotas de production et les prix dans le secteur minier. En 1932, un Comité de réorganisation de l'industrie sidérurgique est mis en place pour la restructurer. Mais le chômage reste élevé dans les vieilles régions industrielles : 1,8 million de chômeurs en 1939.

• *La France*

Le programme de la coalition constituant le Front populaire rompt avec les politiques déflationnistes. Il s'agit de relancer l'activité en agissant sur les revenus et sur la demande. La clé de ce programme se trouve dans la réduction du temps de travail de 48 heures à 40 heures sans diminution des salaires. Il s'agit de partager le travail pour lutter contre le chômage et accroître le pouvoir d'achat de l'ensemble des salariés. Sur le plan monétaire et financier, le programme est très orthodoxe : refus de la dévaluation, ni contrôle des changes ni contrôle des prix. Mais l'arrivée au pouvoir de Léon Blum s'inscrit dans un cadre social marqué par les grèves de mai et juin 1936. Les accords Matignon que le président du Conseil impose aux

cf. *synthèse* p. 93

partenaires sociaux prévoient une hausse des salaires de 7 à 15 % qui viennent s'ajouter à la hausse consécutive aux lois sur les 40 heures et sur les congés payés (12 jours ouvrables) votées en juin 1936. L'addition de la hausse des salaires et de celle de la demande alimente l'inflation dès l'été 1936, ce qui déclenche la spéculation contre le franc accentuée par la fuite des capitaux et l'accroissement du déficit budgétaire. Le ministre des Finances, Vincent Auriol, doit alors se résoudre à la dévaluation, ce qui est fait le 26 septembre 1936 dans le cadre d'un accord monétaire entre la France, les États-Unis et la Grande-Bretagne (dévaluation de l'ordre de 30 % par rapport à l'or).

Les réformes de structure qui, à l'origine, n'étaient pas prévues par le programme du Front populaire sont de portée inégale. La direction de la Banque de France est réformée, ce qui permet à l'État d'exercer une véritable tutelle sans toucher au statut de société privée de la Banque centrale. Il est créé un Office national interprofessionnel du blé (ONIB, août 1936) qui a pour mission de stabiliser les prix du blé puis des céréales dans le cadre de l'Office national interprofessionnel des céréales (ONIC). Les usines d'armement et de constructions aéronautiques sont nationalisées au cours de l'été 1936. Le gouvernement dirigé par Camille Chautemps réunit les compagnies ferroviaires dans une société d'économie mixte, la SNCF (août 1937).

Le bilan du Front populaire reste encore controversé. Cependant, il faut admettre que la catastrophe annoncée par ses adversaires n'a pas lieu. On assiste à une reprise de la croissance en 1936-1937 (hausse de la production industrielle de 16 %) qui entraîne une baisse du chômage. Mais la rechute de l'activité survient en 1938, ce qui incite Paul Reynaud, ministre des Finances du gouvernement Daladier, à recourir à des mesures déflationnistes et à remettre en cause la loi des 40 heures. Si celle-ci est le plus souvent rendue responsable du retournement de conjoncture, ses effets doivent être nuancés suivant les branches. La réduction a des effets négatifs seulement sur la production de charbon. Mais elle limite la reprise dans deux activités motrices, la métallurgie et la construction mécanique, du fait de l'impossibilité de recruter des salariés suffisamment qualifiés.

2.2. *Les ruptures avec le capitalisme libéral*

2.2.1. Les expériences totalitaires

• *L'Allemagne*

Lors de son arrivée au pouvoir en 1933, Hitler n'a pas de véritable programme économique. Les premières mesures ont comme objectif principal de résorber le chômage. Au cours de l'été 1933, un plan quadriennal, dont la réalisation est confiée à Schacht, est adopté.

Il définit un programme de grands travaux : construction de 5 000 kilomètres d'autoroutes, travaux d'urbanisme et de drainage des sols, construction de bâtiments publics. Un second plan sous la responsabilité de Goering a pour objectif le réarmement et l'indépendance économique en développant la fabrication de produits de synthèse (*ersatz*). La volonté d'autarcie se traduit dans l'agriculture par la création de domaines indivisibles (*Erbhof*) et le propriétaire (le *Bauer*) doit exploiter sa terre en fonction de l'intérêt national en contrepartie d'une garantie de revenus. Le financement de la politique de relance est assuré par un système de traites émises par l'État : effets OFFA pour les entreprises de travaux publics,

effets MEFO pour les commandes d'armement. En principe, ces effets peuvent être réescomptés auprès de la *Reichsbank* mais les entreprises sont incitées à les conserver et à les utiliser comme moyens de paiement. Ce type de financement permet de ne pas gonfler la masse monétaire et limite les tensions inflationnistes. L'absence d'inflation est également favorisée par le contrôle des prix et des salaires.
Pour rétablir l'équilibre extérieur et éviter la dévaluation du mark, le gouvernement pratique un contrôle des changes rigoureux et développe les échanges bilatéraux donnant lieu à des accords de *clearing**. À la veille de la guerre, le bilan apparaît positif. La production industrielle augmente, celle des biens d'équipement plus rapidement que celle des biens de consommation : respectivement +44 % et +16 % entre 1928 et 1938. Le chômage diminue : 6 millions de chômeurs en 1933, 400 000 en 1938. Cependant, le redressement s'accompagne de fortes contraintes intérieures et extérieures. Les syndicats sont supprimés, les salariés sont quasiment soumis à un service de travail obligatoire. L'Allemagne reste tributaire de l'étranger pour ses approvisionnements les plus vitaux. Si le réarmement ne suffit pas à expliquer le redressement économique, les contraintes sont imposées au nom d'une idéologie qui a comme conséquence inéluctable la guerre.

• *Le Japon*

Les années 30 sont pour l'économie japonaise une nouvelle phase d'accélération. Pourtant, enserré dans des échanges extérieurs multilatéraux, le Japon est durement frappé par la montée du protectionnisme dans les pays industrialisés. Mais la dévaluation à la fin de l'année 1931 stimule les exportations. À partir de 1932, le ministre des Finances, Takahashi, mène une politique de relance par la demande accompagnée d'une politique monétaire expansionniste. L'inflation est contenue par la baisse des prix agricoles et les gains de productivité liés au dynamisme des investissements privés, encouragés par la politique de crédits des banques intégrés aux *zaibatsus*.
Le commerce extérieur se restructure. Il devient plus diversifié et les produits manufacturés supplantent les exportations de soie. Géographiquement, le Japon se tourne vers les marchés asiatiques, ce qui justifie sa politique impérialiste. Celle-ci accélère, à partir de 1937, le passage à une économie de guerre : en 1939, les dépenses militaires représentent 20,2 % du PNB contre 5 % en 1931.
Le bilan de l'économie japonaise est impressionnant. La croissance annuelle moyenne du PNB est de 4,7 % entre 1929 et 1938 (2,4 % entre 1919 et 1929). L'industrie lourde se développe et le secteur traditionnel se modernise. Cependant, cet essor contient les germes de l'effondrement économique qui résulte de la défaite de 1945.

2.2.2. Les économies dominées

• *Des économies ouvertes*

cf. *cours* p. 147

Si la notion de tiers-monde n'a pas encore pris tout son sens, les pays qui le constituent ont en commun leur dépendance, par rapport aux économies industrialisées, non seulement politique mais aussi commerciale. En effet, ils prennent une place de plus en plus importante dans le commerce mondial, mais ces échanges se font, pour les trois quarts, avec les pays développés.

Part du tiers-monde dans la valeur du commerce mondial en %		
	Importations	**Exportations**
1900	16,0	17,0
1913	19,5	22,7
1928	20,4	25,4
1938	24,5	28,0

Source : J.-C. Asselain, *Histoire économique du xxe siècle. La montée de l'État*, Paris, Presses de Sciences Po et Dalloz, 1995, p. 328.

Les échanges portent principalement sur des produits primaires ce qui a des effets peu stimulants pour le développement industriel. En effet, en ce qui concerne les industries extractives et minières, celles-ci sont la propriété de grandes sociétés industrielles des pays développés qui importent leurs équipements et rapatrient leurs profits dans leur pays d'origine. En outre, la baisse des coûts du transport tend à séparer les opérations d'extraction de celles de transformation. Le développement des exportations de produits agricoles nécessite l'utilisation des terres les plus fertiles ce qui tend à empêcher les gains de productivité dans le secteur vivrier.

• *Les effets de la crise de 1929*

La crise a des effets paradoxaux pour les économies dominées. En effet, la contraction du commerce international favorise les échanges avec les colonies et modifie les stratégies de développement.
Pour les colonies britanniques, la conférence d'Ottawa met en place les conditions d'une préférence commerciale entre la Grande-Bretagne et son empire. Cependant, les tentations de « l'autarcie impériale » ne permettent pas le décollage industriel même si l'activité en 1939 est supérieure à celle de 1929.
Les colonies françaises bénéficient de la réorientation des échanges extérieurs de la puissance colonisatrice.

Situation du commerce extérieur de la France en 1938 (indice 100 en 1931)		
	Importations	**Exportations**
Tous partenaires	109	100
Algérie	142	95
Afrique subsaharienne	343	255
Indochine	468	173
Maroc	219	80
Tunisie	150	122
Madagascar	280	149

Source : P. Léon, *Histoire économique et sociale du monde*, t. V, Paris, A. Colin, 1977, p. 467.

Cette évolution, affirmée en 1934 par la conférence économique de la France métropolitaine et d'outre-mer sous le nom « d'autarchie », est encouragée par les industries vieillissantes comme l'industrie cotonnière qui y voit le moyen de freiner son déclin grâce à un marché captif.

Pour les économies non directement soumises à une puissance coloniale, la crise de 1929 marque un changement de stratégie de développement, notamment en Amérique latine. Cette évolution est le plus souvent la conséquence d'un changement de pouvoir (coup d'État militaire au Brésil en 1930). Les nouveaux dirigeants mettent en œuvre des pratiques dirigistes pour suppléer à l'insuffisance de l'initiative privée. Les décisions des pouvoirs publics visent à développer une industrie locale dont la production est destinée au marché intérieur : stratégie de substitution aux importations. Cette politique paraît efficace : au Brésil, la production industrielle augmente en moyenne de 11 % par an entre 1933 et 1939 contre 3 % au cours des années 20.

cf. *synthèse* p. 163

Conclusion

L'analyse du bilan de la crise des années 30 est complexe. L'échec des politiques déflationnistes classiques permet de démystifier l'idée du retour au capitalisme libéral du XIXe siècle. Cependant, les résultats des politiques de relance sont ambiguës. Les États-Unis du *New Deal* connaissent une sévère rechute en 1938, la France n'est pas véritablement sortie de la crise en 1939, et les succès britanniques s'inscrivent dans une évolution commencée dès avant 1914. Les expériences totalitaires, d'un point de vue strictement économique, sont plus convaincantes mais elles préparent les catastrophes de la période suivante. En outre, les années 30 sont également marquées par l'enracinement de l'expérience soviétique.

cf. *synthèse* p. 91

Synthèses

1. L'analyse keynésienne

Introduction

La crise économique suscite un débat entre ceux qui pensent que le marché est un régulateur suffisant pour résorber les crises et ceux qui veulent une réforme du capitalisme libéral. La révolution keynésienne s'inscrit dans ce débat et son œuvre majeure la *Théorie générale de l'emploi, de l'intérêt et de la monnaie* donne un contenu théorique aux tentatives de relance des années 30.

1. John Maynard Keynes (1883-1946)

Keynes naît à Cambridge l'année de la disparition de Marx. Son père John Neville Keynes enseigne alors la logique et l'économie politique. Il vit dans un environnement caractérisé par la conscience d'appartenir à une élite intellectuelle mais qui cherche à se débarrasser du carcan d'une société marquée par l'austérité du règne de la reine Victoria. Ainsi, Keynes appartiendra au groupe de Bloomsbury composé d'artistes et dominé par la personnalité de l'écrivain Virginia Woolf. En outre, sa mère, Florence Ada, est une féministe convaincue qui s'intéresse aux questions sociales.

Après avoir suivi des études à Cambridge, Keynes est fonctionnaire au bureau des affaires indiennes de 1906 à 1908. Il revient à Cambridge où il devient assistant à l'université. Lors de la Première Guerre mondiale, il est employé par le Trésor et fait partie de la délégation britannique à la conférence de la paix. En désaccord avec les réparations imposées à l'Allemagne, il démissionne et fait paraître en décembre 1919 *Les Conséquences économiques de la paix* qui connaît un grand succès. Ce livre contient, sous forme d'intuitions, toutes les idées fondamentales que Keynes développera par la suite. Il évoque la fin d'une certaine forme de capitalisme et dessine les contours d'un nouveau libéralisme. Il défend et précise ses intuitions au cours des années 20, notamment dans *The Economic Journal* dont il est rédacteur en chef depuis 1911. Il se prononce, entre autres, contre le retour à l'étalon-or. Conseiller économique du Parti libéral, il préconise un programme de dépenses publiques pour lutter contre le chômage. Au cours des années 30, il se consacre à son œuvre théorique. Lors de la Deuxième Guerre mondiale, il devient conseiller du Trésor et négocie un accord de prêt avec les Américains. Anobli en 1941, il élabore un projet de système monétaire international qu'il présente à la conférence de Bretton Woods en 1944. Affaibli par une crise cardiaque en 1937, il succombe à une deuxième attaque en 1946.

cf. *synthèse* p. 74

cf. *synthèse* p. 76

2. La révolution keynésienne

La théorie de Keynes s'intéresse à l'économie réelle et non à une mise en forme abstraite de l'économie reposant sur des hypothèses irréalistes développées par l'école néo-classique* qui constitue alors le courant théorique dominant. Contrairement à la loi des débouchés (l'offre crée sa propre demande), il montre que c'est la demande anticipée par les entreprises (la demande effective) qui gouverne l'offre. Cette demande dépend de la variation de la consommation résultant d'une variation du revenu (la propension marginale à consommer) et de l'investissement fixé par les entreprises en fonction de la différence entre le rendement attendu de cette dépense (l'efficacité marginale du capital) et le taux d'intérêt. Ainsi, si la demande est insuffisante, le marché peut connaître une situation de sous-emploi c'est-à-dire de chômage, ce qui est impossible théoriquement pour les néo-classiques.

Pour Keynes, une augmentation de l'investissement a un effet multiplicateur sur la production, c'est-à-dire que l'augmentation de celle-ci est supérieure à l'augmentation de la dépense d'investissement. Pour cette raison, la baisse des taux d'intérêt, grâce à la politique monétaire, peut relancer l'activité. Mais les entreprises n'ont aucune raison d'engager de nouvelles dépenses si la demande est faible. La consommation est fonction du revenu et seul l'État peut intervenir en augmentant ses dépenses budgétaires, déclenchant ainsi le mouvement de reprise. Le déficit budgétaire est considéré comme un moindre mal et il doit être résorbé grâce à la relance de l'activité car les recettes de l'État sont proportionnelles à l'augmentation de la production.

Conclusion

J.M. Keynes est sans doute viscéralement conservateur. Pourtant, sa révolution théorique ouvre la voie d'une nouvelle conception de l'action économique. Bouleversant les schémas de l'orthodoxie libérale, la théorie keynésienne met au centre de ses préoccupations le chômage renouant ainsi avec l'idée que A. Smith avait développée en son temps : l'économie est d'abord une science morale.

2. La crise en France (1931-1936)

Introduction

La crise en France présente des traits particuliers : plus tardive elle durera plus longtemps. L'entrée dans la crise en 1931 est due à des chocs extérieurs mais l'insuffisance de la politique économique aggrave la dépression jusqu'en 1936.

1. L'entrée dans la crise

Le krach de Wall Street n'a pas d'effets sur l'économie française. Alors que les grandes puissances industrielles suivent une spirale déflationniste, la France est un véritable « îlot de prospérité ». La dépréciation de la livre en 1931 entraîne une chute des exportations et la production industrielle connaît une baisse brutale en 1932. La dévaluation du dollar en 1933 empêche l'économie française de participer au mouvement de reprise quasi général. Les facteurs internes ont également un certain rôle dans le déclenchement de la crise. La baisse des prix intérieurs est plus importante que la baisse des coûts et la baisse des profits se traduit par une chute de l'investissement. La situation de l'agriculture s'aggrave en 1932 et 1933 car l'abondance des récoltes précipite la baisse des prix et des revenus agricoles qui se répercute sur la demande de biens industriels.

cf. *cours* p. 83

2. Les politiques économiques

La politique économique s'inscrit dans un cadre perturbé par l'instabilité ministérielle et les scandales politico-financiers. De plus, les acteurs politiques pensent selon un schéma préétabli sans véritable analyse des racines de la crise et ils s'attaquent aux effets sans se préoccuper des causes.

L'équilibre budgétaire est une obsession aussi bien pour la droite que pour la gauche. Les gouvernements s'épuisent à réduire les dépenses alors que les recettes baissent du fait de la dépression. Des mesures malthusiennes sont prises dans l'agriculture et dans l'industrie afin d'empêcher la baisse des prix. Inspiré par l'idée que l'offre doit s'adapter à la demande en limitant les capacités de production, ce malthusianisme économique empêche toute reprise de l'activité. Le refus de dévaluer accentue le protectionnisme : surtaxe des exportations provenant des pays dévaluateurs, contingentement des importations. Protectionnisme et malthusianisme se combinent quand il s'agit de limiter l'afflux de main-d'œuvre étrangère (loi d'août 1932) ou de limiter l'implantation d'entreprises extérieures dans la chaussure.

En juin 1935, le gouvernement Laval obtient les pleins pouvoirs économiques : baisse de 10% des dépenses budgétaires y compris le traitement des fonctionnaires, baisse autoritaire de certains prix. Cette politique échoue et l'économie française ne profite pas de la reprise qui se profile dans les pays industrialisés.

Conclusion

L'économie française, dans les années 30, est à contre-courant de l'économie mondiale. L'échec de l'expérience Laval ouvre la voie au Front populaire.

3. Les analyses de la crise

Introduction

L'ampleur de la crise des années 30 suscite à l'époque un débat sur la viabilité du capitalisme opposant l'école libérale à l'école marxiste. Avec les difficultés économiques des années 70 et 80, la controverse resurgit principalement entre les monétaristes et l'analyse régulationniste.

1. Les premiers débats

L'économiste anglais Lionel Robbins développe la thèse libérale dans son livre *La Grande Dépression 1929-1934* paru en 1935. La crise est une conséquence des rigidités héritées de l'économie de guerre. Le rôle de l'État, celui des conventions collectives et des syndicats dans la fixation des salaires ainsi que la passivité de la Banque centrale américaine face à la spéculation ont précipité une crise qui doit être considérée comme une purge favorisant le retour au capitalisme libéral. Pour Robbins, il est donc urgent de ne rien faire.

En France, Jacques Rueff* soutient la thèse de Robbins et il analyse le chômage comme la conséquence de l'impossibilité de baisser les salaires du fait de l'existence des allocations chômage.

Eugène Varga, dans *Crise économique, sociale, politique* rédigé en 1934, présente le point de vue marxiste. La crise est due à la suraccumulation du capital entraînant la baisse des taux de profit. La gravité de la crise est liée au caractère monopoliste du capitalisme et à l'internationalisation des relations économiques. Paradoxalement, Varga rejoint Robbins en affirmant que l'intervention de l'État renforce la crise.

2. La relecture de la crise

La thèse libérale est renouvelée par l'approche monétariste. Milton Friedman, dans son *Histoire monétaire des États-Unis* écrit en collaboration avec Anna Schwartz, explique la crise par les erreurs de la politique monétaire. La politique de déflation monétaire aux États-Unis transforme la récession de la fin des années 20 en une crise profonde et durable. Obnubilé par les risques d'inflation, le *Federal Reserve System* précipite la faillite du système bancaire en le privant de liquidités.

L'école de la Régulation qui regroupe des économistes venus du marxisme et du keynésianisme voit dans la crise le passage d'un capitalisme concurrentiel à un capitalisme monopoliste. La dépression des années 30 aurait pu se présenter comme une crise classique surmontée par la flexibilité des salaires et des prix. Mais, en fait, elle exprime la contradiction entre une croissance fondée sur les gains de productivité (croissance intensive) et des rapports sociaux qui privilégient la part des profits dans la répartition des gains de productivité et empêchent la hausse du pouvoir d'achat des salariés, ce qui provoque la surproduction.

Conclusion

Depuis les années 70, de nouvelles interrogations surgissent et le débat sur la nature de la crise de 1929 n'est pas encore clos.

Clés et repères

Accords de *clearing*: accords de compensation passés entre des pays pour régler le solde des échanges entre ces pays.

Dow Jones : indice boursier calculé à partir de la moyenne des 30 valeurs boursières les plus importantes de Wall Street.

École néo-classique : courant de pensée apparu à la fin du XIXe siècle. Les économistes néo-classiques s'intéressent principalement aux comportements des agents économiques qui, par définition, sont rationnels. Ils considèrent que seul le marché de concurrence permet une utilisation optimale des ressources (travail et capital).

Friedman (Milton) : né en 1912. Économiste, professeur à l'université de Chicago, il est le chef de file des monétaristes qui voient dans l'inflation un phénomène purement monétaire. Friedman s'oppose à l'interventionnisme keynésien qui n'a aucun effet sur le chômage et avive le processus inflationniste. La seule intervention possible est le contrôle de la croissance de la masse monétaire qui doit être proportionnelle à l'évolution de la production. Il préconise également le système de taux de change flottants qui permet le rééquilibrage automatique des échanges extérieurs.

Ottawa Agreement Act : accords signés entre le Royaume-Uni et les dominions, qui prévoient des franchises pour les importations britanniques provenant de l'Empire et des réductions des taxes douanières entre les pays adhérents (Australie, Nouvelle-Zélande, Canada, Terre-Neuve, Union sud-africaine, Rhodésie, Inde).

Rueff (Jacques) : 1896-1978. Ancien élève de l'École polytechnique, il devient le conseiller de Poincaré et inspire la réforme monétaire de juin 1928. Libéral, il développe l'idée que la rigidité des salaires à la baisse crée un chômage permanent. Il est le défenseur intransigeant de l'étalon-or et inspire l'action du général de Gaulle après 1958.

Chapitre 6

L'URSS de 1917 à 1939

Introduction

En moins de 25 ans, la Russie éternelle du Tsar est devenue une puissance industrielle caractérisée par la collectivisation des moyens de production. Cependant, cette évolution ne s'est pas faite d'une manière linéaire. Des ruptures marquent cette période : d'abord celle du communisme de guerre, puis le retour à certaines formes capitalistes avec la NEP et enfin la reprise du processus de collectivisation à partir de 1928. Ce chemin sinueux souligne les difficultés et les contradictions auxquelles le pouvoir bolchevique se trouve confronté.

1. La formation du système soviétique

1.1. Le communisme de guerre

1.1.1. Les caractéristiques du communisme de guerre

Le communisme de guerre répond à deux exigences contradictoires : renforcer un pouvoir menacé par une intervention extérieure et une opposition armée intérieure, mettre en place un nouveau système économique et social.

• *La socialisation de l'agriculture*

Lorsque les bolcheviks arrivent au pouvoir, ils sont politiquement minoritaires. Cette fragilité, bien comprise par Lénine, suppose la neutralité bienveillante de la paysannerie. Le décret sur la terre du 8 novembre 1917 révèle cette nécessité : il abolit la propriété privée du sol et prévoit la confiscation sans indemnités des grandes propriétés. Mais le décret n'aboutit pas à la création d'un secteur agricole collectivisé car la paysannerie s'y oppose et la loi agraire de février 1918 prévoit la redistribution de la terre.

Les problèmes de l'approvisionnement des villes et de l'armée Rouge avivent les tensions entre la paysannerie et le pouvoir. Les décrets de mai et juin 1918 obligent les paysans à livrer leurs excédents. Ils répondent en réduisant la production agricole. Il est alors créé des comités de paysans pauvres chargés de dénoncer les « accapareurs ». En 1919, ces comités sont remplacés par des détachements d'ouvriers armés dans les campagnes afin de procéder à des réquisitions pour assurer l'approvisionnement des villes. Dans le même temps un marché parallèle se développe dans les centres urbains. En 1918-1919, ce marché noir satisfait 60 % des besoins des villes.

• *La socialisation de l'industrie*

À l'égard de l'industrie, la stratégie bolchevique est prudente. En novembre 1917, les entreprises employant plus de 5 personnes passent sous le contrôle de comités élus par les ouvriers et les employés, ces comités étant supervisés par le Conseil supérieur de l'économie nationale,

le *Vesenkha* (VSNKh). La nationalisation de l'industrie n'est donc pas à l'ordre du jour puisque les propriétaires des entreprises en conservent la direction.
Mais le relâchement de la discipline au travail et la résistance passive des entrepreneurs conduisent à nationaliser certaines entreprises comme les usines Putilov en janvier 1918 puis des branches entières de l'industrie. Avec la guerre civile, le mouvement s'accélère : le décret du 28 juin 1918 nationalise toutes les entreprises dont le capital est supérieur à un million de roubles ; fin 1920, la mesure est étendue aux entreprises de plus de 10 salariés. La centralisation des décisions accompagne les nationalisations. Les *Sovnarkhoz* (conseils économiques régionaux) et surtout les *Glavki* (directions principales de branches) sous la tutelle du *Vesenkha* organisent la production industrielle. La priorité absolue est donnée aux secteurs qui travaillent pour l'armée, les autres secteurs gérant de plus en plus difficilement la pénurie.

1.1.2. Le bilan du communisme de guerre

• *L'effondrement économique*

Les principaux indicateurs économiques en 1921 (indice 100 en 1913)			
Production agricole	**Production industrielle**	**Volume des exportations**	**Volume des importations**
60	21	1	15

Source : J.-C. Asselain, *Histoire économique du XXe siècle. La montée de l'État*, Paris, Presses de Sciences Po et Dalloz, 1995, p. 241.

Les données statistiques montrent l'effondrement de l'économie soviétique à la fin de la guerre civile. À ces indicateurs, il faut ajouter les 10 millions de victimes de la guerre civile et les 5 millions de morts dus à la famine. Le plus grave, pour le pouvoir en place, est l'aggravation de la situation qui suit la guerre civile.
L'inflation est la conséquence de l'insuffisance de la production de biens de production et du déficit budgétaire. Les recettes de l'État sont quasiment nulles et les dépenses sont financées par la création monétaire. Il s'ensuit une démonétisation de l'économie que les dirigeants bolcheviques considèrent comme un premier pas vers une économie socialiste. Les entreprises ne sont plus considérées comme des unités financières autonomes et elles doivent fixer leurs objectifs en termes physiques. Les rémunérations des ouvriers et des soldats se font en nature sous forme de rations alimentaires ou de bons.

• *La signification du communisme de guerre*

On peut interpréter le communisme de guerre de deux manières :

- la première insiste sur les nécessités de la période. Le pouvoir bolchevik agit sans véritable schéma directeur et s'adapte à la situation. La volonté de ne pas heurter la paysannerie et la nécessité d'organiser la pénurie seraient les signes de ce pragmatisme. Les prises de position de Trotsky confirmeraient cette analyse ;
- un autre point de vue peut être développé. Le communisme de guerre constituerait les prémisses du programme bolchevik. La milita-

risation de l'économie, les nationalisations, les réquisitions et la démonétisation sont conçues comme les premiers pas vers le socialisme et la mise en place de la dictature du prolétariat. Lénine est favorable au maintien d'une organisation centralisée en 1920 et il voit dans les syndicats, conformément à ce qu'il a écrit auparavant, une simple courroie de transmission. Seule la pression des événements modifie son point de vue : opposition de plus en plus violente de la paysannerie, l'insurrection de Cronstadt*, l'agitation dans les usines, autant de signes montrant qu'il est temps de changer de politique.

cf. *synthèse* p. 107

Le débat sur la nature du communisme de guerre n'est pas seulement académique. Il pose la question de la nature profonde du système soviétique et de sa capacité à se transformer.

cf. *cours* p. 137

1.2. La NEP (nouvelle politique économique)

1.2.1. Les principes de la NEP

• *Le retour aux mécanismes de marché*

Selon Lénine, la NEP peut être résumée par la formule : « le maximum de marché avec le minimum de capitalisme ». Adoptée en 1921, elle concerne d'abord l'agriculture puis s'étend à l'industrie et au commerce et elle institue parallèlement la remonétisation de l'économie :

■ en 1921, la priorité est donnée au redressement agricole pour accroître l'approvisionnement des villes et le niveau de vie des paysans. En mars, les réquisitions sont remplacées par un impôt en nature qui doit laisser un surplus pouvant être commercialisé. Le rétablissement du marché agricole s'accompagne, à partir de mai 1922, de la liberté d'utiliser les sols : les paysans peuvent vendre les terres ou les louer. L'abandon du travail obligatoire implique l'autorisation du salariat agricole et 6 millions de petits exploitants redeviennent ouvriers agricoles. Une classe de paysans moyens (*seredniaks*) et de paysans riches (koulaks) se constitue ;

■ à partir du mois de mai 1921, la NEP s'étend au secteur industriel. En décembre, les entreprises de moins de 20 travailleurs sont dénationalisées et on prévoit même la restitution aux anciens propriétaires. Si la grande industrie reste nationalisée, certaines entreprises moyennes sont louées à des intérêts privés. En mars 1923, l'ensemble des entreprises gérées par des intérêts privés représentent 23 % des ouvriers et 5 % de la production. Mais la dénationalisation est encore plus large pour le commerce : en 1923, le secteur privé représente les trois quarts du chiffre d'affaires du commerce de détail et si les organes d'État conservent une position dominante dans le commerce de gros, ils n'en ont plus le monopole ;

■ le retour à l'économie de marché passe par le rétablissement des relations monétaires. On en revient à la monétisation des salaires et à la répartition des biens de consommation par le marché. L'impôt en nature sur les paysans est remplacé par un impôt monétaire et certains services ne sont plus gratuits comme le logement, la consommation d'eau et d'électricité ainsi que les services postaux. Cette remonétisation suppose une véritable politique monétaire. Un décret du 1er octobre 1922 autorise la Banque d'État à émettre des billets, les *tchernovetz*, qui deviennent monnaie légale en 1923.

• *Un capitalisme d'État*

La NEP ne constitue pas un retour pur et simple au capitalisme libéral. De larges secteurs de l'activité économique restent socialisés mais l'organisation de ceux-ci se modifie dans le sens d'un rétablissement du marché :

- dans l'industrie, les entreprises d'État sont regroupées dans de grandes unités de production : les trusts. Même si le *Vesenkha* conserve des pouvoirs importants dans la direction économique, les trusts bénéficient d'une large autonomie selon le principe du *Khozraschët*. Ce terme, intraduisible, recouvre plusieurs aspects de la gestion des entreprises : les recettes doivent couvrir les dépenses d'exploitation, les investissements sont autofinancés, autonomie de gestion et notamment la possibilité de passer des contrats avec d'autres entreprises. La logique est donc celle du capitalisme : les grandes entreprises industrielles doivent être rentables ;
- le commerce extérieur reste un monopole d'État. Cependant, l'économie soviétique commence à s'ouvrir. En 1921-1922, un premier accord commercial est passé avec la Grande-Bretagne, et le traité de Rapallo* prévoit le développement des relations économiques avec l'Allemagne. Les autorités soviétiques acceptent le principe de sociétés dont une partie est détenue par des capitaux étrangers. L'expérience reste limitée car les conditions imposées par les Soviétiques sont très strictes et découragent l'initiative étrangère. Malgré tout, Ford crée des usines de tracteurs et de construction automobile.

1.2.2. Le bilan de la NEP

• *Le redressement économique*

D'une manière générale, le bilan de la NEP est largement positif. La production agricole en 1928 retrouve le niveau d'avant-guerre ainsi que l'industrie lourde alors que l'industrie légère atteint ce niveau dès 1926, ce qui démontre que la NEP a plutôt favorisé l'amélioration du niveau de vie. Le salaire réel des ouvriers double entre 1922 et 1926 et les conditions de travail s'améliorent. Le progrès est encore plus sensible pour la paysannerie grâce à l'accroissement de l'autoconsommation. Cependant, ce redressement ne se produit pas sans heurts et la « crise des ciseaux » illustre les difficultés de l'époque : les deux lames des ciseaux représentent l'évolution des prix industriels et des prix agricoles. L'ouverture des ciseaux exprime l'idée que les prix d'un secteur deviennent plus élevés que ceux de l'autre secteur (prix relatifs). Au début de 1922, les prix dans l'agriculture sont deux fois plus élevés que ceux de l'industrie et, à l'automne 1923, ils ne représentent plus que le tiers des prix industriels. Plusieurs facteurs expliquent cette évolution des prix relatifs* :

- tout d'abord, le redressement de la production agricole en 1922 entraîne une hausse de l'offre qui ralentit l'augmentation des prix dans l'agriculture. Dans l'industrie, la productivité est faible du fait du manque de main-d'œuvre qualifiée et du vieillissement du capital technique, ce qui a pour effet l'accroissement des coûts de production ;
- mais le facteur le plus important de l'envolée des prix industriels est l'attitude des trusts qui s'organisent en syndicats sous l'autorité du *Vesenkha*. Disposant d'une situation de monopole, ces syndicats, en stockant leur production, organisent artificiellement la pénurie des

biens industriels et favorisent la hausse des prix. Cette stratégie, qui permet le redressement de la rentabilité des entreprises, est encouragée par l'octroi de crédits bancaires évitant ainsi aux entreprises d'avoir à vendre pour acheter. L'ouverture des ciseaux amène la paysannerie à baisser la part de la production destinée au marché : celle-ci est inférieure, en 1922, de 60 % à celle de 1913 alors que la production agricole est seulement inférieure d'un tiers.

À l'automne 1923, les autorités soviétiques sont décidées à résoudre cette « crise des ciseaux ». La Banque d'État restreint ses crédits aux entreprises industrielles pour les inciter à vendre. Un nouveau commissariat au commerce intérieur est chargé de surveiller les prix et intervient sur l'offre par des importations. La stabilisation monétaire favorise la hausse des salaires ouvriers, ce qui encourage les gains de productivité. Dès 1924, l'évolution des prix devient favorable à l'agriculture et la « crise des ciseaux » est surmontée.

• *La liquidation de la NEP*

Le rétablissement de l'économie de marché n'implique pas la disparition de l'intervention de l'État dans l'activité économique :

- plusieurs grands projets d'investissement sont mis en œuvre, comme la construction d'un barrage géant sur le Dniepr ;
- le Gosplan (Commission d'État pour la planification) est créé en 1921 et commence à définir les outils d'une planification impérative ;
- en outre, la « crise des ciseaux » ressuscite le débat sur l'industrialisation. À la fin des années 20, l'Union soviétique est à un tournant. La phase de reconstruction est terminée et le développement de l'industrie demande de nouvelles mesures ;
- la montée du chômage inquiète les autorités : on dénombre 2 millions de chômeurs en 1928 ;
- mais la question la plus importante reste la question paysanne. L'approvisionnement est insuffisant, les koulaks et les intermédiaires (les *nepmen*) sont accusés d'organiser la pénurie pour faire monter les prix. En 1927, les koulaks subissent des taxes discriminatoires, ce qui a pour effet de réduire leur activité. La crise agricole remet en cause le développement de l'industrie et, en 1929, le pouvoir soviétique est dans une impasse : il doit résoudre d'une manière ou d'une autre la question paysanne.

cf. *synthèse* p. 108

2. La planification soviétique

2.1. Les principes de la planification soviétique

2.1.1. La collectivisation de l'agriculture

• *Les institutions*

Par un article du 15 décembre 1929 dans la *Pravda*, Staline annonce l'accélération de la collectivisation de l'agriculture. Ce processus, commencé en 1930, s'achève en 1935. Trois institutions caractérisent l'agriculture soviétique : les *sovkhoz*, les *kolkhoz*, les Stations de machines et tracteurs (SMT) :

Évolution de la part de l'agriculture collectivisée						
	1928	1929	1930	1931	1932	1933
Superficie des *kolkhoz* (%)	1,2	3,5	29,9	57,9	68,1	72,1
Superficie des *sovkhoz* (%)	1,7	2,2	3,93	10,96	13,45	14,14

Source : P. Léon, *Histoire économique et sociale du monde*, Paris, t. V, A. Colin, 1977, p. 281.

■ les *sovkhoz* sont des fermes d'État et les paysans qui y travaillent sont des salariés. Elles fonctionnent suivant les mêmes principes que les entreprises d'État ;

cf. *cours* p. 103

■ mais ce sont les *kolkhoz* qui constituent le secteur le plus important de l'agriculture soviétique. Juridiquement, ce sont des coopératives qui choisissent elles-mêmes leur comité de direction et leur président. Cependant, les *kolkhoz* sont placés sous la tutelle de l'État car soumis à des livraisons obligatoires à des prix fixés par l'État. Le surplus peut être vendu librement soit sur le marché kolkhozien soit à l'État à des prix plus élevés. Si, dans le principe, la rémunération des paysans kolkhoziens varie suivant les résultats de la coopérative, la réalité montre qu'elle dépend des livraisons obligatoires. Celles-ci sont destinées à approvisionner les centres urbains mais aussi à financer le développement de l'industrie grâce au profit réalisé lors de la revente des produits agricoles par l'État. Chaque paysan kolkhozien dispose d'un lopin de terre qu'il peut utiliser librement (0,5 hectare en moyenne). Les revenus tirés de cette activité représentent la moitié du revenu des kolkhoziens ;

■ les SMT gèrent le matériel agricole des *kolkhoz*. Créés pour des motifs techniques, ils exercent une véritable activité de contrôle des coopératives.

• *Le coût de la collectivisation*

Les principaux indicateurs de la production agricole						
Indicateurs	1928	1929	1930	1931	1932	1933
Indice de la production agricole	100	98,1	96,5	93,3	88,6	84,9
Indice de la production céréalière	100	97,8	114	94,8	94,9	93,3
Indice du cheptel	100	94,1	72,9	67,8	54,7	47,4

Source : P. Léon, *Histoire économique et sociale du monde*, Paris, t. V, A. Colin, 1977, p. 281.

On peut analyser le bilan de la collectivisation de deux manières :

■ pour Staline, il s'agit de porter la lutte des classes dans les campagnes et assurer l'approvisionnement des villes. Ces deux objectifs sont atteints : la dékoulakisation est totale et les campagnes peuvent nourrir les centres industriels et urbains. La collectivisation a également pour effet d'accélérer l'exode rural : 82,1 % de la population étaient des ruraux en 1926, ils ne sont plus que 67,1 % en 1939 ;

■ pour la paysannerie, le bilan est très différent. L'accélération de la collectivisation et l'élimination des koulaks désorganisent la production. Staline comprend le danger que représente cette situation et, en mars 1930, met un frein temporaire à l'ardeur des représentants du Parti dans les campagnes. Cependant, le mouvement reprend dès 1931 et les conditions climatiques aidant, la récolte est catastrophique provoquant une famine de l'ampleur de celle de 1921. Le cheptel diminue très rapidement par manque de soins et par l'abattage volontaire. À long terme, la collectivisation provoque un véritable traumatisme dans la paysannerie et la rupture avec le régime soviétique est durable. On peut même dire que l'agriculture ne se relèvera jamais de ce choc.

2.1.2. La direction planifiée de l'économie

• *Les structures de l'économie planifiée*

cf. *synthèse* p. 108

Pour comprendre les structures de l'économie planifiée, il faut distinguer les principes politiques des principes techniques : les principes politiques partent de l'idée que le parti communiste est le centre de décision des grandes orientations de la politique économique. Les directives sont impératives, d'où le nom de planification impérative, et sont mises en œuvre par les organes administratifs du système. L'articulation des principes politiques et des principes techniques tient non pas dans la formulation des objectifs du plan, qui est strictement du domaine du politique, mais dans le contrôle de l'exécution de ces objectifs. Il est peu important de savoir si les objectifs du plan sont réalistes ou non, l'essentiel est de savoir comment les administrations concernées appliquent le plan.

On peut distinguer trois échelons dans la structure de l'économie planifiée :

■ au sommet, se trouvent le gouvernement et la direction du Parti auxquels est rattaché le Gosplan qui est un organe technique et non pas politique : il concrétise les objectifs déterminés par le centre ;

■ au niveau intermédiaire, se trouvent les ministères correspondant à une branche de l'activité économique. Ils organisent eux-mêmes les investissements, les approvisionnements et l'emploi en fonction des objectifs définis par le plan ;

■ le troisième niveau est composé par les entreprises dirigées par des directeurs qui dépendent directement des directions centrales des ministères (les *glavki*). Les directeurs ne sont pas des gestionnaires mais des fonctionnaires qui ont le plus souvent une formation d'ingénieurs et dont la carrière dépend de la capacité à appliquer les directives de la hiérarchie.

cf. *cours* p. 98

Le plan quinquennal existait avant 1930 mais le système planifié trouve son origine dans deux décrets concernant la réforme du crédit : le premier, en 1929, supprime l'indépendance de la Banque centrale, la Gosbank. Le second, datant du 30 janvier 1930, définit le crédit bancaire comme la seule forme de crédit autorisée dans le secteur d'État. Ainsi, la Banque centrale contrôle les flux financiers en fonction des objectifs du plan, ce qui ôte aux entreprises toute possibilité d'avoir une autonomie de gestion.

• *Le choix industriel*

Le débat au sein du parti communiste au cours des années 20, montre que les choix réalisés lors des premiers plans n'étaient pas inéluctables. Mais la priorité donnée à l'industrie des biens de production devient un dogme même si on peut puiser dans l'œuvre de Marx et de Lénine les origines de ce choix. Staline justifiera sa position en 1946 en déclarant que le développement de l'industrie lourde était le seul moyen pour faire face aux dangers d'agression qu'encourait la patrie du socialisme.

cf. *synthèse* p. 109

Le modèle stalinien est moins l'expression de la volonté de construire le socialisme et de montrer sa supériorité sur le capitalisme que celui d'un nationalisme modernisateur. Déjà Witte, à la fin du XIXe siècle, avait défini un projet volontariste fondé sur le développement de l'industrie lourde. De plus, le choix industriel permet à Staline de renforcer son pouvoir, d'abord au sein du Parti, ensuite sur l'ensemble de la société. L'irréalisme des objectifs favorise la cristallisation des oppositions entre ceux qui mettent en avant la rationalité économique et ceux qui appliquent le programme au nom de la supériorité du socialisme sur tout autre système social. Staline élimine physiquement les premiers et contrôle les autres.

Le développement de l'industrie lourde est donc avant tout un choix politique déterminé par des circonstances particulières mais qui s'inscrit également dans une tradition nationale.

2.2. *Les premiers plans*

2.2.1. Le bilan économique

• *La croissance de l'industrie*

Jusqu'à l'entrée en guerre de l'URSS en juin 1941, trois plans sont mis en œuvre : le premier durant la période 1928-1932, le deuxième couvre les années 1933-1937 et le troisième débute en 1938 mais l'invasion allemande met fin à son exécution.

L'analyse statistique est délicate car les données sont le plus souvent falsifiées. Cependant, il est indéniable qu'au cours des années 30, le développement industriel s'effectue très rapidement. L'indicateur le plus représentatif est sans doute celui de l'emploi : dans l'industrie, la croissance des effectifs est de 14 % en moyenne par an et le nombre de personnes y travaillant passe de 38 millions en 1928 à 12,4 millions en 1937. On peut estimer la croissance de la production industrielle à 10 % par an sur la période 1928-1940, ce qui apparaît exceptionnel pour l'époque. La priorité donnée à l'industrie lourde entraîne une augmentation de la part de celle-ci dans la production industrielle : 44 % en 1928, 63 % en 1936.

L'Union soviétique parvient ainsi à développer la production de biens d'équipement qu'elle devait importer auparavant. Cette transformation peut être attribuée à l'application de technologies étrangères tout en les adaptant aux conditions soviétiques de la production. En effet, les techniques utilisent plus de travail peu qualifié et moins d'ingénieurs et de techniciens.

• *Les revers de la planification*

cf. *cours* p. 139

Les succès de l'industrialisation au cours des années 30 s'accompagnent de déséquilibres qui seront lourds de conséquences à partir des années 60. Le volontarisme stalinien et la définition d'objectifs irréalistes entraînent l'État à intervenir constamment et sa tâche consiste à gérer la pénurie par l'allocation centralisée des moyens de production. En effet, la priorité donnée à l'industrie des biens d'équipement est génératrice de déséquilibres et même les secteurs prioritaires vont en souffrir. Lors du premier plan, la production d'acier et de ciment est déficitaire. Si certaines activités dépassent les prévisions du plan, c'est le plus souvent au détriment d'autres activités : au cours du deuxième plan, la production de moissonneuses batteuses est supérieure aux objectifs de 119,5 % mais la production de tracteurs connaît un déficit de 60,1 %.

L'État doit également gérer la pénurie de main-d'œuvre. Le type de croissance instaurée par le plan quinquennal repose sur l'augmentation des moyens mis en œuvre. Il faut mobiliser l'emploi et l'exode rural est insuffisant pour faire face aux besoins en main-d'œuvre, d'où le recours au travail obligatoire et au travail forcé (de 3 à 10 millions de travailleurs forcés en 1940 selon les estimations). Cependant, la productivité du travail reste faible et si le stakhanovisme*, dans les années 30, favorise les gains de productivité, les contraintes sur les travailleurs sont de plus en plus fortes.

L'industrie des biens de consommation est sacrifiée. Il en résulte un déséquilibre croissant entre la masse des salaires versés et l'offre de biens de consommation provoquant des tensions inflationnistes. Celles-ci se présentent sous la forme de hausses de prix sur le marché libre d'abord, puis dans les prix officiels ou par la pénurie de biens de consommation dans les magasins d'État.

2.2.2. Le bilan social

• *Les transformations de la société soviétique*

Au cours des années 30, l'industrialisation de l'URSS transforme la société. L'évolution démographique apparaît très contrastée. Le conflit mondial, la guerre civile, les famines ont décimé la population entre 1913 et 1921. À la fin des années 20, grâce à l'amélioration des conditions de vie durant la NEP, un renouveau démographique s'est produit mais la collectivisation de l'agriculture a mis fin brutalement à cette évolution. À partir de 1935, Staline impose une politique résolument nataliste : interdiction d'avorter, taxes sur les divorces, allocations familiales. Ces mesures permettent la reprise de l'expansion démographique.

La planification accélère l'urbanisation de la population. Des villes comme Moscou et Leningrad voient leur population doubler. De nouvelles villes sont créées, comme Magnitogorsk qui compte 150 000 habitants. Les paysans, qui représentaient 75 % de la population active en 1913, ne sont plus que 56 % en 1937.

La fin brutale de la NEP fait disparaître une petite bourgeoisie qui avait su bénéficier du renouveau des années 20, les koulaks et les *nepmen*. Cependant, une nouvelle élite émerge, étroitement liée au Parti, mais elle est constamment menacée par les changements politiques. L'éducation progresse : 62 % des Soviétiques ne savaient ni lire ni écrire en 1914, l'alphabétisme a quasiment disparu pour les moins de 30 ans en 1939.

• *Les conditions de vie*

Si le socialisme reste l'avenir de l'homme, les conditions de vie sont précaires pour les Soviétiques. Jusqu'en 1935, les hausses de salaires sont totalement absorbées par l'inflation. Au cours du deuxième plan, la situation s'améliore surtout grâce à l'augmentation de l'activité féminine : les femmes occupent 28 % des emplois industriels en 1929, 41 % en 1939.
L'évolution de la consommation connaît de fortes disparités : baisse de la consommation alimentaire, hausse de la consommation de biens manufacturés.
Les avantages dont bénéficie la population urbaine ne sont pas négligeables mais la principale difficulté vient du logement. L'exode rural accroît les besoins que l'industrie du bâtiment ne parvient pas à résorber car la priorité est donnée à la construction d'usines. Pour des millions de citadins l'appartement communautaire devient la règle. La situation de la paysannerie est encore plus difficile et seule la liberté de cultiver le lopin de terre individuel permet d'améliorer le niveau de vie.

cf. *cours* p. 102

Conclusion

Entre 1917 et 1939, l'économie et la société soviétiques connaissent un bouleversement radical. Mais la construction du socialisme apparaît plus comme le produit d'une série de ruptures brutales (communisme de guerre, NEP, collectivisation et planification) que celui d'une évolution maîtrisée. Le volontarisme stalinien provoque des déséquilibres qui tendent à être irréversibles.

Synthèses

1. Le marxisme-léninisme

Introduction

L'expression « marxisme-léninisme » apparaît après la mort de Lénine en 1924. Staline jette les bases de cette théorie.

1. Lénine

Wladimir Illitch Oulianov, dit Lénine, naît le 27 avril 1870 à Simbirsk en Russie. Il écrit deux œuvres économiques majeures : *Le Développement du capitalisme en Russie* (1899) et *L'Impérialisme, stade suprême du capitalisme* (1916) :

- dans son premier livre, il reprend les thèses de Marx et aboutit à la conclusion que le développement du capitalisme est inéluctable en Russie. Il en déduit que le prolétariat russe doit jouer un rôle clé dans l'évolution de la société russe. La constitution d'un parti composé de révolutionnaires professionnels devient alors une priorité car lui seul peut organiser les travailleurs en classe consciente de sa capacité à transformer la société ;
- dans *L'Impérialisme, stade suprême du capitalisme,* Lénine analyse la nouvelle forme que prend le capitalisme au début du XXe siècle. Constitué de monopoles, il se diffuse au niveau mondial et oppose les pays riches aux pays dominés, ce qui rend possible la révolution mondiale, les intérêts du prolétariat des pays dominants devenant communs avec ceux des pays colonisés. L'impérialisme explique la guerre mondiale car elle est le produit de la lutte pour l'appropriation de l'espace économique et de ses richesses.

Au début de la Première Guerre mondiale, Lénine pense que la révolution est devenue possible en Russie. Après la révolution de Février et son retour d'exil, il persuade les autres dirigeants du parti bolchevique de la nécessité de se préparer à la prise du pouvoir. Dans *L'État et la Révolution,* écrit au cours de l'été 1917, Lénine présente ce que doit être le rôle de l'État dans une période de transition. Il doit instaurer la dictature du prolétariat, l'objectif étant le dépérissement de l'État et l'abolition des classes sociales. Après la révolution d'Octobre, il applique ce programme tout en s'adaptant aux nécessités du moment. Lénine meurt en 1924.

cf. *cours* p. 99

2. Le marxisme-léninisme

En avril 1924, 3 mois après la mort de Lénine, Staline fait paraître *Les Fondements du léninisme.* La pensée et l'œuvre de Lénine sont soumises à l'interprétation stalinienne qui devient un dogme. Le Parti n'est plus l'avant-garde de la classe ouvrière, il est l'incarnation même de la Révolution socialiste. Ses objectifs sont définis scientifiquement, grâce à la pensée marxiste-léniniste, et seules les erreurs des dirigeants peuvent écarter, momentanément, le Parti de la voie qu'il s'est fixée. De cette manière, Staline justifie les purges périodiques que connaît le parti communiste. La possibilité de construire le socialisme dans un seul pays devient un objectif en soi et la défense de la patrie du socialisme, la principale tâche des organisations rattachées à la IIIe Internationale*. S'il trouve ses sources dans l'œuvre de Lénine, le marxisme-léninisme est essentiellement une doctrine visant à justifier le pouvoir de Staline et de ses successeurs.

2. Les méthodes de la planification

Introduction

Le premier plan, le plan Goelro*, date de 1920. Au cours de son élaboration, les planificateurs sont placés devant deux difficultés majeures : la cohérence et l'efficacité.

1. Les différents types de plan

On peut distinguer trois plans :

- le plan quinquennal est le plus connu mais il n'est pas le plus important. Il n'est pas impératif pour les entreprises car il se contente de fixer de grands objectifs et des priorités définis par le Parti ;
- le plan annuel détermine concrètement les objectifs des entreprises. En principe, il s'inscrit dans le plan quinquennal mais, le plus souvent, il est soumis à révisions car c'est le seul qui peut permettre les ajustements entre les ressources et les objectifs ;
- à partir de 1961, un plan à long terme (15 ans) fixe de grandes orientations économiques et sociales.

Le contrôle de l'exécution du plan est effectué par le Gosplan qui utilise les résultats des ministères. Les informations proviennent de l'Office central des statistiques et des rapports des agences du Gosplan. Ce type de contrôle est lourd et relativement long. La Gosbank exerce un contrôle indirect plus efficace par l'étude des comptes bancaires des entreprises.

cf. *cours* p. 103

2. La méthode des balances

Les balances sont des bilans prospectifs qui se présentent de la manière suivante :

Ressources	Emplois
1. Production prévue	1. Besoins prévus
2. Importations	2. Exportations
3. Stocks disponibles	3. Stocks désirés
4. Autres ressources	4. Autres emplois
Total des ressources	**Total des emplois**

Ces balances, calculées en termes physiques, permettent de préparer le plan de production. À partir des directives du Bureau politique du Parti et du Conseil des ministres, le Gosplan définit un certain nombre de balances très agrégées. Puis le Gosplan fixe les objectifs des ministères qui les répercutent sur les entreprises. Celles-ci répondent en évaluant leurs besoins en main-d'œuvre, matières premières, machines, etc. Ces besoins, surévalués, sont transmis aux ministères puis au Gosplan. Celui-ci propose une nouvelle version du plan à partir des estimations, corrigées à la baisse, des ministères. Ce cheminement introduit donc un biais remettant en cause la fiabilité du plan.

Conclusion

La planification impérative est un processus complexe. Son efficacité dépend de la capacité de l'administration à maîtriser une information qui ne peut être qu'imparfaite.

3. Le débat sur l'industrialisation

Introduction

Dès la prise de pouvoir par les bolcheviks, l'industrialisation est une priorité qui ne sera jamais remise en cause. Cependant, le débat reste ouvert sur le rythme de celle-ci.

1. Industrialisation et agriculture

On peut schématiser le débat en confrontant les thèses de Preobrajenski et celles de Boukharine :

- pour le premier, le développement de l'URSS suppose de donner la priorité absolue à l'industrie, ce qui pose le problème de son financement. Les ressources nécessaires doivent être trouvées dans le secteur agricole de deux manières :
  - la première est de recourir à une taxation importante des revenus agricoles,
  - la deuxième consiste à dégager un surplus en achetant les produits agricoles à un prix inférieur à leur valeur.

  Preobrajenski justifie ces mesures par la loi de l'accumulation primitive qui constitue un apport théorique nouveau dans l'analyse marxiste : une économie socialiste doit favoriser l'accumulation de capital dans l'industrie par un transfert des revenus de l'agriculture vers le secteur secondaire ;
- Boukharine préconise une stratégie de croissance équilibrée et donc un rythme d'industrialisation plus lent. Il faut favoriser les surplus agricoles qui seront exportés, dégageant ainsi des recettes destinées à financer la croissance industrielle. Cette politique s'inscrit dans le cadre de la NEP et l'objectif de l'État doit être de montrer la supériorité du système coopératif dans l'agriculture sans précipiter le rythme de la collectivisation.

2. L'ouverture vers l'extérieur

Simultanément au débat précédent, Boukharine s'oppose à Trotsky sur le degré d'ouverture de l'économie soviétique :

- paradoxalement Trotsky, proche des thèses de Preobrajenski, défend l'idée qu'un certain niveau de dépendance par rapport aux pays occidentaux est nécessaire pour accélérer la croissance de l'industrie : il faut importer des biens d'équipement, favoriser la venue d'ingénieurs et de techniciens des pays industrialisés, demander un maximum de crédits. Le déséquilibre extérieur doit être financé par des prélèvements sur l'agriculture ;
- Boukharine défend des thèses plus isolationnistes et refuse l'intégration au marché mondial. Si les importations sont nécessaires, elles doivent jouer un rôle d'appoint et la croissance doit être soutenue par le marché intérieur.

Conclusion

Le débat entre l'aile gauche du parti communiste — représentée par Trotsky et Preobrajenski — et l'aile droite — par Boukharine — est arbitré par Staline. Les choix de ce dernier sont essentiellement politiques. Il soutient les thèses de Boukharine pour éliminer Trotsky, puis applique le programme de la gauche pour isoler Boukharine.

Clés et repères

Insurrection de Cronstadt : port de la Baltique. Les marins de Cronstadt se révoltèrent contre le pouvoir bolchevique en 1921. La révolte fut durement réprimée et a servi de prétexte pour interdire les autres partis en URSS.

Plan Goelro : premier plan adopté en 1920. Il définit les étapes de l'électrification du pays pour les 10 à 15 années suivantes. Il constitue le premier plan perspectif et utilise la méthode des balances.

Prix relatifs : rapport du prix d'un bien au prix d'un autre bien. Le plus souvent, on compare l'évolution du prix d'un bien à celle du prix de l'ensemble des autres biens.

Stakhanovisme : principe d'émulation dans la production. Un mineur du Donbass, Alexeï Stakhanov (1905-1977) accomplit quatorze fois la norme dans l'extraction de charbon lors d'un concours en août 1935. Stakhanov fut alors l'exemple mis en avant pour améliorer la productivité au cours des années 30.

Traité de Rapallo : signé par l'Allemagne et l'URSS le 16 avril 1922. Il marque la reprise des relations diplomatiques et commerciales entre les deux pays. Ce traité a été précédé, en 1921, d'un accord commercial avec la Grande-Bretagne.

Troisième Internationale : 1919-1943. Appelée également *Komintern*, elle regroupe les partis communistes des différents pays.

Plan

Les États-Unis et la crise de 29

Introduction

La crise de 29 constitue un tournant majeur de l'histoire économique du XXe siècle. Le spectre d'une économie condamnée à la stagnation semble devenir réalité. Cependant, on ne peut analyser cette période sans se référer à la rupture que constitue la Première Guerre mondiale. Celle-ci marque le déclin, quasi irrémédiable, des économies européennes dans l'économie mondiale, et plus particulièrement celle qui fut pendant un siècle la puissance dominante, la Grande-Bretagne. Les États-Unis occupent, dès lors, la première place dans la hiérarchie économique internationale. L'analyse de la crise de 1929 ne peut donc laisser de côté la question de la responsabilité des États-Unis dans cette crise.
Pour répondre à cette question, il est nécessaire d'analyser les caractéristiques d'une crise qui commence aux États-Unis et qui prend, d'emblée, une dimension internationale. Ensuite, l'étude des mécanismes de la diffusion de la crise permettra d'insister sur le rôle des États-Unis mais aussi de mettre en relief les faiblesses des économies nationales, notamment en Europe.

1. La crise de 29 : une crise mondiale qui débute aux États-Unis

cf. *cours* p. 83

1.1. Une crise mondiale durable

1.1.1. La déflation mondiale

1.12. Tous les pays ne sont pas touchés de la même manière

cf. *cours* p. 84 et *synthèse* p. 93

1.2. La crise aux États-Unis

1.2.1. Le krach boursier

cf. *cours* p. 80

1.2.2. Le retournement de conjoncture

cf. *cours* p. 81

2. La crise de 29 : une crise qui se diffuse dans des économies affaiblies

2.1. Les États-Unis jouent un rôle essentiel dans la diffusion de la crise

2.1.1. La crise monétaire et financière

cf. *cours* p. 82 et *synthèse* p. 94

2.1.2. La rupture des échanges internationaux

cf. *cours* p. 83

2.2. Les faiblesses des économies industrialisées expliquent la gravité de la crise

2.2.1. Les déséquilibres des années 20

cf. *cours* p. 70 et *synthèse* p. 94

2.2.2. Le choix déflationniste des politiques économiques

cf. *cours* p. 83

Conclusion

Le caractère remarquable de la crise de 1929 tient à son ampleur et surtout à sa durée. En effet, ce n'est pas la première fois que l'économie mondiale connaît un tel retournement de conjoncture. La crise de reconversion du début des années 20 apparaît aussi brutale, et l'internationalisation de la crise n'est pas un phénomène nouveau. Cependant, les difficultés du redressement éclairent le rôle des États-Unis qui privilégient les conditions du redressement intérieur à sa position de puissance économique internationale. Les premières mesures, monétaires et financières, ainsi que le relèvement des barrières douanières expliquent la diffusion de la crise. Mais celle-ci s'effectue dans un contexte où les économies industrialisées ont été affaiblies par les incertitudes des années 20. De plus, un certain conformisme intellectuel aboutit à la mise en place de politiques déflationnistes. En 1945, la leçon fut retenue. Les États-Unis font de la croissance dans les pays occidentaux l'une des conditions de leur propre croissance et chaque pays est bien décidé à ne plus subir la crise.

IIIe Partie

Les contrastes de la période 1939-1945

« Sortir de la barbarie pour entrer dans l'ère de la prospérité » : voilà résumées les années 45-75 caractérisées par l'incroyable croissance des richesses produites et distribuées. Mais ce raccourci, *a posteriori*, apparaît trop simpliste. S'il est vrai que la période de Reconstruction évite les erreurs des années 20 grâce aux États-Unis qui assument leur rôle de puissance économique mondiale, le redressement européen et l'expansion japonaise remettent en cause la stabilité de la sphère des pays développés à économie de marché. L'existence d'un monde bipolaire fondé sur la concurrence de deux systèmes économiques et sociaux antagoniques est source d'incertitudes, d'autant plus que les succès de la sphère soviétique masquent une profonde incapacité à se réformer. Enfin le tiers-monde, issu du processus de décolonisation, représente les trois quarts de la population mondiale, réalité dont la dimension économique et sociale est mal appréhendée par les deux grandes puissances qui en font le terrain privilégié de leur affrontement.

Chapitre 7

Croissance et montée des déséquilibres dans les pays capitalistes

Cours

Introduction

Si la première guerre peut être considérée comme une rupture dans l'histoire du capitalisme, le conflit des années 40 n'a pas la même signification. Le poids de l'expérience de l'entre-deux-guerres, l'existence du bloc socialiste modifient les données. La croissance économique, la stabilité sociale, la coopération internationale deviennent des priorités pour le monde capitaliste. Le résultat est la grande expansion que Jean Fourastié a appelé « les Trente Glorieuses ». Cependant, les conditions de cette grande expansion introduisent un certain nombre d'incertitudes.

1. La grande expansion

1.1. *L'impulsion initiale*

1.1.1. L'économie de guerre

• *L'organisation de l'économie de guerre*

L'organisation de l'économie de guerre, en 1939 tout comme en 1914, doit répondre à la même exigence : gérer la pénurie. L'État doit donc jouer un rôle central :

cf. *cours* p. 66

- pour le Japon et l'Allemagne, l'organisation est déjà en place mais la guerre ne supprime pas les conflits d'intérêt notamment au sein du parti nazi ;
- c'est en Grande-Bretagne que la conversion d'une économie libérale en une économie de guerre est la plus rapide. Par *l'Emergency Powers Act* du 24 août 1939, le gouvernement britannique centralise tout le pouvoir : il organise le ravitaillement, répartit les ressources, mobilise la main-d'œuvre. Cependant, l'étatisation n'est pas totale : Les entreprises groupées en associations industrielles et commerciales coopèrent avec le gouvernement, notamment avec le ministère de la Production. Les syndicats sont associés aux décisions, ce qui favorise la paix sociale renforcée par l'interdiction de toute grève et *lock out* si une période de trois semaines ne s'est pas écoulée pour trouver une solution ;
- aux États-Unis, l'emprise du pouvoir exécutif s'effectue d'une manière plus graduelle. Ce n'est qu'en 1942 que le *War Production Board*, devenu en 1943 l'*Office of War Mobilization*, centralise la direction économique du pays. En janvier 1942, l'*Emergency Price Control Act* instaure le contrôle des prix, ce qui est tout à fait nouveau pour les États-Unis. De même, le *National Defense Mediation Board* va à l'encontre de la tradition libérale en imposant l'arbitrage obligatoire et en réussissant à écarter des dirigeants d'entreprises qui ne se pliaient pas à ces arbitrages.

• *Le bilan*

Évolution de la production, des prix et des exportations des principaux belligérants			
	Évolution du PIB (a)	**Hausse des prix (a)**	**Exportations (b)**
États-Unis	178	126	191
Grande-Bretagne	121	138	100
Allemagne	114	112	7
Japon	93	298	2
France	48	264	40

a : indices en 1944, base 100 en 1939 ; b : indices en 1946, base 100 en 1938.

Source : J.-C. Asselain, *Histoire économique du xx*e *siècle. La réouverture des économies nationales,* Paris, Presses de Sciences Po et Dalloz, 1995, p. 43 et 49.

cf. *cours* p. 86

La Deuxième Guerre mondiale marque un nouveau déclin de l'Europe mais il faut nuancer cette appréciation. La Grande-Bretagne poursuit la restructuration de son industrie entre 1939 et 1945 ; l'investissement est orienté vers les secteurs d'avenir alors que l'industrie traditionnelle continue à décliner. L'effondrement allemand, tout comme le Japon, est surtout lié à la défaite militaire alors que son potentiel industriel reste important. C'est dans le domaine des relations internationales que le déclin européen est le plus sensible : forte dépendance pour les produits de première nécessité, baisse des revenus financiers extérieurs, effondrement du commerce intra-européen.

Les États-Unis accentuent leur suprématie quelque peu ébranlée par la crise des années 30. L'industrie américaine sort renforcée de la guerre : les capacités productives ont augmenté de 50 % et la productivité de 25 %. Les trois-quarts des réserves d'or sont détenus par les États-Unis et ces derniers enregistrent un important excédent commercial.

1.1.2. La reconstruction

• *Le rôle de l'État*

En 1945, il n'est pas question de rompre brutalement avec l'économie de guerre comme en 1918. L'intervention de l'État est conçue comme une nécessité non seulement d'un point de vue conjoncturel mais aussi structurel. La lutte contre les tensions inflationnistes et la gestion de la pénurie jusqu'à la fin des années 40 supposent le maintien du contrôle des prix et de la répartition des ressources par l'État. La reconstruction n'a pas seulement pour objectif d'effacer les séquelles de la guerre, elle est également le prétexte à d'importantes réformes de structures.

cf. *synthèse* p. 127

C'est en France que le dirigisme s'impose le plus facilement. Dès les années 30, un certain nombre d'économistes et d'ingénieurs issus des grandes écoles prônent l'intervention de l'État pour moderniser le système productif. Certains d'entre eux suivront le régime de Vichy, les autres entreront dans la Résistance. Les nationalisations et la planification indicative sont la résultante de forces diverses : la tradition colbertiste, l'anticapitalisme qui inspire le programme du Conseil national de la Résistance, les idées développées par le courant planiste*. Entre décembre 1944 et avril 1946, les nationalisations concernent les mines de charbon (les Houillères nationales), la production d'électricité et de gaz (EDF-GDF), les compagnies de transport aérien, la Banque de France et quatre banques de dépôts (Crédit Lyonnais, la Société générale, le Comptoir national d'escompte et la BNCI), les principales compagnies d'assurances. En janvier 1946, est créé un Conseil du plan et surtout le Commissariat général au plan dirigé par Jean Monnet ; en 1947 le premier plan entre en application.

cf. *synthèse* p. 127

En Grande-Bretagne, le nouveau gouvernement travailliste réunit en 1945 une commission pour la socialisation des industries. Les nationalisations se font par étapes ; en 1946 elles concernent la Banque d'Angleterre, les télécommunications, l'aviation civile et les charbonnages ; en 1947 l'électricité et les transports ; la production de gaz en 1948.

L'intervention de l'État ne se limite pas à la sphère économique. En 1942, le rapport Beveridge* définit les grandes lignes du *Welfare State* (État-providence) : l'État est le garant du bien être social et de la sécurité économique des individus. Un système d'assurances sociales se met en place en France et en Grande-Bretagne. Aux États-Unis, le plein emploi devient une priorité nationale. Cependant, la mise en place d'un système complet de sécurité sociale est l'objet de nombreuses résistances.

• *La réouverture des économies nationales*

En 1945, les relations internationales s'inscrivent dans une problématique particulière : ne pas revenir à la situation des années 30, éviter les erreurs des années 20. L'expansion des échanges doit être facilitée par la stabilité du Système monétaire international. Dès 1944, les Alliés se penchent sur ce problème et signent les accords de Bretton Woods. La conférence de La Havane, de novembre 1947 à mars 1948, aboutit à l'Accord général sur les tarifs douaniers et le commerce (GATT). Le problème des réparations est rapidement résolu. Dès 1947, avec le début de la guerre froide, le relèvement économique de l'Allemagne de l'Ouest devient une priorité.

cf. *synthèse* p. 128

cf. *synthèse* p. 128

La reconstruction des pays occidentaux nécessite d'importantes ressources financières, phénomène accentué par le déficit extérieur avec les États-Unis. La pénurie de dollars devient pour l'Europe un obstacle à son redressement. La puissance américaine décide de jouer son rôle de leader mondial en accordant une aide financière aux pays européens : le plan Marshall. Cette aide est constituée de prêts à long terme et à faible taux d'intérêt, de dons inconditionnels, de dons conditionnels aux pays créanciers pour accorder des prêts aux pays débiteurs. Le montant total de l'aide est de 6 milliards de dollars sur une période de 4 ans. Si les États-Unis n'effectuent pas de contrôle sur l'emploi de cette aide, ils imposent le regroupement des pays bénéficiaires dans l'Organisation européenne de coopération économique (OECE, 1948) dont le rôle est de favoriser la libéralisation des échanges entre les pays européens.

1.2. *Les moteurs de la grande expansion*

1.2.1. Les facteurs d'offre

• *Le facteur humain*

D'un point de vue quantitatif, le rôle du facteur humain dans la croissance est évalué par l'évolution de la population active. Celle-ci dépend des variations de la démographie et des taux d'activité. La croissance naturelle de la population dans les pays industrialisés connaît des évolutions divergentes. Des pays comme les États-Unis, la France ou la Grande-Bretagne ont un regain de natalité. Au contraire, elle fléchit en Allemagne et au Japon.

Mais l'évolution la plus remarquable concerne les mouvements migratoires : Jusqu'aux années 30, l'Europe et le Japon sont des pays d'émigration vers les colonies principalement et seule la France était un pays d'immigration du fait de la faible croissance naturelle de sa population. Après la Deuxième Guerre mondiale, l'Europe du Nord accueille une importante main-d'œuvre immigrée. Celle-ci provient d'abord de l'Europe du Sud dont le rythme d'industrialisation est moins rapide (Italie, Espagne, Portugal). À partir des années 60, les pays du tiers-monde, et surtout les anciennes colonies, constituent une nouvelle réserve de main-d'œuvre. Ce renversement des mouvements migratoires s'explique principalement par l'insuffisance de la croissance de la population active dans les pays industrialisés. Cependant, la quantité de travail mise en œuvre augmente peu et diminue même en Allemagne et en Grande-Bretagne. En effet, les taux d'activité baissent du fait de l'allongement de la scolarité et de la généralisation des systèmes de retraite. Quant au temps de travail, il diminue sur le long terme.

Le rôle du facteur humain dans la croissance est essentiellement qualitatif. La main-d'œuvre est mieux formée grâce à une forte progression des dépenses d'éducation : entre 1955 et 1964, le taux de croissance annuel moyen est de 8,5 % aux États-Unis et 9,7 % en France. Les transferts de main-d'œuvre du secteur agricole vers l'industrie et les services entraînent une augmentation de la productivité moyenne des pays industrialisés.

• *Le facteur capital*

Croissance du capital total et du capital par actif des pays de l'OCDE
Taux moyen annuel (%)

	Capital total	Capital par actif
1870-1913	2,8	1,8
1913-1950	1,6	0,8
1950-1970	5,6	4,7

Source : J.-C. Asselain, *Histoire économique du xxe siècle. La réouverture des économies nationales*, Paris, Presses de Sciences Po et Dalloz, 1995, p. 87.

Parmi les déterminants de la croissance, les investissements et le progrès technique jouent un rôle essentiel. La hausse de l'investissement est remarquable à la fois par son amplitude et sa durée, ce qui se traduit non seulement par une forte croissance du stock de capital mais aussi par une amélioration qualitative de celui-ci grâce à la diffusion de la technologie américaine dans l'ensemble des pays industrialisés.

cf. *synthèse* p. 129

1.2.2. Les facteurs de demande

• *La consommation de masse*

De 1950 à 1970, le revenu par habitant connaît une forte augmentation : 217 % en France, 215 % en Allemagne occidentale. Même si la répartition reste inégalitaire, l'augmentation quasi générale des salaires permise par les gains de productivité favorise la constitution d'une société de consommation stimulée par la publicité et la facilité du crédit. Dans le même temps, on assiste à une uniformisation de la consommation.

Évolution de la répartition des dépenses de consommation (en %)

	France		Royaume-Uni		États-Unis	
	1960	**1973**	**1960**	**1973**	**1960**	**1973**
Alimentation et habillement	49,5	37,3	43,2	33,9	33,8	28,8
Logement	24,1	28,4	23,2	26,5	29,3	30,6
Transports	11,1	13,6	10,3	13,7	16,3	18,1
Loisirs	5,8	6,8	7,6	9,1	6	7,7
Divers	9,5	13,8	15,8	16,9	14,5	14,8

Source : J.-P. Gourlaouen et Y. Perraudeau, *Économie*, t. I *Croissance et cycles économiques*, Paris, Vuibert, 1987, p. 298.

Pour la première fois dans l'histoire de l'humanité, la part des dépenses alimentaires devient inférieure à celle des autres dépenses. L'automobile se diffuse très rapidement dans les familles : une sur deux en possède une aux États-Unis en 1948, niveau atteint à la fin des années 60 en Europe occidentale. Plus impressionnante apparaît la diffusion de la télévision : en 1968, 82 % des foyers en possèdent une en Allemagne fédérale, 94 % au Japon, 98 % aux États-Unis. Parti du continent nord-américain, un modèle de consommation se répand dans les pays industrialisés.

• *Les échanges extérieurs*

Les exportations constituent un aspect déterminant de la croissance car elles représentent un élément de la demande et elles supposent une orientation des ressources productives vers les activités les plus performantes.

Croissance des exportations et du PIB sur la période 1950-1973 Croissance annuelle moyenne en %		
	Exportations	**PIB**
Japon	15,4	9,7
RFA	12,4	6
France	8,2	5,1
États-Unis	6,3	3,7
Grande-Bretagne	3,9	3

Source : nos calculs d'après J.-C. Asselain, *Histoire économique du xxe siècle. La réouverture des économies nationales,* Paris, Presses de Sciences Po et Dalloz, 1995.

De 1948 à 1973, la croissance de la production en moyenne annuelle est de 5 % alors que celle du commerce international est de 7 % ; par comparaison, de 1913 à 1948, les taux de croissance étaient respectivement de 2 % et 0,5 %. La progression des échanges de produits manufacturés est multipliée par six et par trois pour les produits primaires. La part des échanges extérieurs des pays industrialisés dans le commerce mondial augmente : 61 % en 1948 et 69 % en 1971, ces échanges s'effectuent principalement entre eux, ce qui entraîne une interpénétration croissante entre ces pays. La caractéristique essentielle du commerce international est la baisse des prix des exportations comparés aux prix intérieurs : le taux d'inflation est en moyenne de 3,8 % par an au cours de la période 1948-1969, le prix des exportations n'augmente que de 0,2 %. On peut l'expliquer par l'accélération des gains de productivité causée par la concurrence internationale et les économies d'échelle provoquées par le développement des débouchés extérieurs.

2. Les contrastes de la grande expansion

2.1. La diversité des situations

2.1.1. L'Europe

Principaux indicateurs économiques des pays européens sur la période 1960/1970			
	Croissance du PIB (% en volume)	**Taux moyen de chômage (%)**	**Taux d'inflation %**
Italie	5,7	4,3	3,9
France	5,6	1,7	4
RFA	4,5	0,8	2,7
Grande-Bretagne	2,8	2,7	4,1

Source : J.-C. Asselain, *Histoire économique du xxe siècle. La réouverture des économies nationales,* Paris, Presses de Sciences Po et Dalloz, 1995, p. 128.

• *L'Europe du marché commun*

Les années 50 et 60 sont caractérisées par une forte croissance de l'économie européenne. Cette expansion s'accompagne d'une évolution des structures de l'activité :

- l'agriculture ne représente plus que 7,7 % du PIB de la CEE, mais les progrès dans les techniques agricoles (mécanisation, engrais) permettent à l'Europe de devenir autosuffisante et même exportatrice de produits agricoles ;
- le dynamisme de l'industrie, 5,3 % de croissance entre 1958 et 1969, s'accompagne d'une véritable reconversion du système productif. L'industrie charbonnière connaît au cours des années 60 une crise grave car la consommation ne cesse de diminuer au profit du pétrole : celui-ci représente 12 % de la consommation d'énergie en 1958, 57 % en 1968. Si la croissance des industries chimiques, des constructions mécaniques et électriques reste importante, les progrès de l'industrie de pointe (électronique, industries liées à la conquête de l'espace et à l'atome) sont encore plus impressionnants. Elles jouent un rôle moteur dans l'économie.

Les miracles économiques en Allemagne et en Italie accentuent les succès de l'économie européenne.

cf. *cours* p. 125

- la rapidité du redressement allemand s'explique par un ensemble de facteurs : la politique économique, la guerre froide qui met fin au démantèlement de l'industrie, l'existence d'un potentiel que la défaite et la partition n'ont pas totalement entamé ;
- l'économie italienne bénéficie de l'expansion des échanges internationaux. Très compétitive dans les industries de main-d'œuvre grâce à des réserves importantes de travail et à la faiblesse des salaires, l'Italie profite de l'ouverture internationale et notamment de l'afflux de capitaux extérieurs.

cf. *synthèse* p. 127

En France, le développement industriel devient une priorité nationale. La concentration s'accélère, ce qui favorise l'investissement. Mais c'est surtout l'ouverture de l'économie qui constitue un choc pour l'économie française. Traditionnellement repliées sur les marchés coloniaux protégés, les entreprises doivent s'adapter à la perte des colonies et à l'ouverture européenne.

La construction européenne joue un rôle important dans la croissance. En 1951, est créée la Communauté européenne du charbon et de l'acier (CECA)*. La conférence de Messine qui réunit les Six (RFA, France, Italie, Pays-Bas, Belgique, Luxembourg) marque la première étape de la création d'un marché commun intégral. Le 25 mars 1957, les traités de Rome sont signés : les Six doivent abolir par étapes les droits de douane et les contingentements ; il est prévu l'établissement d'un tarif extérieur commun, création de la Communauté européenne de l'énergie atomique (EURATOM). Malgré un certain nombre de réticences, notamment de la part de la France, la construction européenne est une réalité au cours des années 60 : les droits de douane sont supprimés en 1968, soit 18 mois avant la date prévue par le traité de Rome, une politique agricole commune (PAC)* est mise en place à partir de 1962. À la fin des années 60, l'Europe des Six constitue le premier pôle du commerce international.

• *Le déclin britannique*

Après la Deuxième Guerre mondiale, l'économie britannique poursuit le déclin entamé depuis plus d'un demi-siècle. Ayant mieux résisté à la crise des années 30, le Royaume-Uni semble pourtant passer à côté des Trente Glorieuses. Mais il faut nuancer l'analyse : si au cours des années 60, le taux de croissance de la production est inférieur à celui des autres pays européens, il reste élevé comparé aux autres périodes. Le déclin n'est donc que relatif :

cf. *cours* p. 120

- l'industrie britannique se trouve bridée par la faiblesse des gains de productivité ; alors que la productivité est supérieure de 10 % à celle de la RFA et de la France en 1950, elle est inférieure de 40 % en 1970. On peut l'expliquer par la faiblesse du transfert de la main-d'œuvre du secteur agricole moins productif vers les secteurs secondaire et tertiaire ainsi que par un niveau d'investissement insuffisant (croissance de 2,64 % sur la période 1960-1972) ;

cf. *synthèse* p. 129

- la rentabilité du capital est peu élevée et les agents économiques préfèrent les placements financiers extérieurs à l'investissement productif ;
- enfin, la Grande-Bretagne continue à subir la contradiction entre l'évolution de son économie réelle et son rôle financier. Londres occupe toujours une place de premier plan dans la finance internationale. La détention de livres sterling par les agents non résidents impose des contraintes, notamment des taux d'intérêt élevés pour éviter la fuite des capitaux. Les exportations subissent la concurrence des autres pays industrialisés, notamment celle de la RFA, et le *Commonwealth* n'est plus un débouché privilégié.

Les faiblesses de l'économie britannique expliquent les réticences pour entrer dans le processus de la construction européenne.

2.1.2. Les économies non européennes

• *Les États-Unis*

Comparées aux économies de l'Europe continentale et au Japon, les performances des États-Unis apparaissent décevantes : 3 % de croissance annuelle moyenne au cours des années 50, près de 4 % durant la décennie 60. Les politiques économiques n'expliquent qu'en partie cette évolution. Les structures du capitalisme américain se transforment. La grande entreprise, dirigée par des « managers », ne correspond plus au modèle du capitalisme familial dont Henry Ford, décédé en 1947, est une des figures les plus représentatives. Les Corporations, stimulées pendant la guerre par les contrats passés avec l'État, mènent une politique de croissance extensive caractérisée par la diversification de leurs activités. ITT (*International Telephone and Telegraph*), spécialisée à l'origine dans les télécommunications, se lance dans la location d'automobiles (Avis), acquiert des hôtels et une compagnie de publicité, etc. La logique est de réduire les risques tout en favorisant la croissance de l'entreprise. Dans le même temps, les investissements à l'extérieur se développent, attirés par les marchés des pays occidentaux et pour contourner les effets de la construction européenne. La situation extérieure se dégrade au cours des années 60 entraînant l'effondrement du SMI de Bretton Woods.

cf. *cours* p. 124

cf. *cours* p. 126

• *Le Japon*

L'expression « miracle économique » appliquée à l'Allemagne occidentale, n'est pas vaine pour qualifier l'essor de l'économie japonaise. Si le niveau de production d'avant-guerre n'est atteint qu'en 1954, le redressement a commencé à partir de 1948 :

- l'occupant américain a d'abord imposé des réformes de structure : loi agraire qui généralise la petite propriété agricole, loi antitrust et démantèlement des *zaibatsu* ;
- les contraintes sont allégées à la fin des années 40 et la guerre de Corée est le signal de l'impulsion donnée à l'économie japonaise : le volume du PIB croît de 10 % en moyenne par an jusqu'au début des années 70, la productivité sous l'effet d'un taux d'investissement de l'ordre de 10 % se rapproche de celle des pays les plus industrialisés.

Les relations privilégiées entre les entreprises et l'État n'expliquent que très partiellement l'essor de l'économie japonaise. Il faut prendre en compte le dualisme du système productif peu concevable pour une économie développée. L'appareil productif est divisé en deux secteurs :

cf. *cours* p. 120

- le secteur traditionnel comprend l'agriculture, les petites entreprises sous-capitalisées disposant d'une main-d'œuvre sous-payée ;
- le secteur moderne concentre les activités à forte intensité capitalistique employant l'élite ouvrière.

En 1958, les petites entreprises représentent 90 % du total des entreprises, 70 % de la main-d'œuvre, 45 % de la production et 60 % des exportations. Elles jouent un rôle d'amortisseur des chocs économiques et absorbent la main-d'œuvre venue des campagnes. Les grandes entreprises poursuivent leur croissance tout au long des années 50 et 60 et de nouveaux géants apparaissent comme Sony et Honda.
Le moteur essentiel de l'économie japonaise est le marché intérieur. Mais la faiblesse en ressources énergétiques et en matières premières nécessite le développement des exportations surtout vers les États-Unis.

2.2. *Les incertitudes de la période*

2.2.1. Le rôle de l'État

• *Le rôle structurel*

Évolution des dépenses publiques en % du PIB

	1950	**1977**
Grande-Bretagne	30,1	48,8
France	26,7	40,9
RFA	28,3	41,3
États-Unis	20	32,6
Japon (a)	14,6	22,3

a : 1952.

Source : J.-C. Asselain, *Histoire économique du xx*e *siècle. La réouverture des économies nationales,* Paris, Presses de Sciences Po et Dalloz, 1995, p. 99.

Même si les dépenses publiques n'offrent qu'une vue partielle de l'influence de l'État dans l'économie, elles constituent néanmoins le meilleur indicateur pour mesurer son poids dans l'économie. Quels que soient les pays, le rôle de l'État grandit modifiant ainsi le capitalisme libéral. Cette évolution, commencée au cours des années 30, apparaît irréversible et pose la question de la nature du système économique après la Deuxième Guerre mondiale. Économie mixte ou économie concertée, l'État est un acteur incontournable de la vie économique. Cependant, on ne peut parler d'une véritable convergence entre les différents pays industrialisés car les modalités de l'intervention de l'État restent tributaires d'histoires spécifiques :

cf. *synthèse* p. 127

cf. *cours* p. 117

- en France, l'anticapitalisme déclaré n'est plus qu'un souvenir quelques années plus tard. La planification et la politique industrielle sont surtout les conséquences d'une action pragmatique doublée d'une vieille tradition interventionniste ;
- c'est également le cas de la Grande-Bretagne ;
- en Allemagne, la volonté de rupture avec le dirigisme national-socialiste ne conduit pas au retour au libéralisme d'antan. Sous l'impulsion de Ludwig Erhard, l'État, dans le cadre de l'économie sociale de marché, a un pouvoir de coordination et de régulation. Il contrôle 18 % du potentiel industriel mais les entreprises publiques disposent d'une véritable autonomie de gestion. L'élaboration de programmes publics sélectifs imprime les évolutions du système productif ;
- au Japon, les milieux d'affaires (*zaikai*) restent très liés au monde politique et surtout à l'administration qui occupe une place prépondérante dans le processus de décision. C'est elle qui répartit les crédits publics entre les entreprises. Le ministère de l'Industrie et du Commerce extérieur (MITI) oriente l'initiative privée et favorise la restructuration du système productif ;
- aux États-Unis, le rôle de l'État reste discret au nom du libéralisme mais son efficacité est certaine pour soutenir les secteurs en difficulté, notamment l'agriculture ou les secteurs industriels de pointe. En outre, l'État mène une politique d'aménagement du territoire qui date du *New Deal*.

• *La politique conjoncturelle*

L'analyse de l'action des pouvoirs publics sur la conjoncture économique est relativement complexe. En effet, il serait trop simpliste d'énoncer que tous les gouvernements sont devenus keynésiens et voient dans le plein emploi la priorité de l'action conjoncturelle.

cf. *synthèse* p. 91

Si la conception keynésienne d'un interventionnisme libéral gagne du terrain, les préventions contre les tensions inflationnistes sont tenaces :

- au cours des années 50, la politique économique américaine veut rétablir les grands équilibres. La politique monétaire redevient l'instrument privilégié de la politique économique. L'élection de Kennedy marque une nouvelle orientation et les *New Economics* constituent un exemple parfait du keynésianisme appliqué. La politique budgétaire est utilisée pour stimuler la demande afin de rétablir le plein emploi. La politique monétaire est conçue comme un moyen pour orienter l'épargne et le crédit. Au cours des années 60, les résultats des *New Economics* sont positifs : accélération de la croissance, plein emploi, faible inflation. Cependant, le cercle vertueux de la relance se rompt à la fin des années 60 avec la reprise de l'inflation favorisée par les dépenses liées à la guerre du Vietnam et le déficit extérieur ;

- en Europe, l'action conjoncturelle se présente comme une succession de politiques de freinage puis d'expansion (*stop and go*) dont les résultats sont très inégaux suivant les pays :
  - l'inflation des années 20 a profondément marqué l'Allemagne et la stabilité monétaire est un cadre constant dans lequel s'inscrit l'action du gouvernement. Pour autant, la relance keynésienne n'est pas abandonnée ; en 1967, les pouvoirs publics ont recours au déficit budgétaire pour relancer l'activité,
  - en Grande-Bretagne, le *stop and go* bute sur la contrainte extérieure et les difficultés structurelles de l'économie,
  - le cas français peut être opposé à l'exemple britannique. Les politiques économiques jouent un rôle d'accompagnement en s'efforçant de réduire les déséquilibres. Ainsi, le plan de stabilisation de 1963 ne provoque pas de rupture dans la croissance tout en ayant un effet modérateur sur l'inflation.

cf. *cours* p. 122

Les différences européennes s'expliquent par des contextes sociaux particuliers à chaque pays. En Allemagne, le consensus social favorise une politique de revenus qui assure la croissance du pouvoir d'achat des salaires sans alimenter l'inflation. En Grande-Bretagne, la faiblesse des gains de productivité et l'autonomie du syndicalisme de métier empêchent toute politique salariale cohérente. En France, la hausse des salaires permise par une productivité élevée s'accompagne d'une aggravation des inégalités et des tensions sociales qui culminent en 1968.

2.2.2. La montée des déséquilibres

• *L'inflation*

À la fin des années 60, l'inflation apparaît comme un phénomène mondial car les taux d'inflation nationaux augmentent et tendent à converger.

Taux d'inflation (en %)			
	1965	**1970**	**1975**
France (a)	2,5	5,3	11,8
RFA	3,4	3,4	5,9
Royaume Uni	4,8	6,4	24
États-Unis	1,7	5,9	9,1
Japon	6,6	7,7	11,7

Source : F. Teulon, *Croissance, crises et développement*, Paris, PUF, 1992, p. 115.

Les causes internes de l'inflation se retrouvent à des degrés divers dans tous les pays industrialisés. En donnant la priorité au plein emploi, les politiques économiques favorisent l'inflation mais l'effet est limité par les gains de productivité. Cependant, ceux-ci sont inégaux suivant les secteurs d'activité alors que les systèmes de fixation des salaires tendent à généraliser les hausses quel que soit le niveau de la productivité. En outre, l'inflation favorise l'investissement en allégeant la charge de la dette : l'évolution des taux d'intérêt nominaux reste inférieure à celle des taux d'inflation. Aux facteurs propres à chaque économie, vient se superposer la crise du SMI qui confère un caractère mondial aux inflations nationales.

• *La crise du SMI*

cf. *synthèse* p. 128

La stabilité du SMI défini à Bretton Woods repose sur la capacité des États-Unis à assurer la convertibilité du dollar en or :

- dès les années 40, la volonté américaine de faire passer les intérêts nationaux après les impératifs internationaux est remise en question car les autorités américaines transfèrent la charge de la défense du taux de change du dollar aux autres banques centrales ;
- à la fin des années 50, le déficit extérieur des États-Unis introduit le doute sur la valeur du dollar. En effet, le déficit signifie que les dépenses de l'économie nationale sont supérieures aux recettes, ce qui entraîne un endettement financé par la création monétaire. La croissance du volume de dollars détenus par des agents non résidents aux États-Unis est aggravée par l'expansion des eurodollars* ;
- à partir de 1958, la demande de conversion des dollars en or par les banques centrales augmente et le stock d'or détenu par les États-Unis diminue. Des initiatives sont prises pour lutter contre la spéculation contre le dollar au cours des années 60 comme le Pool de l'or* ;
- l'apparition du premier déficit commercial américain à la fin des années 60 accélère le cours des événements et le président Nixon annonce l'inconvertibilité du dollar en or le 15 août 1971 mettant ainsi fin, de fait, au système de Bretton Woods. Elle est officialisée par les accords de la Jamaïque.

Conclusion

La grande expansion des années 50 et 60 s'explique par des facteurs internes à chaque pays industrialisé, mais l'ouverture internationale joue un rôle essentiel dans cette longue phase de croissance. Elle a accéléré l'enrichissement des principaux pays industrialisés, mais elle a créé des contraintes qui ne pourront pas toujours être surmontées.

Synthèses

1. La planification française

Introduction

La planification française constitue une expérience unique dans un pays à économie de marché. En effet, son objectif est de corriger les « effets spontanés » du marché tout en restant dans le cadre marchand.

1. Les caractéristiques de la planification française

Le décret du 3 janvier 1946 crée le Commissariat général au plan (CGP). Si le rôle de Jean Monnet est déterminant dans cette expérience, ce n'est pas la première tentative. Durant les années 30, le planisme a séduit tout un courant du mouvement syndical. Durant la Deuxième Guerre mondiale, est créée en février 1941 la Délégation générale à l'équipement national qui élabore un « Plan d'équipement national ».

À la libération, on peut penser que la planification, telle qu'elle est conçue par le Conseil national de la Résistance, entre dans le cadre d'une stratégie de rupture avec le capitalisme. Cependant, les premières tentatives sont des échecs et il revient à Jean Monnet de réussir là où d'autres ont échoué. La conception de Monnet a rejoint celle du général de Gaulle car il présente le plan comme l'instrument d'une volonté : la modernisation de l'économie française, condition de la souveraineté nationale. En outre, il a su mettre en avant les principales caractéristiques de la planification française : elle est indicative et non pas impérative et elle doit favoriser la concertation entre les forces vives de la Nation (syndicats, industriels, administration). Dans la démarche de Monnet, le plan est également un instrument facilitant les négociations avec les États-Unis afin d'obtenir leur soutien pour accélérer le redressement de l'économie.

Le CGP est une petite structure qui n'a pas de pouvoir d'exécution. Il définit les objectifs du plan et les conditions de leur application à partir de la concertation avec les partenaires sociaux réunis dans des commissions de modernisation.

2. Les différents plans jusqu'au début des années 70

- le 1er plan (1947-1952), plan de « modernisation et d'équipement », définit les grandes options de la reconstruction : priorité est donnée aux industries de base.
- le 2e plan (1954-1957), cherche un développement plus équilibré des secteurs économiques et met l'accent sur les gains de productivité.
- le 3e plan (1958-1961), prépare l'entrée de la France dans l'Europe du Marché commun. Perturbé par la récession, il est corrigé par un plan intérimaire en 1960.
- le 4e plan (1962-1965), est un plan de « développement économique et social ». Il insiste sur la nécessité de mieux répartir les fruits de la croissance par le développement des équipements collectifs.
- le 5e plan (1966-1970), favorise la concentration des grandes entreprises afin de résister à la concurrence internationale.

Conclusion

Depuis les années 70, le plan est un lieu de réflexion sur l'avenir de la France.

2. Les institutions économiques internationales

Introduction

Le développement des échanges internationaux est une clé de la croissance après la Deuxième Guerre mondiale. Il a été favorisé par la mise en place d'un SMI fondé sur la stabilité et la signature du GATT.

1. Le SMI de Bretton Woods

Réunis à Bretton Woods dans le New Hampshire en juillet 1944, 730 délégués, représentant 45 États, définissent un nouveau SMI. Deux conceptions s'opposent :

- Keynes propose la création d'une chambre de compensation internationale mettant à la disposition des pays déficitaires les excédents des autres pays ; le règlement des opérations se ferait dans une monnaie internationale, le *bancor* ;
- White, le délégué américain, propose un nouveau *Gold Exchange Standard*.

C'est la conception de ce dernier qui l'emporte. L'accord prévoit un système de taux de change fixe. Les devises clés sont convertibles en or, mais, en pratique, seul le dollar est une devise clé et s'échange pour un taux de 35 dollars l'once d'or. Les autres monnaies sont convertibles en dollars suivant un taux de change fixe pouvant varier de 1 % autour de la parité.

Il est créé un Fonds monétaire international (FMI) qui gère les dépôts des pays membres (quotes-parts) versés en or pour 25 % et en monnaie nationale. Le FMI est chargé du bon fonctionnement du SMI en favorisant les opérations de paiement par des crédits appelés droits de tirage, accordés aux pays déficitaires. Mais ces crédits, s'ils dépassent 25 % de la quote-part des pays emprunteurs (tranche-or*) sont soumis à des conditions imposées par le FMI afin de rétablir l'équilibre extérieur.

2. Le GATT

Le *General Agreement on Tariffs and Trade* (GATT) devait s'inscrire dans le cadre d'une Organisation mondiale du commerce. Celle-ci ne voit pas le jour car elle est rejetée par le Congrès américain. Cet accord repose sur deux principes : la règle de non-discrimination qui consiste à étendre à tous les membres les avantages accordés à un autre pays membre, l'abaissement des tarifs douaniers et la suppression des pratiques de contingentement. Cependant, des dérogations sont prévues. Le premier principe ne s'applique pas pour les unions douanières et des clauses de sauvegarde sont prévues pour les industries menacées par la concurrence internationale. Des cycles de négociations permettent une baisse des barrières douanières des produits industriels de l'ordre de 30 % à chaque cycle.

Conclusion

Après la Deuxième Guerre mondiale, les institutions favorisant le libre-échange ne peuvent être que l'expression de la supériorité américaine sur l'économie mondiale et de la volonté des États-Unis de jouer leur rôle de leader.

3. Le rôle du progrès technique dans la croissance

Introduction

L'étude de la croissance économique au cours des années 50 et 60 met en évidence le rôle du progrès technique lié au mouvement d'innovations.

1. Les déterminants de la croissance

Décomposition en % des facteurs de la croissance (1950-1962)				
	États-Unis	**Royaume-Uni**	**RFA**	**France**
Taux de croissance annuel du revenu national	3,36	2,32	7,26	4,7
Résidu inexpliqué	22	39	21	32
Sources identifiées de la croissance				
1. Quantité de facteurs utilisés dont :	**43**	**36**	**35**	**18**
– travail	18	15	16	2
– capital	25	21	19	16
2. Qualité des facteurs dont :	**57**	**64**	**65**	**82**
– éducation	15	10	3	8
– progrès technique, efficacité et flexibilité	42	54	62	74

Source : F. Teulon, *Croissance, crises et développement*, Paris, PUF, 1992, p. 97.

Ces données statistiques sont le produit du travail de l'économiste américain Denison. Elles mettent en évidence le rôle des facteurs qualitatifs dans la croissance et notamment le progrès technique. La part inexpliquée, selon Denison, doit être attribuée au progrès général des connaissances.

Les Français Carré, Dubois et Malinvaud, insistent sur le rôle de la qualité du travail dans la croissance française et l'effet des migrations professionnelles des secteurs les moins productifs vers les plus productifs. Cependant, la part inexpliquée, que certains attribuent au progrès technique, de la croissance représente 50 % de celle-ci.

2. Le rôle des innovations

L'innovation est devenue un élément essentiel de la croissance économique. Si la plupart des innovations majeures qui se diffusent au cours des années 50 et 60 ont vu le jour pendant la guerre ou même avant, l'après-guerre constitue une rupture dans le sens où l'effort de recherche industriel devient une priorité. Il se trouve concentré dans quelques secteurs : industries spatiales, électroniques, instruments de précision mais les activités traditionnelles connaissent également un mouvement d'innovations. L'effort d'innovation modifie les relations entre l'économie et la recherche pure, les grandes entreprises jouant un rôle prépondérant dans le financement et l'orientation de la recherche. Quant à l'État, il engage des dépenses de plus en plus importantes notamment pour la recherche militaire.

Les effets des innovations sont difficiles à appréhender. Elles nécessitent une amélioration de la qualification de la main-d'œuvre, ce qui entraîne un effort d'éducation sans précédent. Mais les risques d'exclusion deviennent plus importants pour ceux qui ont peu de qualification. L'innovation bouleverse la consommation et remet en cause la consommation de masse, dès la fin des années 60.

Conclusion

La croissance économique est qualifiée d'intensive car elle est fondée sur les gains de productivité, favorisés par le progrès technique et le mouvement d'innovations.

Clés et repères

Beveridge (William Henry) : 1879-1963. Spécialiste britannique des problèmes de l'emploi, il rédige en 1942 le *Social Unsurance and Allied Services* qui est un rapport sur les systèmes d'assurance sociale. Le rapport Beveridge est à l'origine du *Welfare State* qui pose les principes de la solidarité nationale dans une économie capitaliste.

CECA (Communauté européenne du charbon et de l'acier) : traité signé en 1951 par la France, la RFA, l'Italie, les Pays Bas, la Belgique et le Luxembourg. La CECA annonce la CEE par ses principes et ses institutions.

Eurodollars : dépôts en dollars dans des banques non résidentes aux États-Unis. Le marché de l'eurodollar a connu une forte expansion au cours des années 60 du fait de la demande importante pour financer les échanges extérieurs et pour contourner la réglementation financière restrictive aux États-Unis. La croissance de ce marché a contribué à la multiplication des dollars en circulation.

Politique agricole commune (PAC) : Elle fut instituée par le traité de Rome pour développer l'agriculture européenne afin d'assurer l'autosuffisance alimentaire. Elle repose sur des prix garantis, la préférence communautaire, la solidarité financière entre les États membres de l'Union européenne. Elle est mise en œuvre par le Fonds européen d'orientation et de garantie agricoles (FEOGA) créé en 1962.

Planisme : mouvement apparu en France au cours des années 30. Le planisme prône un capitalisme d'État dont on trouve l'embryon dans l'organisation de l'économie des pays au cours de la Première Guerre mondiale. Le plan est un moyen d'organiser l'économie d'une manière plus efficace. Le planisme reste un courant très diffus au sein de la gauche socialiste et des syndicats sans véritablement peser sur les choix politiques au cours des années 30. Cependant, le planisme est l'expression du développement de la technocratie à la fois dans les milieux syndicaux et patronaux. Le planisme, en tant que courant, disparaît avec la Deuxième Guerre mondiale car il se compromet avec le régime de Vichy.

Pool de l'or : groupement de 7 Banques centrales (États-Unis, RFA, France, Italie, Pays-Bas, Belgique, Suisse). Il se constitue en 1961 pour maintenir le cours de l'or à sa parité officielle soit 35 dollars l'once d'or. Le Pool de l'or cesse de fonctionner en 1968.

Tranche-or : représente 25% des dépôts des pays au FMI, versés en or. La tranche-or permet d'obtenir un droit de tirage automatique sur le FMI. La tranche-or a été convertie en tranche de réserve versée en devises depuis la démonétisation de l'or en 1976.

Chapitre 8

Les économies socialistes de 1945 à 1973

Cours

Introduction

La fin de la Deuxième Guerre mondiale marque l'apogée du stalinisme. La victoire renforce l'emprise tant intérieure qu'extérieure du leader du parti communiste soviétique. Le modèle se diffuse dans les pays d'Europe centrale et de l'Est. Cependant, après la mort de Staline, les difficultés économiques rendent nécessaire la réforme du système socialiste.

1. La constitution du bloc socialiste

1.1. L'apogée du stalinisme en URSS

1.1.1. La guerre renforce la position de Staline

• *L'économie de guerre*

L'invasion allemande, à partir du mois de juin 1941, prive l'URSS d'une grande partie de ses capacités productives ; les territoires occupés représentent, en 1940, 33 % de la production nationale. On pouvait alors penser que les rigidités du système ne permettraient pas de compenser ces pertes et provoqueraient la chute du régime stalinien. En fait, les nécessités de la guerre entraînent une formidable mobilisation du pays et surtout apportent une plus grande flexibilité au système. Dès le 24 juin 1941, un Comité d'évacuation organise le transfert des usines menacées vers l'est. Au cours de l'année 1941, 1 360 usines sont déplacées vers l'Oural, l'Asie centrale et la Sibérie occidentale. La pénurie de main-d'œuvre est compensée par des transferts massifs et par la mobilisation de la population, notamment les femmes : elles représentent dorénavant entre 38 et 55 % des travailleurs de l'industrie. Les produits de première nécessité sont rationnés mais les Soviétiques acceptent les sacrifices au nom d'un nationalisme entretenu par Staline.

• *Le bilan de la guerre*

Le bilan de la Deuxième Guerre mondiale est paradoxal. Les pertes humaines et matérielles sont considérables ; on peut estimer le nombre de morts dans une fourchette allant de 15 à 20 millions et le montant des destructions s'élève à près de cinq fois le revenu national de 1940. Mais le transfert d'activités constitue un formidable bond en avant pour les régions situées à l'est du pays élargissant la base de l'économie soviétique. La mobilisation économique s'est accompagnée d'un réel effort de rationalisation favorisant les gains de productivité. Mais plus important apparaît le nouveau rôle de l'URSS sur le plan international. Elle est devenue la 2e puissance militaire du monde et la libération des pays d'Europe centrale et de l'Est permet au système socialiste de se présenter en concurrent du capitalisme incarné par les États-Unis.

1.1.2. Les derniers plans de l'ère stalinienne

• *Le 4e plan*

Dès le mois d'août 1945, le pouvoir soviétique décide de restaurer le plan quinquennal. Le 4e plan, qui couvre la période 1946-1950, ne modifie pas les priorités des années 30, bien au contraire. Fasciné par le schéma de l'industrialisation européenne au XIXe siècle et décidé à renforcer le caractère idéologique et politique du plan, Staline définit les objectifs du 4e plan d'une manière très simple : reconstruire et dépasser les niveaux atteints en 1940. Il est prévu, par rapport à 1940, d'augmenter le revenu national de 38 %, la production industrielle de 48 %, la production agricole de 27 %. Le programme d'investissements doit permettre des gains de productivité de 36 % dans le secteur secondaire favorisant ainsi la croissance de revenus destinés à soutenir l'accumulation et la consommation.

cf. *cours* p. 104

Dès 1946, les objectifs du 4e plan sont remis en cause même si d'un point de vue officiel ceux-ci sont atteints et même dépassés. La cause principale se trouve dans la mauvaise qualité des prévisions concernant les coûts. Ils ont été systématiquement sous-estimés, entraînant une mauvaise exécution des plans annuels. La priorité donnée aux industries lourdes renforce les déséquilibres de l'économie soviétique et l'agriculture est à nouveau sacrifiée. Les revenus des *kolkhoz* baissent après le redressement des années de guerre. La faiblesse de la production agricole en 1946, due aux conditions climatiques, incite les dirigeants à renforcer la collectivisation et à réduire le lopin de terre. À la fin des années 40, les équipes de travail de 5 ou 6 hommes sont remplacées par des brigades d'une centaine de personnes afin de réduire le sentiment de propriété. Khrouchtchev propose de diminuer le nombre de *kolkhoz* pour augmenter leur superficie : leur nombre passe de 250 000 en 1950 à 90 000 en 1952. La part des livraisons obligatoires ne fait qu'augmenter alors que leur prix est resté au niveau de 1928. La baisse des revenus supprime l'incitation à développer la production et celle-ci diminue de 7 % entre la fin des années 40 et le début des années 50.

cf. *cours* p. 103

cf. *cours* p. 102

L'inflation entraînée par l'effort de guerre devient une préoccupation majeure. En décembre 1947, les autorités décident de réduire la quantité de monnaie en circulation tout en maintenant le niveau des prix officiels. Mais la dérive des salaires nominaux, favorisée par la demande de main-d'œuvre et l'abolition du rationnement en 1948, accentue la pénurie, autre forme de l'inflation. L'insuffisance des investissements dans le secteur de la production de biens de consommation empêche l'adaptation de l'offre à la demande.

• *Le 5e plan*

Le 5e plan doit couvrir la période 1951-1955, mais il ne survivra pas à la mort de Staline en 1953. Le texte du 5e plan n'est connu qu'en août 1952. On peut expliquer ce retard par la réorganisation du Gosplan après l'élimination de son président en 1949 et par les modifications apportées par la politique de grands travaux adoptée à la fin des années 40 (centrales hydroélectriques). Le 5e plan renforce les choix du 4e plan et les objectifs paraissent encore plus irréalisables : hausse respective de 60 et 70 % du revenu national et de la production industrielle. Les objectifs pour l'agriculture sont ambitieux mais aucune mesure concrète n'est prévue. La productivité du travail dans l'industrie doit croître de 50 %.

Le manque de réalisme de ces objectifs empêche l'équilibre du plan et aboutit au rationnement des ressources.

1.2. *L'extension de la sphère socialiste*

1.2.1. L'Europe de l'Est

• *La généralisation du modèle stalinien*

Mis à part la Tchécoslovaquie et l'Allemagne orientale, les pays qui constituent le bloc socialiste après la Deuxième Guerre mondiale sont des économies agricoles caractérisées par une faible productivité.

La question agraire est donc prioritaire et la collectivisation s'effectue par étapes. Elle commence par l'expropriation des grands propriétaires fonciers et les terres acquises forment un fonds agraire national redistribué, sauf une partie qui reste propriété de l'État. Cette première étape conserve donc la propriété privée du sol et favorise la petite exploitation qui freine la croissance de la production. Une deuxième étape commence à la fin des années 40. La collectivisation s'accélère, alliant plusieurs formes de socialisation : la forme primitive est représentée par des coopératives mettant en commun le travail et certains moyens de production ; la forme supérieure socialise tous les moyens de production et la répartition des résultats s'effectue proportionnellement au travail réalisé. Cependant, la paysannerie s'oppose à ce processus de collectivisation, ce qui freine la progression de la production et ce n'est qu'en 1953 que le niveau d'avant-guerre est atteint dans la plupart des pays socialistes.

La socialisation de l'industrie peu développée pose moins de problèmes. Les nationalisations concernent d'abord les entreprises aux mains des anciens occupants et des collaborateurs, puis elles s'effectuent selon un critère de taille qui varie suivant les pays. Au début des années 50, la socialisation de l'industrie est quasiment achevée.

À partir du début des années 50, l'alignement des démocraties populaires sur l'URSS est quasiment total. Après les premiers plans de reconstruction qui sont biennaux ou triennaux, le plan devient quinquennal à la fin des années 40. Les institutions de la planification sont calquées sur celles du « grand frère soviétique » et les priorités sont les mêmes : développement de l'industrie lourde, bas prix agricoles, prélèvements sur les coopératives et sur les exploitations individuelles pour assurer le financement du développement économique.

cf. *synthèse* p. 108

• *La dissidence yougoslave*

La condamnation par le Kominform* du régime yougoslave en 1948 conduit celui-ci à présenter une alternative radicale au modèle stalinien. En 1950, une loi fondamentale jette les bases du système autogestionnaire. Celui-ci est fondé sur la notion de propriété sociale qui ne peut s'apparenter à la propriété d'État. L'entreprise dispose d'une autonomie de gestion. Celle-ci s'accroît surtout avec la réforme de 1965 qui donne des pouvoirs très larges pour ce qui concerne la répartition de la valeur ajoutée et l'utilisation du profit.

cf. *synthèse* p. 143

La dissidence yougoslave est également caractérisée par la suppression de la planification centralisée. En 1956, la planification d'État devient une « planification sociale », indirecte et indicative. Cependant, il existe un contrôle qui s'effectue essentiellement à travers l'investissement. Le centre

définit les « grandes proportions » c'est-à-dire le taux d'accumulation, la répartition de l'investissement et la part de la consommation collective ; les entreprises établissent leur plan en fonction des grandes proportions et des signaux du marché.
Le blocus imposé par l'URSS contraint la Yougoslavie à développer ses échanges extérieurs avec les pays occidentaux. En 1951, le monopole du commerce extérieur est abandonné. Mais l'économie yougoslave reste à l'écart du marché mondial, d'où une réforme en 1961 qui supprime les taux de change multiples et institue des tarifs douaniers pour remplacer les restrictions quantitatives. À partir de 1965, l'ouverture vers l'extérieur s'accélère.

1.2.2. Le COMECON

• *La coopération commerciale*

cf. *cours* p. 117

Le Conseil d'aide économique mutuel (CAEM ou COMECON selon le sigle anglais) est créé en 1949 pour organiser les relations économiques entre les pays du bloc socialiste, suite au rejet du plan Marshall. L'accord est signé par la Bulgarie, la Hongrie, la Pologne, la Roumanie, la Tchécoslovaquie et l'URSS. L'Albanie et la République démocratique allemande (RDA) adhèrent dans les mois qui suivent (l'Albanie se retire en 1961). La Mongolie et Cuba intègrent le CAEM respectivement en 1962 et 1972, et la Yougoslavie devient membre associé en 1962. Jusqu'en 1959, le COMECON n'a pas de charte et repose sur des accords bilatéraux. En 1963, est créée la Banque internationale de coopération économique (BICE) qui doit permettre les règlements multilatéraux en roubles transférables*.
Le CAEM ne constitue pas un marché commun à l'intérieur duquel les marchandises circulent librement. En fait, le commerce entre pays socialistes reste essentiellement caractérisé par le bilatéralisme. En effet, le commerce extérieur est d'abord un moyen pour équilibrer le plan intérieur ; les importations sont conçues comme une ressource compensant les insuffisances intérieures pour atteindre les objectifs du plan. Quant aux exportations elles doivent permettre de compenser les importations. Suivant les règles de la planification, les échanges extérieurs sont déterminés en termes physiques puis en valeurs. Les prix sont fixés en fonction des prix mondiaux stabilisés sur une longue période.
Contrairement à une idée reçue, le système de fixation des prix est défavorable à l'URSS car une étude américaine montre qu'entre 1955 et 1970 ses termes de l'échange se sont dégradés de 20 %. Jusqu'à la création de la BICE, les règlements se font par compensation bilatérale, ce qui suppose l'équilibre des échanges. Si une année un pays est déficitaire, il doit rembourser sa dette l'année suivante en fournissant un excédent de marchandises. La création de la BICE introduit un système de compensation multilatérale et le règlement s'effectue en roubles transférables qui ne sont pas une monnaie mais une unité de compte. Cependant, un pays créancier ne peut utiliser ses avoirs pour développer ses importations auprès d'un pays du COMECON autre que le pays débiteur, ce qui limite les échanges multilatéraux qui ne seront jamais supérieurs à 2 % du commerce mutuel.
La structure des échanges fait apparaître une profonde dissymétrie entre l'URSS et les autres pays du CAEM. La puissance soviétique est moins ouverte car les échanges extérieurs ne représentent que 4 % de son revenu

national contre 22 % pour la RDA et 40 % pour la Hongrie. L'URSS exporte principalement des matières premières et des combustibles et importent des biens d'équipement et de consommation.

• *L'intégration économique socialiste*

L'idée de l'intégration économique socialiste n'apparaît qu'au début des années 60. En 1962, le COMECON se donne comme objectif de coordonner les plans nationaux. Cette coordination présente 3 aspects fondamentaux : elle porte sur les plans à moyen et long terme, elle se limite à certains secteurs clés de la production (énergie, métallurgie, chimie, constructions mécaniques, transports), enfin elle reste essentiellement bilatérale.

La coordination des plans doit favoriser une véritable division internationale socialiste du travail. Or, la spécialisation reste très peu développée au sein du CAEM, notamment la spécialisation intrabranches car les planificateurs extrapolent le mauvais approvisionnement interne au niveau externe.

La coopération entre pays socialistes est un instrument de l'intégration économique. Elle se réalise sous la forme d'investissements financés par des ressources communes et, à cette fin, est créée en 1970 la Banque internationale d'investissements. Les projets sont le plus souvent localisés en URSS et concernent essentiellement le secteur de l'énergie.

Au milieu des années 70, l'intégration entre pays du COMECON demeure à un stade peu avancé. Les rigidités de la planification empêchent la formation d'un véritable marché commun. Quant à l'établissement d'une planification supranationale, elle se heurte à la diversification des voies nationales.

2. Le temps des réformes

2.1. Les réformes en URSS

2.1.1. Les ratés de la déstalinisation

• *La situation à la mort de Staline*

La disparition de Staline est l'occasion d'une remise en cause du modèle mis en place à la fin des années 20. Elle se traduit par une plus grande instabilité dans les choix de la politique économique sans pour autant bouleverser les structures du modèle soviétique.

À partir de 1953, le bloc socialiste est caractérisé par une forte instabilité politique rendant les dirigeants plus sensibles au mécontentement de la société qui réclame une amélioration de son niveau de vie. En URSS, la question agricole devient prioritaire et l'accession au pouvoir de Khrouchtchev favorise une nouvelle orientation de la politique agricole. Les prix augmentent, passant de l'indice 100 en 1952 à l'indice 256 en 1956 et 302 en 1959. Les quotas des livraisons obligatoires des *kolkhoz* baissent à partir de 1953 ainsi que les impôts. Dans le même temps, les unités agricoles développent leurs investissements de modernisation et l'État lance une campagne de défrichement des terres vierges. Ces différentes mesures permettent un accroissement des revenus agricoles de l'ordre de 50 % de 1952 à 1957 et une augmentation de la production de 45 %. Dans

cf. *synthèse* p. 144

cf. *cours* p. 102

les villes, la politique économique vise à augmenter le pouvoir d'achat en baissant les prix de détail et en relevant les salaires nominaux.

Au cours des années 50, le caractère infaillible du plan est remis en cause. Le 6e plan, adopté en 1956, est abandonné et remplacé par un plan septennal couvrant la période 1959-1965. La réforme de 1957 tente de décentraliser le processus de planification par la création des *sovnarkhoz* (conseils de planification régionaux) et la suppression des ministères techniques. Cette réforme échoue car elle substitue une centralisation géographique à une centralisation sectorielle sans mettre fin aux incohérences du plan. Celui-ci prend la forme d'une juxtaposition de plans régionaux qui, très rapidement, fait apparaître de nouveaux déséquilibres nécessitant le rétablissement d'organes centraux. Les sovnarkhoz sont supprimés en 1965. Dans le secteur agricole, les SMT sont supprimées en 1958 ainsi que les livraisons obligatoires, remplacées par un système unifié de ventes à l'État. Cependant, l'autonomie de gestion des exploitations agricoles reste limitée. Les prix imposés par l'État ne sont pas suffisamment élevés pour assurer à la fois la poursuite de l'investissement de modernisation et la hausse des revenus de la paysannerie.

• *Un mouvement de réforme désordonné*

Au cours des années 50, l'Union soviétique a connu de grandes avancées technologiques, notamment dans le domaine spatial. Mais quelles que soient les sources statistiques, on constate une baisse des taux de croissance dans tous les secteurs de l'économie.

Évolution de l'activité économique de l'URSS (Taux de croissance annuel moyen) 1951-1965

	1951-1955	1956-1960	1961-1965
Revenu national			
– évaluations officielles	11,4	9,2	6,7
– évaluations occidentales (a)	6	5,8	5
Production industrielle			
– évaluations officielles	13,1	10,2	8,6
– évaluations occidentales (b)	10,7	8,9	6,9
Production agricole			
– évaluations officielles	4,1	5,8	2,4
– évaluations occidentales (c)	4,2	4,4	2,6

a : d'après R.V. Greenslade, b : d'après R.V. Greenslade et W.E. Robertson, c : d'après D.B. Diamond et C.B. Krueger.

Source : P. Léon, *Histoire économique et sociale du monde*, t. VI, Paris, A. Colin, 1977, p. 182-183.

Ce ralentissement de la croissance peut s'expliquer par l'essoufflement de la croissance extensive En effet, la croissance de la population active diminue, phénomène accentué par le déclin de l'exode rural. La population en âge de travailler augmente de 1,8 % en moyenne par an sur la période 1951-1958 et de 0,5 % entre 1959 et 1965. Les coûts de production deviennent de plus en plus élevés dans l'industrie, notamment dans les branches à forte intensité de capital et les gains de productivité sont insuffisants pour compenser cette augmentation, d'autant plus que la planification favorise les gaspillages qui peuvent prendre la forme de constructions inachevées. Mais le passage d'une croissance de type extensif à une croissance intensive pose le problème de l'efficacité du système planifié.

2.1.2. Les réformes des années 60

• *La réforme de 1965*

Le ralentissement de la croissance en URSS donne lieu à un débat entre économistes au début des années 60. Dans un article de 1962, Evsej Liberman, professeur d'économie à l'université de Kharkov, préconise une plus grande autonomie de l'entreprise. Il s'ensuit une controverse qui aboutit à la réforme de septembre 1965 présentée par A.N. Kossyguine.
La réforme de 1965 comporte plusieurs aspects contradictoires :

- tout d'abord, elle réorganise l'administration selon une orientation plus centralisatrice. Les *sovnarkhoz* sont supprimés, les ministères de branche sont rétablis ainsi que le *Gossnab* (Comité d'État à l'offre) qui assure l'approvisionnement des entreprises. Pour réaliser des économies d'échelle et améliorer la productivité, les entreprises sont incitées à se regrouper dans des unions. Cet encouragement à la concentration est une manière d'accroître le contrôle du Gosplan et de passer au-dessus des ministères, tendance renforcée par le rétablissement du *Gossnab* qui permet aux entreprises de s'approvisionner directement auprès du Comité d'État sans passer par leur ministère de tutelle ;

cf. *cours* p. 138

- pour donner plus d'autonomie aux entreprises, le nombre d'indices imposés par le plan passe de 40 à 8. Mais le plus important est le remplacement de l'indice de production brute par un indice de volume des ventes, l'objectif étant d'éviter les gaspillages et d'améliorer la qualité de la production ;

cf. *synthèse* p. 108

- enfin, le système des stimulants est réorganisé. Lorsque les entreprises atteignent les objectifs qui leur sont fixés, elles peuvent conserver une part de leur profit pour financer trois fonds : un fonds de stimulation matérielle qui accorde des primes aux travailleurs, un fonds pour les œuvres sociales et un fonds pour financer l'investissement autonome.

Si la réforme ne change pas radicalement la formation des prix, la structure des prix de gros est modifiée en 1967 pour égaliser la rentabilité des entreprises suivant les secteurs.

cf. *synthèse* p. 144

• *Le bilan de la réforme*

La réforme de 1965 n'entraîne pas un bouleversement de la planification soviétique. Le plan reste l'élément déterminant de l'activité des entreprises qui ne disposent pas d'une véritable autonomie de gestion. Les gains de productivité sont faibles alors qu'ils constituaient l'objectif principal de la réforme.
En 1967, l'administration expérimente le licenciement des travailleurs dans le combinat chimique de Scekino tout en conservant le même fonds salarial*. L'expérience qui s'étend à près de 300 usines en 1971, trouve ses limites dans les difficultés pour reclasser les salariés licenciés et dans les inégalités de salaires qui apparaissent dans des entreprises appartenant à la même branche.

De fait, la réforme apparaît essentiellement comme un moyen d'améliorer l'administration du plan et non pas comme une remise en cause d'un système fondé sur le primat du politique sur l'économique.

2.2. *Les réformes dans les démocraties populaires*

Croissance du revenu national dans les démocraties populaires Taux de croissance moyen annuel en %				
	1951-1955	**1956-1960**	**1961-1965**	**1966-1970**
Bulgarie	12,2	9,6	6,7	8,7
Hongrie	5,7	6	4,5	6,8
Pologne	8,6	6,6	6,2	6
RDA	13,2	7,4	3,3	5,2
Roumanie	14,2	6,6	9,1	7,7
Tchécoslovaquie	8,1	7	1,9	6,8
Yougoslavie	5,7	8,5	7,3	6,1

Source : P. Léon, *Histoire économique et sociale du monde*, t. VI, Paris, A. Colin, 1977, p. 442.

Tout comme en URSS, la croissance des pays de l'Est se trouve ralentie à partir du début des années 60, entraînant un débat entre économistes sur l'efficacité du système. Le mouvement de réformes dans les démocraties populaires trouve sa source dans ces controverses et prend deux directions : la première consiste à améliorer l'existant, la seconde remet en cause le système lui-même.

2.2.1. Les tentatives pour améliorer les démocraties populaires

• *La Pologne*

Depuis l'avènement du socialisme en Pologne, l'agriculture a conservé des caractéristiques originales. Le secteur coopératif n'a jamais été supérieur à 10 % des surfaces cultivées. En 1956, l'autorisation de dissoudre les coopératives ramène leur superficie à moins de 1 %. Ces exploitations sont regroupées en « cercles agraires » qui jouent un rôle de conseil et qui, depuis 1959, répartissent les crédits d'investissements des fonds de développement de l'agriculture.

L'année 1956, après l'insurrection d'octobre, marque le retour au pouvoir de Gomulka. Un mouvement de réformes s'engage, marqué par la création de conseils ouvriers. Ceux-ci sont élus librement et détiennent, en principe, un droit de regard sur la gestion des entreprises et la nomination des directeurs. En outre, la planification est soumise à un certain nombre de corrections : réduction du nombre d'indicateurs obligatoires et du nombre de produits dont l'allocation est centralisée ; création d'un fonds de l'entreprise permettant de verser des primes en fonction des résultats. Cependant, la direction du Parti, peu favorable aux réformes, remet en cause ces changements : en 1958, les conseils ouvriers deviennent des

« conférences de l'autogestion ouvrière » où seul 1/3 des délégués est élu par les travailleurs.
À la fin des années 60, l'annonce de la hausse de certains prix de détail concernant les produits alimentaires entraîne la révolte des ouvriers de Gdansk et l'arrivée au pouvoir d'une nouvelle équipe dirigeante. Cette dernière opte pour une stratégie d'expansion en essayant de concilier la hausse du niveau de vie et la croissance des investissements. En 1973, les entreprises sont regroupées dans des « grandes organisations économiques » dont certaines obtiennent une autonomie de gestion. Cette décentralisation reste éphémère car la hausse des salaires et l'excès d'accumulation entraînent une recentralisation du système dans la deuxième moitié des années 70.

• *La RDA*

Dès 1963, les dirigeants est-allemands présentent les principes du « Nouveau système économique » qui doit favoriser le passage à une croissance intensive, l'objectif étant de combiner planification centrale et « leviers économiques » pour stimuler la croissance.
Ces nouvelles orientations se traduisent par un certain nombre de mesures : rationnement moins important des moyens de production, atténuation du contrôle sur les salaires et l'emploi, restructuration des prix de gros, rôle plus important donné au profit comme stimulant. En 1967, des banques spécialisées sont créées. Elles disposent d'une certaine autonomie dans l'octroi des crédits aux entreprises et dans la fixation des taux d'intérêt. Les anciennes directions des ministères, les VVB (*Vereinigungen Volkseigener Betriebe)*, sont réorganisées suivant une logique économique et non plus administrative. Les VVB accèdent à l'autonomie comptable et reçoivent une part des attributions des ministères techniques.
À partir des années 70, il est mis fin aux réformes. Les pouvoirs transmis aux VVB sont repris par les ministères. De 1971 à 1979, les entreprises restées privées sont nationalisées.

2.2.2. Les remises en cause du système traditionnel

• *La Tchécoslovaquie*

Au début des années 60, l'économie tchécoslovaque connaît une forte récession : le revenu national et la production industrielle baissent en 1963. Cette situation amène un certain nombre d'économistes à remettre en cause le modèle socialiste orthodoxe.
En 1965, les principes d'une réforme économique sont adoptés : ils portent sur les prix, les salaires et l'emploi. Les prix de gros sont restructurés et on distingue trois types de prix : administrés, variables dans une certaine fourchette, et libres. L'État tente de contrôler la croissance des fonds de salaires par des mesures fiscales avec une taxe progressive sur les dépassements des limites fixées par le plan. L'investissement doit être financé principalement par les ressources propres de l'entreprise. Ces réformes se heurtent à la progression de l'inflation.
L'aspect le plus important de la réforme tchécoslovaque est la suppression de la planification impérative et de l'allocation centralisée des ressources*. Les entreprises deviennent réellement autonomes car elles peuvent établir des liens directs avec leurs clients et leurs fournisseurs. De plus, les entreprises peuvent développer des activités nouvelles, ce qui favorise la mobilité

du capital. L'invasion soviétique met fin à l'expérience tchécoslovaque combinant réforme politique et réforme économique.

• *La Hongrie*

La réforme hongroise, le « Nouveau Mécanisme économique » (NME), naît dans la douleur de l'écrasement de l'insurrection de 1956. L'arrivée au pouvoir de J. Kadar entraîne une réflexion sur les changements à introduire pour améliorer les performances de l'économie tout en conservant une forte allégeance politique vis-à-vis de l'URSS.

Les réformes concernent d'abord l'agriculture. Les livraisons obligatoires sont supprimées dès 1957 et les prix sont relevés de 17 % en 1967. La collectivisation s'étend mais dans un sens plus libéral : les coopératives ont un statut proche de celui d'entreprises commerciales et les autorités insistent sur la complémentarité entre le secteur socialisé et les lopins de terre individuels.

Dans l'industrie, l'objectif de rationalisation conduit à réduire le nombre d'indices obligatoires et à modifier le système d'incitation matérielle. Mais l'inertie des échelons intermédiaires, ministères et directions des entreprises, ne permet pas d'améliorer l'efficacité du système d'où l'adoption du NME en 1968.

Le NME se présente comme un système décentralisé où le plan macroéconomique coexiste avec un marché régulé par l'État. Le plan quinquennal continue à être la clé de voûte du système mais il perd son caractère administratif ; quant au plan annuel, il a une fonction d'adaptation et met en œuvre les choix de la politique économique. Les entreprises acquièrent une plus grande autonomie : elles établissent leur plan annuel sans contrôle et sont libres d'acheter et de vendre. Les pouvoirs publics disposent de régulateurs pour orienter l'économie. Ces régulateurs ont pour fonction d'optimiser l'utilisation des facteurs de production. Les impôts visent à réguler le partage de la valeur ajoutée entre les entreprises et le Centre. Les salaires doivent être adaptés aux résultats de l'entreprise. On distingue trois types de prix : les prix administrés — c'est-à-dire fixés par le Centre — les prix évoluant dans une fourchette et les prix libres fixés sur le marché. L'administration continue à contrôler l'investissement, notamment les grands projets qui sont financés par le budget. Au début des années 70, les investissements dégagés de toute contrainte administrative ne représentent que 15 à 20 % de l'investissement total.

Le NME constitue une expérience inédite dans les pays de l'Est. Cependant, les freins bureaucratiques demeurent et limitent la portée de la réforme hongroise au cours des années 70.

Conclusion

La mort de Staline et le ralentissement de la croissance économique au début des années 60 ouvrent la voie des réformes en URSS et dans les démocraties populaires. Mais elles restent limitées car le système possède une grande capacité d'inertie.

Synthèses

1. L'entreprise autogérée en Yougoslavie

Introduction

Le statut des entreprises yougoslaves a été défini par une loi de juin 1950 et modifié à plusieurs reprises, la dernière fois en 1976. L'entreprise autogérée engendre un certain nombre de conflits.

1. Le statut de l'entreprise autogérée

La principale singularité de l'entreprise yougoslave est d'être « sans qualités ». Elle n'est ni étatique, ni nationale, ni locale. Depuis 1976, le terme « entreprise » a disparu pour laisser place à l'expression « organisation du travail ». Elle peut être créée par une initiative locale, un groupement de citoyens ou l'association de plusieurs entreprises.

Dans l'entreprise, le principe d'autogestion est concrétisé par « l'organisation de base du travail associé » (OBTA) au sein de laquelle les travailleurs exercent leurs droits autogestionnaires. Pour les OBTA de plus de 30 membres, il est constitué un conseil ouvrier élu pour deux ans au plus qui désigne un organe exécutif. La direction peut être individuelle ou collégiale, elle est élue pour 4 ans au plus sur proposition d'une commission de concours composée principalement de représentants des autorités locales.

2. Autogestion et conflits

Le système autogestionnaire peut engendrer plusieurs types de conflits :

- le premier oppose les intérêts de l'entreprise et ceux de la collectivité nationale. En effet, les organisations de travail choisissent librement la nature de leur activité, ce qui les incite à négliger des productions indispensables mais peu rentables. Ce type de conflit porte surtout sur la répartition des revenus. En principe, celle-ci doit se faire selon les résultats du travail pour favoriser les gains de productivité. Le revenu brut de l'entreprise est divisé en deux parts : la première (revenu net) est destinée à rémunérer les travailleurs et à financer la consommation collective des OBTA ; la deuxième est consacrée au développement social et résulte de prélèvements prévus par la loi ;
- deux autres conflits demeurent à l'état potentiel :
  - le premier a comme origine la possibilité donnée aux entreprises de rechercher des capitaux à l'extérieur, mais les investissements étrangers restent limités,
  - enfin, l'existence d'un secteur privé risque de remettre en cause l'autogestion mais ce secteur reste marginal puisqu'il ne représente que 4 % du revenu national en 1975.

Conclusion

L'autogestion constitue une originalité dans le système socialiste. Cependant, elle n'est pas à l'abri de certaines contradictions et de déviations bureaucratiques qui caractérisent les démocraties populaires.

2. La fixation des prix dans une économie socialiste

Introduction

En principe, dans une économie socialiste, les prix sont fixés suivant la loi marxiste de la valeur, c'est-à-dire en fonction de la quantité de travail socialement nécessaire à la production. Dans la pratique, les prix restent principalement un instrument de mesure comptable.

1. Le rôle des prix

La planification, jusqu'aux réformes des années 60, est définie en termes physiques. Les prix ont donc une fonction d'étalon et ne jouent aucun rôle dans l'allocation des ressources sauf pour les salaires et les marchés kolkhoziens. Ce rôle donné aux prix nécessite une grande stabilité pour conserver la qualité de l'étalon de mesure.

Depuis 1965, les prix ont acquis un rôle indirect dans la détermination des quantités offertes par les entreprises car celles-ci ont intérêt à développer la production de biens dont les prix sont élevés. Pour l'État, le prix est également un moyen pour manipuler la rentabilité d'une branche en augmentant la valeur des ventes.

2. Prix de gros et prix de détail

Le prix de gros est la somme du coût moyen de la branche et du profit planifié. Le coût moyen ne correspond pas obligatoirement au coût réel de l'entreprise car il est fixé par le plan. Le profit est évalué en fonction d'un certain pourcentage du coût moyen. En principe, le plan tend à égaliser les taux de profit entre les branches. Une partie du profit revient à l'État, l'autre partie étant conservée par l'entreprise pour financer l'investissement autonome et les équipements collectifs.

Le prix de détail comprend : le prix de gros, le coût de distribution fixé par le plan, le profit de distribution également planifié. Mais les prix de détail peuvent varier en fonction de subventions à la consommation qui les font baisser ou d'impôts sur le chiffre d'affaires qui les augmentent.

La fixation des prix de détail obéit à deux objectifs principaux : équilibrer l'offre et la demande, orienter la consommation.

Conclusion

En économie planifiée, les prix jouent un rôle essentiellement comptable et toute réforme des prix apparaît potentiellement dangereuse car elle suppose une remise en cause du système.

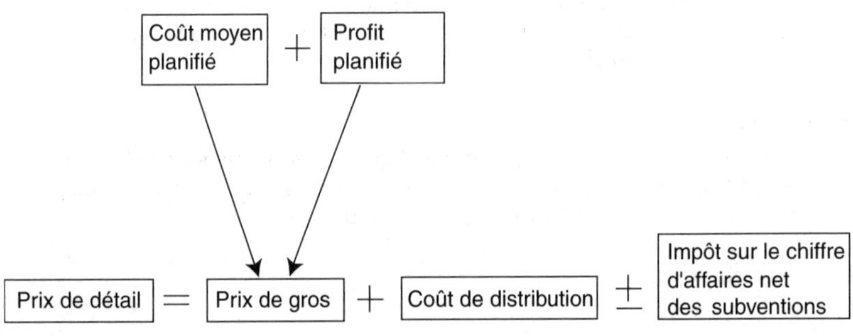

Clés et repères

Allocation des ressources : exprime la répartition des ressources, notamment les moyens de production, selon les branches d'activité. On peut distinguer deux types d'allocation :

– l'allocation décentralisée. C'est le marché qui organise la répartition ;

– l'allocation centralisée. C'est l'État qui décide de la répartition.

Fonds salariaux : fixés par le plan, ils déterminent la masse salariale des entreprises. Ces fonds financent environ 90 % des salaires, le reste étant déterminé par le fonds de stimulation. Les fonds de salaires sont calculés en fonction du nombre de travailleurs de chaque catégorie prévu par le plan et des salaires correspondant à ces catégories.

Kominform : bureau d'information des partis communistes. Créé en 1947, il regroupe 9 partis communistes (soviétique, yougoslave, bulgare, roumain, hongrois, polonais, tchécoslovaque, français et italien) puis 8 après l'éviction des yougoslaves. Dissous en 1956, le Kominform apparaît comme le porte-parole du camp socialiste durant la guerre froide.

Roubles transférables : unité de compte utilisée au sein du COMECON. Le rouble est une monnaie non convertible. Pour les échanges extérieurs, les Soviétiques utilisent deux unités de compte : le rouble transférable et le rouble-devise pour les échanges avec les pays occidentaux.

Chapitre 9

Le tiers-monde

Introduction

L'expression « tiers-monde » est utilisée pour la première fois en 1952 par Alfred Sauvy. Face aux deux blocs de pays riches, il existe un troisième bloc composé de pays restés à l'écart du processus d'industrialisation. La décolonisation donne une consistance politique à ce tiers-monde, consacrée par la conférence de Bandœng qui réunit 29 pays d'Asie et d'Afrique. Mais d'emblée, le tiers-monde apparaît comme un ensemble hétérogène caractérisé par des stratégies de développement différentes.

1. Le tiers-monde, un monde spécifique

1.1. Les caractéristiques internes

1.1.1. Les caractéristiques humaines

• *La démographie*

Évolution de la population mondiale
Taux de croissance annuel moyen
(en %)

	1950-1955	1960-1965	1970-1975
Population			
– des pays développés	1,3	1,1	0,7
– du tiers-monde	2	2,3	2,2
Natalité			
– des pays développés	2,3	2	1,7
– du tiers-monde	4,2	4	3,6
Mortalité			
– des pays développés	1	0,9	0,9
– du tiers-monde	2,2	1,7	1,3

Source : T. Coutrot et M. Husson, *Les Destins du tiers-monde*, Paris, Nathan, 1993, p. 40.

La croissance démographique s'accélère après la Deuxième Guerre mondiale : la population croît de 50 % entre 1950 et 1970 soit autant que le demi-siècle précédent. Cette accélération est essentiellement le fait des pays du tiers-monde : en 1950, ses habitants représentent 66 % de la population mondiale, 71 % en 1970.

On peut rapprocher cette « explosion démographique » de l'évolution qu'a connu l'Europe entre le XVIIIe siècle et le début du XXe siècle, constituant les phases de la transition démographique. Mais la comparaison doit être nuancée car le taux d'accroissement naturel est nettement plus élevé dans les pays du tiers-monde : alors que dans la phase de croissance maximale de la population européenne la population double en 70 ans, il faut seulement 30 ans au tiers-monde pour obtenir le même résultat. De plus, les mouvements migratoires constituent en Europe une véritable soupape de sécurité (entre 1900 et 1914, l'émigration représente 20 % de l'accroissement naturel) ce qui n'est pas le cas pour les pays non industrialisés (2 % de l'accroissement naturel).

La baisse de la mortalité est la cause principale de l'accélération démographique dans le tiers-monde. Celle-ci n'est pas le reflet d'une amélioration du niveau de vie comme en Europe mais la conséquence d'une plus grande efficacité des moyens médicaux. Ainsi, cette baisse apparaît comme un phénomène exogène lié aux progrès de la médecine occidentale relayés par le développement des organismes de santé internationaux comme l'Organisation mondiale de la santé (OMS). L'action sanitaire est d'autant plus efficace qu'elle est peu coûteuse : dans les années 50, la mortalité baisse de 40 % à Ceylan avec une dépense inférieure à 0,5 dollar par tête.

La fécondité reste élevée au cours de cette période et augmente même dans certains pays. On peut trouver les causes de ce phénomène dans la société des pays du tiers-monde : les femmes se marient très jeunes, le poids de la religion renforce une culture nataliste. D'un point de vue économique, l'enfant représente une main-d'œuvre en milieu rural et une source de revenus en milieu urbain. En outre, les politiques de contrôle des naissances sont tardives : au milieu des années 50, seuls le Pakistan et l'Inde pratiquent une politique malthusienne*. Ce n'est qu'au début des années 70 que les préventions contre le contrôle des naissances sont levées.

• *L'urbanisation*

Évolution de la population urbaine du tiers-monde

	1930	1950	1980
Population urbaine (en millions)	157	259	917
Taux d'urbanisation (en % de la population totale)	11,8	15,7	28

Source : P. Bairoch, *Le Tiers-Monde dans l'impasse*, Paris, Gallimard, 1992, p. 354.

La croissance démographique a engendré une forte migration intérieure des campagnes vers les villes. Après la Deuxième Guerre mondiale, la population urbaine croît de 4,2 % en moyenne par an alors que dans les pays industrialisés la croissance n'a jamais été supérieure à 2,3 %. La principale conséquence de ce mouvement d'urbanisation est la constitution de grandes villes : à la fin des années 70, les villes de plus de 500 000 habitants concentrent 43 % de la population urbaine. Ces centres urbains sont caractérisés par d'importants contrastes entre les quartiers modernes qui concentrent les richesses et les quartiers « d'habitat spontané » ou bidonvilles (l'expression est utilisée pour la première fois pour décrire le développe-

ment de Casablanca entre les deux guerres). Au début des années 70, ces bidonvilles rassemblent 44 % de la population urbaine.
Le mouvement d'urbanisation a comme principale cause l'exode rural. Celui-ci est la conséquence d'une forte densité liée à l'accroissement démographique et non pas le produit d'une hausse de la productivité dans le secteur agricole. De plus, la ville constitue un pôle d'attraction car les revenus y sont plus élevés et les équipements collectifs plus développés. En outre, le progrès du niveau général d'éducation rend de plus en plus difficile la cohabitation entre les générations dans les campagnes, et les jeunes émigrent vers les villes.

1.1.2. Les caractéristiques économiques

• *L'agriculture*

Évolution de la production et de la productivité agricole des pays du tiers-monde à économie de marché en indice « moyennes annuelles quinquennales »

	1948-1952	1958-1962	1968-1972
Production agricole totale	74	100	131
par habitant	90	100	102
Production alimentaire totale	71	100	133
par habitant	89	100	102
Productivité (a)	94,5	100	118,2

a : indices calculés en fonction de la production nette de calories directes par actif masculin agricole en millions.

Source : P. Bairoch, *Le Tiers-Monde dans l'impasse*, Paris, Gallimard, 1992, p. 277-280.

L'agriculture est caractérisée par son dualisme : une agriculture vivrière de type traditionnel coexiste avec une économie de plantation tournée vers l'extérieur. Les cultures d'exportation, au cours des années 50 et 60, connaissent une forte progression (3,5 % de croissance annuelle moyenne). Mais celle-ci ralentit au début des années 70 (1,9 % en moyenne annuelle). Cette évolution s'explique principalement par la saturation des besoins des pays développés qui sont les premiers clients du tiers-monde.
La production alimentaire est insuffisante pour faire face à la croissance démographique et le déficit alimentaire s'accentue. Alors que le solde des échanges extérieurs de céréales était excédentaire au début du siècle, le déficit se creuse après la Deuxième Guerre mondiale : il atteint 27 millions de tonnes à la fin des années 60 contre 4 millions au début des années 50.
La productivité agricole, qui a été une des bases de l'industrialisation des pays européens, connaît une évolution peu favorable car la population rurale croît rapidement et le développement urbain est insuffisant pour absorber le surplus de population. En outre, le dualisme agricole ne permet pas le transfert d'innovations vers le secteur de l'agriculture vivrière.

• *L'industrie*

Évolution de la production industrielle du tiers-monde à économie de marché en indice base 100 pour 1959-1961 moyennes annuelles triennales		
	1949-1951	**1969-1971**
Industries minières	57	254
Industries manufacturières	48	186

Source : P. Bairoch, *Le Tiers-Monde dans l'impasse*, Paris, Gallimard, 1992, p. 318-336.

Après la Deuxième Guerre mondiale, l'industrie minière du tiers-monde connaît une forte croissance : 8 % en moyenne par an de 1948 à 1973. Cette expansion a comme principale cause la baisse des coûts de transport car la production est principalement destinée à fournir les pays industrialisés et non pas l'industrie locale. La croissance de l'industrie manufacturière bénéficie du mouvement d'indépendance des pays du tiers-monde. L'industrialisation devient une priorité et on assiste à un renversement de situation par rapport au XIXe siècle : la production locale se substitue aux importations. Cependant, le développement industriel reste dépendant de l'évolution de l'agriculture. Chaque ralentissement de la croissance agricole a des effets négatifs sur l'industrie car elle dépend des revenus de la paysannerie.

cf. *synthèse* p. 163

L'industrie manufacturière est principalement caractérisée par la prédominance des secteurs traditionnels et la concentration géographique. Au début des années 70, elle représente 10 % de la production mondiale mais les industries de pointe sont pratiquement inexistantes : 1 à 2 % de la production mondiale. Six pays (Hong-Kong, Taïwan, Singapour, Corée du Sud, Brésil, Mexique) concentrent 27 % de la production industrielle du tiers-monde alors que leur population ne représente que 11 % de l'ensemble. De plus, l'industrie connaît d'importants gaspillages : en Afrique, 50 % du potentiel productif reste inutilisé.

1.2. Le tiers-monde dans l'économie mondiale

1.2.1. Le commerce extérieur

• *Évolution*

Évolution du commerce extérieur du tiers-monde à économie de marché			
Années	**Importations (milliards de dollars)**	**Exportations (milliards de dollars)**	**Part des exportations dans le commerce mondial (en %)**
1950	17	18,7	30,9
1960	29,8	27,8	21,5
1970	55,6	56,2	17,8

Source : P. Bairoch, *Le Tiers-Monde dans l'impasse*, Paris, Gallimard, 1992, p. 390.

Le bilan du commerce extérieur du tiers-monde apparaît paradoxal. Le niveau des échanges croît rapidement : les exportations augmentent de 6 % en moyenne annuelle durant les années 60 contre 4,2 % au cours des années 50. Mais cette croissance s'inscrit dans une période où l'expansion du commerce mondial est très importante, notamment celle des pays développés. La conséquence est la baisse de la part du tiers-monde dans les échanges internationaux, ce qui constitue une rupture par rapport à l'évolution constatée au cours de la première moitié du XXe siècle. Cependant, ce recul n'implique pas une plus grande indépendance par rapport aux pays développés. Au contraire, le principal client du tiers-monde restent les économies occidentales alors que les échanges mutuels entre les pays en développement diminuent : 30 % en 1948, 19 % en 1970. Inversement, le tiers-monde n'est plus un débouché pour les pays développés. Les exportations de produits agricoles connaissent un déclin relatif qui s'explique principalement par la situation de la demande et la concurrence des produits de synthèse. La progression de la part des produits manufacturés apparaît comme un facteur de développement mais leur place dans le commerce mondial reste modeste (5 % en 1963, 8 % en 1973) et surtout, cette progression demeure limitée à quelques pays : Corée du Sud, Taïwan, Singapour, Hong Kong.

cf. *cours* p. 119

• *Les termes de l'échange*

Évolution des prix mondiaux à l'exportation et des termes de l'échange (indices base 100 en 1963)

	1951	1958	1963	1970	1972
Prix relatifs (a)					
– alimentation et matières premières	116	101	100	98	97
– énergie	95	113	100	91	96
– articles manufacturés	90	98	100	102	102
Termes de l'échange					
– tiers-monde	118	104	100	101	100
– pays industrialisés	89	96	100	102	102

a : Prix relatifs. Quotient de l'indice des prix de la catégorie considérée à l'indice général des prix mondiaux.

Source : J.-C. Asselain, *Histoire économique du XXe siècle. La réouverture des économies nationales*, Paris, Presses de Sciences Po et Dalloz, 1995, p. 243.

Longtemps, le problème des termes de l'échange a été considéré comme un indicateur de l'exploitation du tiers-monde par les pays industrialisés. S'il est vrai que durant les années 50 et 60, ils se sont détériorés pour les pays en développement, il faut nuancer les effets sur leur économie. Trois facteurs principaux peuvent expliquer la dégradation des termes de l'échange :

- la très forte augmentation de l'offre de produits agricoles et miniers entraîne une baisse des prix ;
- les gains de productivité se répartissent d'une manière différente suivant les niveaux de développement. Dans les pays industrialisés, ils se traduisent par une hausse des salaires et des profits, d'où la hausse des prix alors que dans les pays en développement les gains de productivité entraînent une baisse des prix ;

■ la concurrence de produits de synthèse implique un ralentissement de la demande aggravé par la hausse des revenus dans les pays développés, selon les lois d'Engel*.

1.2.2. Les inégalités

• *Les inégalités de croissance*

Disparités du PNB par habitant entre tiers-monde et pays développés			
	Moyenne des pays développés par rapport à la moyenne du tiers-monde	États-Unis par rapport à la moyenne du tiers-monde	États-Unis par rapport aux pays les moins développés du tiers-monde (a)
1950	5,1	11,7	19
1960	5,8	11,2	25,5
1970	7,4	11,7	31

a : Moyenne des 5 pays du tiers-monde au plus faible PNB par habitant.

Source : J.-C. Asselain, *Histoire économique du xxe siècle. La réouverture des économies nationales,* Paris, Presses de Sciences Po et Dalloz, 1995, p. 459.

Le constat sur l'évolution des inégalités entre tiers-monde et pays développés apparaît définitif : l'écart se creuse et devient même dramatique pour les pays les plus pauvres. Cependant, une analyse plus fine permet de nuancer cette conclusion.

Croissance comparée du tiers-monde et des pays développés 1950-1969 (en %)		
	Tiers-monde	Pays industrialisés
Production totale	5,07	4,29
Produit/habitant	2,62	3,18
Population	2,45	1,11
Production agricole	3,18	1,46
Industrie manufacturière	7,37	5,26
Consommation privée	4,72	4,05
Investissement	6,8	5,81

Source : P. Léon, *Histoire économique et sociale du monde*, t. VI, Paris, A. Colin, 1977, p. 342.

Globalement, la croissance économique est plus élevée dans les pays du tiers-monde. De plus, si on compare pays développés et pays en développement à même niveau de développement (Europe au XIXe siècle), la croissance du tiers-monde est deux fois plus élevée. Cependant, cette croissance reste caractérisée par les déséquilibres déjà constatés dans ce chapitre : déséquilibres démographiques et sectoriels, contraintes de l'insertion dans le commerce international.

• *Dépendance financière et aide au développement*

Recettes financières nettes versées aux pays du tiers-monde (en milliards de dollars)			
	1950-1955	1960-1961	1970
Total	3,7	9,6	20,3
Aide publique	1,9	5,4	8,5
Recettes à conditions non libérales	1,7	4,2	10,9

Source : J.-C. Asselain, *Histoire économique du xx*e *siècle. La réouverture des économies nationales,* Paris, Presses de Sciences Po et Dalloz, 1995, p. 427.

La question financière est cruciale pour les pays du tiers-monde car l'épargne nationale est insuffisante pour financer le développement.

On distingue deux grandes sources de financement :

- la première est l'Aide publique au développement constituée par des dons et des apports publics à long terme (8 à 50 ans) à des taux d'intérêt faibles. En 1964, la Conférence des Nations unies sur le commerce et le développement (CNUCED*) fixe comme objectif une aide de l'ordre de 1 % du revenu national des pays développés. Mais cet objectif n'est pas atteint au cours des années 60 et l'aide est essentiellement bilatérale, ce qui implique des obligations d'achats des pays bénéficiaires aux pays donateurs ;
- l'autre source de financement est le financement aux conditions de marché : crédits à l'exportation, prêts bancaires et obligataires. En 1970, ils représentent plus de 50 % des recettes financières des pays du tiers-monde, ce qui contribue à la montée de l'endettement qui passe de 16 milliards de dollars en 1960 à 66 milliards de dollars en 1970, progression plus élevée que celle de la croissance du PIB ou de la croissance des exportations. Les premières difficultés de remboursement apparaissent dès les années 50 avec l'Argentine, ce qui suscite la création du Club de Paris*.

L'investissement direct des firmes multinationales (FMN) constitue une dernière source de capitaux. Longtemps orientés vers le secteur primaire, ces investissements sont de plus en plus réalisés dans l'industrie manufacturière. Mais si les FMN restent un phénomène majeur de l'économie mondiale après la Deuxième Guerre mondiale, elles sont principalement implantées dans les pays développés.

2. Diversité du tiers-monde et stratégies de développement

2.1. La voie socialiste

2.1.1. La Chine

• *La mise en place de l'économie planifiée*

Lorsque les communistes arrivent au pouvoir en 1949, ils se trouvent confrontés à une contrainte majeure : restaurer une économie dont les

capacités productives ont été en partie détruites, tout en conservant l'appui de la paysannerie, principale alliée du nouveau pouvoir.
Les premières années constituent une période de transition. La bourgeoisie urbaine est ménagée car les dirigeants l'incitent à restaurer l'appareil industriel et commercial. La loi du 28 juin 1950 met en place une réforme agraire dont le principal caractère est la redistribution des terres. Sont saisies celles des propriétaires fonciers non exploitants et celles des paysans riches exploitées par des fermiers. La moitié des terres cultivées sont mises à la disposition des paysans pauvres. Cependant, la fragmentation de la propriété foncière risque de freiner la croissance de la production agricole du fait d'une faible productivité. En 1952, l'économie chinoise retrouve son niveau d'avant-guerre.
Le premier plan quinquennal, rendu public en 1955, couvre la période 1953-1957 et marque un durcissement du pouvoir communiste. La priorité est donnée à l'industrie lourde qui doit doubler sa production en cinq ans et mobilise, avec les transports, 76 % de l'investissement total. En outre, les autorités procèdent au redéploiement de l'activité industrielle en privilégiant les régions de l'intérieur au détriment des régions côtières, symboles du développement industriel sous l'ancien régime. Ainsi, une partie de la main-d'œuvre qualifiée doit émigrer. Dans le même temps, la collectivisation s'accélère. Dans l'agriculture, les coopératives se généralisent et la quasi-totalité de la paysannerie y est intégrée à la fin de 1956. Dans l'industrie et le commerce, le secteur privé disparaît complètement en 1956 et seuls deux types d'entreprises subsistent : les entreprises publiques qui sont placées directement sous la tutelle de l'État et les entreprises collectives qui dépendent des autorités locales.

cf. *synthèse* p. 108

Les instruments de la planification sont identiques à ceux de l'URSS et l'on retrouve le volontarisme stalinien à travers les objectifs et les bulletins de victoire sur l'application du plan : selon les statistiques officielles, la croissance annuelle de l'industrie atteint 18 % au cours de ce premier plan. Mais cette croissance s'accompagne d'importants déséquilibres : faiblesse de l'agriculture, résistances de la paysannerie contre la collectivisation, hostilité de la classe ouvrière. Ces difficultés incitent les autorités chinoises à revoir leur modèle de développement.

• *Les contradictions du modèle chinois*

À la fin du premier plan quinquennal, le Parti communiste chinois connaît d'importants débats accentués par la condamnation du stalinisme par les dirigeants soviétiques. Après une courte période de libéralisation économique en 1956 (les « Cent Fleurs »), Mao Zedong prononce la réhabilitation de Staline et la mise en place d'une nouvelle politique, le « Grand Bond en avant » (1958-1961).
Pour Mao, la nouvelle politique économique consiste à libérer les énergies humaines afin d'accélérer la croissance pour « rattraper l'Angleterre en 15 ans ». Le pivot de cette nouvelle stratégie est la paysannerie. Les coopératives sont rassemblées dans des communes populaires de 10 000 à 50 000 personnes s'étendant sur plusieurs milliers d'hectares. L'objectif est de mobiliser les paysans pour accroître la productivité agricole grâce à la mécanisation et à d'importants travaux hydrauliques. De plus, les communes doivent favoriser le développement de l'industrie locale : 30 à 50 % des paysans effectuent des tâches non agricoles et 200 000 entreprises gérées par les communes populaires réalisent 7,3 % de la production industrielle. Ces entreprises fournissent des équipements agricoles mais

aussi de l'acier : les petits hauts fourneaux. Dans les industries urbaines, les cadences de travail s'accélèrent et le « stakhanovisme » à la chinoise est encouragé.

Le bilan du « Grand Bond en avant » est catastrophique. La production, agricole et industrielle, s'effondre. Entre 15 et 30 millions de personnes sont victimes de la famine entre 1960 et 1962. De fait, le « Grand Bond en avant » entraîne la désorganisation complète de la production. En outre, l'industrie locale fournit des produits de si mauvaise qualité qu'ils sont inutilisables. Cette catastrophe est aggravée par la rupture avec l'URSS en 1960, ce qui implique l'arrêt de la coopération économique et technique entre les deux pays.

Les autorités chinoises mettent en œuvre une nouvelle politique économique à partir de 1961. Les entreprises urbaines sont réorganisées et une partie de la main-d'œuvre est renvoyée à la campagne. Dans l'agriculture, les contraintes sont assouplies. Les communes populaires sont fractionnées en brigades correspondant aux anciennes coopératives. Le droit au lopin de terre et à l'élevage privé est rétabli ainsi que les stimulants matériels. En 1965, la production agricole retrouve son niveau de 1960.

Les choix économiques en Chine sont, le plus souvent, la conséquence des luttes de pouvoir au sommet de la hiérarchie du parti communiste. Le « Grand Bond en avant » trouve sa source dans la volonté de Mao Zedong de reprendre le contrôle du Parti. La « Révolution culturelle », à partir de 1965, est une nouvelle illustration de cette lutte. Cependant, elle n'a qu'un faible impact sur l'économie car l'agriculture reste à l'écart de ce mouvement. Les conséquences négatives, à long terme, ne sont pas négligeables : beaucoup de cadres ayant une véritable compétence technique sont éliminés et la fermeture des universités pendant plusieurs années empêche la formation d'une élite économique et technique.

2.1.2. L'Algérie

• *Le modèle algérien*

Dès son indépendance en 1962, l'Algérie opte pour une politique de développement volontariste donnant à l'État une place prépondérante. L'arrivée au pouvoir de H. Boumediene en 1965 renforce cette orientation. Fortement marquée par l'expérience soviétique, la stratégie « d'industries industrialisantes » donne la priorité à l'industrie lourde et plus précisément celle des hydrocarbures. Ce choix apparaît logique car l'Algérie dispose d'importantes ressources en pétrole et en gaz alors que son sol ne se prête pas au développement de l'agriculture : seuls 3 % du territoire sont cultivables.

cf. *synthèse* p. 163

Le cadre institutionnel est socialiste : économie planifiée, développement d'industries nationales dont le plus beau fleuron est la Sonatrach (Société nationale de transport et de commercialisation des hydrocarbures). L'agriculture est réorganisée dès l'indépendance avec la confiscation des terres des anciens colons. Celles-ci sont regroupées dans des fermes collectives qui sont en principe autogérées. Une réforme agraire, en 1972, accentue la concentration du secteur agricole.

L'effort d'investissement caractérise le volontarisme du pouvoir au cours des années 60 et 70 : la formation de capital fixe représente 4,2 % du PIB en 1963, 47 % en 1975.

• *Les limites du modèle algérien*

Fondée sur un nationalisme ombrageux, la stratégie « d'industries industrialisantes » n'a pas permis de réduire la dépendance de l'Algérie vis-à-vis de l'extérieur. De plus, elle a engendré des déséquilibres sociaux qui sont à l'origine de la crise du modèle à la fin des années 80.
La dépendance est à la fois technique et financière. En effet, le développement de l'industrie lourde suppose l'utilisation de techniques de pointe qui nécessitent l'appel à des techniciens étrangers malgré l'effort important de formation entrepris par l'État. En outre, ces techniques sont coûteuses et impliquent le recours à des emprunts internationaux.
La priorité donnée à l'industrie lourde accentue les déséquilibres entre les différents secteurs de l'économie. L'agriculture est sacrifiée et le déficit alimentaire s'aggrave. Les effets d'entraînement attendus du développement de l'industrie lourde sont insuffisants : la création d'emplois est relativement peu importante car le secteur des hydrocarbures utilise beaucoup de capital. La conséquence est une forte poussée du chômage, aggravée par la croissance démographique et l'exode rural. L'urbanisation accélérée des années 70 devient un facteur d'instabilité sociale, compensée en partie par l'émigration vers la France.

2.2. *La voie capitaliste*

2.2.1. Le Brésil

• *Le cadre de la stratégie de croissance*

cf. *synthèse* p. 163

Jusqu'au milieu des années 60, la politique de développement brésilienne est fondée sur la stratégie de substitution aux importations. Mais l'étroitesse du marché intérieur provoque un changement d'orientation et l'adoption de la politique de promotion des exportations. Cependant, ce tournant dans la stratégie de développement ne remet pas fondamentalement en cause le cadre de la croissance économique. Celui-ci peut être défini par la coexistence et l'interdépendance de trois pôles : l'État, les entreprises brésiliennes privées et les FMN.
Dès les années 30, l'État joue un rôle essentiel dans le développement de l'économie brésilienne : création d'entreprises publiques, notamment dans le secteur de l'énergie. Petrobras, qui est la plus grande entreprise du pays, a été créée en 1938. Ces entreprises ne s'opposent pas à la constitution d'un capitalisme brésilien mais elles se substituent à l'initiative privée lorsque celle-ci fait défaut. Protégé sur son marché intérieur, le capitalisme local investit principalement dans les industries de biens de consommation courante : en 1977, les ventes de produits manufacturés par les entreprises privées représentent un quart des ventes de ces biens. L'État joue également un rôle moteur en finançant les investissements d'infrastructure et en contrôlant le système bancaire au profit du secteur privé. Il détermine la rentabilité des entreprises car il exerce un rôle déterminant sur les prix dans une économie peu concurrentielle.
Les FMN occupent une place prépondérante dans la croissance économique brésilienne après la Deuxième Guerre mondiale. Au cours des années 50, elles bénéficient d'un marché intérieur très protégé. De plus, les pouvoirs publics favorisent les investissements étrangers dans les secteurs les plus rentables : automobile, pharmacie, équipement électrique. Lorsque l'économie brésilienne réoriente son appareil productif

vers la conquête des marchés extérieurs, les investissements des FMN augmentent d'une manière spectaculaire : le Brésil reçoit, entre 1965 et 1975, 15 à 20 % des investissements directs des pays de l'OCDE*. Mais les FMN entretiennent des relations étroites avec les entreprises locales sous la forme de *joint ventures* et d'accords de coopération technique et financière.

• *Un bilan contrasté*

Jusqu'aux années 70, le bilan de l'économie brésilienne apparaît très positif : taux de croissance annuel moyen de 7 % entre 1945 et 1975. Cette croissance repose surtout sur le développement de l'industrie dont la production augmente de plus de 8 % en moyenne annuelle au cours de cette période. Cette évolution s'accompagne d'une diversification des activités : la part des industries légères (textiles et alimentaires) baisse au profit des industries lourdes. À partir de 1970, le processus d'extraversion implique une très forte croissance de biens industriels très divers : produits manufacturés pour la consommation courante (chaussures) mais aussi biens d'équipement.
La principale limite du modèle brésilien se trouve dans la désarticulation de son économie. On peut distinguer trois Brésil[1] : un Brésil traditionnellement exportateur de produits agricoles (café, soja) ; un Brésil industriel et un « Tiers Brésil ». D'un point de vue géographique, on distingue le plus souvent le Nord-Est agricole du Sud-Est doté d'une économie plus diversifiée.
Le régime de la propriété foncière est au cœur des inégalités. En effet, les grandes propriétés foncières pratiquant une culture extensive ne peuvent faire vivre une masse croissante de paysans qui s'exilent dans les grandes villes du Sud-Est. Ces mouvements migratoires ne peuvent être absorbés par une industrie qui se modernise et qui demande une main-d'œuvre de plus en plus qualifiée. La conséquence est le maintien d'une grande partie de la population dans des conditions de vie qui caractérisent davantage les pays les moins développés que les pays nouvellement industrialisés.

2.2.2. La Corée du Sud

• *Le miracle coréen*

Taux de croissance du volume du PNB par habitant (en %)		
	1950-1970	**1970-1980**
Chine	2,8	3,2
Algérie	2,5	3,7
Brésil	3,1	5
Corée du Sud	5	6,7

Source : P. Bairoch, *Victoires et déboires*, t. III, Paris, Gallimard, 1997, p. 1016 et 1017.

Au début des années 60, la Corée du Sud était classée parmi les pays les moins développés et les « experts » considéraient que le pays était

1. Grelet (Gérard), *Structures et stratégies du développement économique*, Paris, PUF, 1986.

condamné à être tributaire de l'aide extérieure. En effet, la partition avec la Corée du Nord privait le sud de ses principales ressources naturelles. *A posteriori*, on peut trouver dans la colonisation du pays par le Japon (1910-1945) et dans la division en deux États aux systèmes sociaux et politiques antagoniques, les prémisses de la réussite sud-coréenne. En effet, le Japon modernise les infrastructures (ports, chemin de fer, électrification) et développe l'industrie, ce qui détruit les bases de l'économie traditionnelle : le pays est donc à reconstruire. De plus, la Corée du Sud occupe une place centrale dans la guerre froide, d'où l'importance de l'aide internationale (210 milliards de dollars par an entre 1960 et 1969). Dès la fin des années 40, les Américains et les autorités sud-coréennes ont compris que la population est la principale richesse de ce pays, d'où la réforme agraire en 1950 qui favorise la constitution d'une petite et moyenne paysannerie et la priorité donnée à l'éducation permettant la formation d'une main-d'œuvre qualifiée.

Les années 50 sont caractérisées par une stratégie de substitution aux importations. C'est au cours de cette période qu'apparaissent les grandes entreprises sud-coréennes (les *chaebols*) comme Hyundaï et Samsung. L'étroitesse du marché intérieur rend indispensable la redéfinition de la stratégie de développement. Les militaires qui prennent le pouvoir en 1961 inaugurent une politique de promotion des exportations. Profitant d'une main-d'œuvre abondante, bien formée et peu coûteuse, le pays se spécialise dans l'industrie textile et l'assemblage électronique, la production étant destinée à être vendue sur les marchés des pays industrialisés.

cf. *synthèse* p. 163

À partir de la fin des années 60, la promotion des exportations s'accompagne d'une stratégie de remontée des filières. En 1976, la part de l'industrie dépasse celle du secteur primaire dans le PNB.

cf. *synthèse* p. 164

• *Le rôle de l'État*

Au cours des années 60, la Corée du Sud a bénéficié de la croissance dans les pays industrialisés. Les exportations coréennes sur des marchés concurrentiels ont satisfait une demande croissante dans les pays développés du fait de la hausse du pouvoir d'achat. Cependant, le « miracle coréen » n'est pas seulement lié à des circonstances conjoncturelles et l'État a joué un rôle primordial dans le développement. Son intervention se situe dans un cadre qui reste celui d'une économie capitaliste : ainsi, le secteur public est moins important qu'au Brésil. Néanmoins, l'emprise de l'État sur l'économie et sur la société s'apparente à celle d'un pays socialiste. En effet, il existe une planification impérative : le plan définit les secteurs prioritaires du développement industriel et y concentre les investissements. L'État choisit les entreprises qui appliquent les orientations du plan et les aide financièrement grâce au contrôle total du système bancaire et financier. Pour éviter la dépendance extérieure, l'État protège le marché intérieur tout en assurant une ouverture sélective des produits et des mouvements de capitaux. Il assure également un contrôle social sur la population : les revendications, notamment salariales, sont étouffées par le pouvoir militaire mais celui-ci veille à ce que les inégalités sociales ne soient pas trop importantes.

Le trait le plus remarquable de l'intervention de l'État est sa capacité à faire évoluer la spécialisation du système productif. La politique de remontée des filières permet d'anticiper les évolutions de la demande des pays industriels, ce qui permettra d'absorber le choc de la crise des années 70, caractérisée par le ralentissement de la demande et la montée du protectionnisme dans les pays développés.

Conclusion

Après la Deuxième Guerre mondiale, le tiers-monde constitue un monde spécifique dans le sens où les problèmes qui se posent à ces pays ne sont pas les mêmes que ceux des pays industrialisés. Mais, trente ans plus tard, il est difficile de conserver la fiction d'un ensemble homogène.

Synthèses

1. Population et développement

Introduction

Depuis les années 60, à propos du tiers-monde, un débat s'est engagé sur les relations entre l'évolution démographique et le développement. Il oppose les malthusiens aux natalistes.

1. La thèse malthusienne

Cette thèse trouve son origine dans l'ouvrage de T.R. Malthus (1766-1834), *Essai sur le principe de population*, paru en 1798 en Grande-Bretagne. L'auteur énonce que, naturellement, la population croît suivant une progression géométrique (1,2,4,8,16...) et double tous les 25 ans, alors que la croissance des moyens de subsistance est arithmétique (1,2,3,4,5...). Pour Malthus, la conséquence est un appauvrissement général de la société si les naissances ne sont pas contrôlées.

Le processus de transition démographique contredit l'analyse de Malthus. En outre, son livre apparaît essentiellement comme un pamphlet contre l'aide aux pauvres. En son temps, Karl Marx lui répondra en affirmant que la surpopulation ne peut être que relative et non absolue. En effet, elle est le produit des inégalités dans la distribution des richesses, inhérente au système capitaliste.

Les idées malthusiennes sont remises à l'honneur au début des années 70, notamment avec le rapport du Club de Rome* qui prévoit une catastrophe écologique si la croissance démographique des pays du tiers-monde n'est pas freinée brutalement. Sans adhérer au radicalisme malthusien ou au catastrophisme du Club de Rome, certains auteurs comme P. Bairoch[1], pensent qu'il existe un véritable problème démographique dans les pays du tiers-monde. La pression démographique modifie la structure par âges de la population. La part croissante des jeunes mobilise des ressources non directement productives comme les dépenses éducatives. De plus, la charge pour les actifs s'accroît : ils doivent subvenir aux besoins d'un nombre de plus en plus élevé de personnes. Enfin, les gains de productivité dans l'agriculture sont annulés par une croissance démographique plus importante que celle des terres cultivées. Cette situation implique un fort exode rural qui ne peut être absorbé par les villes car le développement des autres secteurs d'activité reste insuffisant.

2. La thèse nataliste

À l'opposé de T.R. Malthus, E. Boserup, dans son livre *Évolution agraire et Pression démographique* (1965), montre les effets positifs d'une forte croissance démographique. Pour illustrer sa démonstration, l'auteur prend l'exemple de l'Asie qui a su moderniser son agriculture et le contre-exemple de l'Afrique qui ne se développe pas malgré une faible densité humaine.

Sans défendre les thèses radicales des natalistes, on peut montrer que le lien démographie/développement n'est pas univoque. L'expérience des pays industrialisés démontre que la croissance démographique est avant tout un effet du développement car cette croissance n'est pas liée à une forte fécondité, contrairement à ce qu'affirmait T.R. Malthus, mais à une baisse de la mortalité, produit du progrès économique. Sans nier les problèmes posés par une

1. Bairoch (Paul), *Le tiers-monde dans l'impasse*, Paris, Gallimard, 1992.

progression trop rapide de la population, J.-C. Chesnais estime que celle-ci est une richesse qui doit accélérer les mutations économiques et sociales des pays du tiers-monde.

Conclusion

La relation croissance démographique/développement reste un débat d'actualité. Il est devenu plus consensuel dans le sens où l'on considère cette relation dans sa réciprocité. La question fondamentale est donc bien celle du développement.

2. Les analyses du sous-développement

Introduction

Les différentes analyses du sous-développement, après la Deuxième Guerre mondiale, suivent les aléas du développement : à l'optimisme des années 50 succède le pessimisme des années 60 et 70. On peut, cependant, distinguer deux grands types d'analyse : l'approche orthodoxe et l'approche hétérodoxe.

1. L'analyse orthodoxe du sous-développement

cf. *synthèse* p. 19

L'analyse de W.W. Rostow, dans son livre *Les Étapes de la croissance économique* (1960), constitue la vision la plus connue de l'approche libérale du sous-développement.

D'autres auteurs, comme W.A. Lewis, ont insisté sur le dualisme des économies sous-développées. Ce dualisme est caractérisé par la coexistence d'un secteur moderne industriel et d'un secteur traditionnel. Pour R. Nurske, le dualisme a pour effet un « cercle vicieux de la pauvreté » : la faiblesse des revenus empêche le développement du marché intérieur et la mobilisation d'une épargne suffisante pour financer l'investissement.

Actuellement, l'analyse orthodoxe considère l'insertion des pays en développement dans les échanges internationaux comme le principal facteur de développement suivant la loi des avantages comparatifs énoncées par David Ricardo* : chaque pays doit se spécialiser dans la production de biens pour lesquels les coûts comparatifs sont les moins élevés. Les économistes Hecksher et Ohlin redéfinissent les coûts comparatifs en fonction de la dotation en facteurs de production (travail et capital) de chaque pays. Ainsi, les pays en développement doivent se spécialiser dans des productions utilisant beaucoup de main-d'œuvre et les échanger par le biais du commerce international contre des productions à forte intensité capitalistique.

2. L'analyse hétérodoxe

Le point commun entre les différentes analyses hétérodoxes est de considérer le sous-développement comme un phénomène dynamique fondé sur la relation entre pays développés et pays sous-développés.

La première approche, dite structuraliste, insiste sur les caractéristiques structurelles des économies sous-développées. Le dualisme économique et social conduit à une désarticulation des économies nationales : le secteur moderne occupe une place dominante sans pour autant avoir des effets d'entraînement sur l'ensemble de l'économie. Cette domination interne se double d'une domination externe des pays sous-développés par les pays industrialisés.

Les approches de « l'école de la dépendance » et des marxistes sont relativement proches, même si elles se nourrissent de critiques réciproques. Ces analyses considèrent le sous-développement comme un produit du développement. Lénine, dans son livre *L'Impérialisme, stade suprême du capitalisme* (1917), avait ouvert la voie en considérant que les pays capitalistes se nourrissaient de l'exploitation des pays sous-développés. Le commerce international joue un rôle essentiel dans cette exploitation, la production locale de la périphérie étant destinée à satisfaire les besoins des pays du centre industrialisé.

Conclusion

Les deux grands types d'analyse du sous-développement s'excluent mutuellement. Cependant, leur principal défaut est de considérer le sous-développement comme un phénomène homogène, ce que contredit l'évolution du tiers-monde.

3. Les stratégies d'industrialisation

Introduction

À l'instar des pays occidentaux qui se sont industrialisés aux XVIIIe et XIXe siècles, l'expansion de l'industrie est considérée comme la clé du développement. Depuis la Deuxième Guerre mondiale, trois types de stratégies d'industrialisation ont été mises en œuvre.

1. L'industrialisation par substitution d'importations

Cette politique, théorisée par les économistes de la CEPAL*, date de la crise des années 30 et elle fut adoptée, en premier, par les pays d'Amérique latine. Son principe consiste à développer une industrie locale dont la production est destinée au marché intérieur en remplaçant les produits importés. Cette stratégie s'accompagne de la mise en place de barrières douanières élevées afin de protéger l'industrie nationale de la concurrence extérieure, mais aussi pour attirer des capitaux étrangers intéressés par un marché captif.

Dans une première phase, l'industrialisation concerne d'abord le développement de la production de biens de consommation. Au cours d'une deuxième phase, deux orientations sont possibles : soit se tourner vers l'exportation, ce qui a été le cas des pays d'Asie du Sud-Est, soit pratiquer une politique de remontée des filières en développant la production de biens intermédiaires puis de biens d'équipement.

Dans les années 50, de nombreux pays ont mis en place cette stratégie : Chili, Brésil, Argentine, Corée du Sud, Taïwan, Inde, Égypte. Cependant, au cours des années 60 le processus d'industrialisation par substitution d'importations est bloqué pour plusieurs raisons. Le protectionnisme a favorisé l'émergence d'une industrie peu concurrentielle aux coûts de production peu élevés. La hausse des prix industriels sur le marché intérieur entraîne une ponction sur les revenus agricoles ce qui freine l'expansion du secteur primaire. L'État pallie ce manque de compétitivité en aidant ces industries, d'où une augmentation des dépenses publiques financées par la création monétaire entraînant la création d'une spirale inflationniste. En outre, la remontée des filières nécessite l'importation de biens d'équipement qui accentue la dépendance extérieure. Enfin, le développement industriel est insuffisant pour absorber une main-d'œuvre de plus en plus nombreuse.

2. Les industries industrialisantes

La priorité est donnée aux industries ayant des effets d'entraînement sur les autres branches. Calquée sur le modèle soviétique, cette stratégie vise à développer l'industrie lourde, comme le montre l'exemple algérien.

cf. *cours* p. 155

Les résultats de cette politique ont été, en grande partie, négatifs. En effet, les industries prioritaires sont très capitalistiques et utilisent des technologies avancées peu créatrices d'emplois. La dépendance technique et financière s'aggrave et le chômage s'accroît, surtout dans des pays comme l'Algérie où la croissance démographique est forte. Le développement de l'industrie lourde n'a pas les effets d'entraînement attendus. Au contraire, les autres secteurs d'activité (agriculture, industrie légère) ont été sacrifiés. Socialement, la constitution de grandes entreprises d'État favorise l'émergence d'une bureaucratie peu efficace et essentiellement préoccupée par le maintien de ses privilèges.

3. L'industrialisation par promotion des exportations

Cette stratégie vise à orienter l'industrie vers le marché mondial. Les exportations de biens manufacturés doivent remplacer les exportations traditionnelles

cf. *cours*
p. 157

de biens primaires, d'où l'expression d'industrialisation par substitution d'exportations. Les Dragons du Sud-Est asiatique constituent le modèle le plus avancé de ce type de stratégie.

L'industrialisation par promotion des exportations est, le plus souvent, fondée sur la base industrielle héritée de la stratégie de substitution aux importations tout en conservant certaines mesures protectionnistes par la pratique d'une politique d'ouverture sélective. Caractérisée par l'existence d'avantages comparatifs, notamment une main-d'œuvre abondante de qualité et peu coûteuse, la promotion des exportations nécessite des mesures stimulantes, comme la sous-évaluation du taux de change, une politique de subventions directes et de facilités financières aux entreprises exportatrices.

Le plus souvent, c'est l'étroitesse du marché intérieur qui rend indispensable cette stratégie. Grâce au développement des débouchés, les entreprises locales peuvent réaliser des économies d'échelle et devenir ainsi compétitives. Cependant, réussir cette stratégie suppose de favoriser la remontée des filières. En effet, les exportations essentiellement destinées aux marchés des pays développés sont soumises aux aléas de la conjoncture de ces pays. Ainsi, à partir du milieu des années 70, le retour des mesures protectionnistes dans les pays industrialisés a accéléré le processus de diversification du système productif sud-coréen.

Conclusion

Le débat sur les stratégies d'industrialisation s'est le plus souvent nourri de présupposés idéologiques. Mais la diversité des situations dans le tiers-monde montre qu'il n'existe pas de véritable modèle d'industrialisation.

Clés et repères

CEPAL : Commission économique pour l'Amérique latine. Dépendant de l'ONU, cet organisme reprend les thèses de certains économistes, comme Raul Prebisch, qui considèrent le sous-développement comme un produit de la dépendance des pays du tiers-monde vis-à-vis des pays développés, et qui défendent une stratégie d'industrialisation par substitution des importations complétée par une réforme agraire et la redistribution des revenus.

Club de Paris : il réunit les principaux pays créanciers des pays endettés. Son objectif est de renégocier la dette publique des pays en développement. Pour les dettes privées, les créanciers (les banques internationales) sont réunis dans le Club de Londres.

Club de Rome : créé en 1968, il a pour but de promouvoir la réflexion sur les grands problèmes du monde à long terme. Il publie en 1972, un rapport intitulé *Halte à la croissance ?* qui met en garde contre les risques provoqués par la poursuite d'une croissance économique qui épuise les ressources naturelles et remet en cause l'équilibre écologique de la planète.

CNUCED : Conférence des Nations unies pour le commerce et le développement. Créée en 1964, à l'initiative des pays du tiers-monde, elle a pour but de promouvoir un commerce international plus favorable aux pays en développement. Dans le cadre de la CNUCED, un Système de préférences généralisées (SPG) a été négocié afin d'accorder des avantages tarifaires pour les produits industriels en provenance des pays en développement.

Lois d'Engel : ce sont des lois de consommation qui expriment l'évolution de la consommation en fonction du revenu : lorsque le revenu augmente, la part des dépenses consacrée à la consommation diminue, celle destinée à l'habillement et à l'habitation reste constante et la part consacrée aux autres dépenses augmente.

OCDE : Organisation de développement et de coopération économique créée en 1960 pour remplacer l'Organisation européenne de coopération économique (OECE). C'est une organisation de concertation et d'études qui regroupe les principaux pays développés et qui publie des rapports annuels sur la situation économique.

Politiques malthusiennes : dans le cadre de l'approche malthusienne des problèmes démographiques, ces politiques consistent à limiter les naissances, soit par des politiques incitatives (informations sur les moyens de contraception) soit par des moyens contraignants comme en Chine : le deuxième enfant entraîne une dégradation des conditions de vie.

Ricardo (David) : 1772-1823. Économiste classique anglais, il écrit les *Principes de l'économie politique et de l'impôt* (1817). Il analyse les lois qui régissent la répartition des revenus (profit, salaire, rente foncière) et il conclut que l'économie tend vers un état stationnaire, c'est-à-dire sans croissance économique. Il a défendu la thèse du libre échange fondée sur la loi des avantages comparatifs.

Plan

Le rôle de l'État dans l'économie mondiale de 1945 à 1973

Introduction

L'après-Première Guerre mondiale a été caractérisé, dans les pays capitalistes, par la volonté de retrouver les mécanismes du marché entravés par l'économie de guerre. Ce « fondamentalisme » libéral précipita ces pays vers la crise des années 30. Pour cette raison, l'État joue un rôle essentiel après 1945. Cependant, l'analyse de son rôle au cours de la période 1945-1973 ne s'arrête pas aux économies capitalistes développées. Il faut également prendre en compte les pays du tiers-monde et leurs stratégies de développement, ainsi que le bloc socialiste où l'État est le régulateur central de l'activité économique. Nous sommes, dès lors, placés devant une contradiction : c'est dans les économies libérales, développées ou non, que l'intervention de l'État est la plus efficace durant cette période.
L'analyse de cette contradiction sera menée en deux temps. Tout d'abord, on verra que l'État est devenu un acteur central de la croissance des pays développés à économie de marché. Puis, on tentera de lever le paradoxe d'un État dirigiste plus efficace dans les pays en développement, optant pour la voie libérale, que dans les économies centralisées.

1. L'État, acteur central de la croissance des pays développés à économie de marché

1.1. Les causes de l'intervention de l'État

1.1.1. La volonté de ne pas répéter les erreurs du passé cf. *cours* p. 116

1.1.2. La pensée keynésienne théorise l'intervention de l'État cf. *synthèse* p. 91

1.2. La place de l'État dans les pays développés à économie de marché

1.2.1. Une place de plus en plus importante cf. *cours* p. 123

1.2.2. Des réalités différentes suivant les pays cf. *cours* p. 124

2. Les paradoxes du dirigisme

2.1. L'État, un acteur central dans les stratégies de développement

2.1.1. Il protège le développement d'une industrie locale cf. *cours et synthèse* p. 156-158, 163

2.1.2. Il fixe les grandes orientations de l'ouverture des économies cf. *cours et synthèse* p. 158-163

2.2. La recherche d'une nouvelle stratégie dans les économies planifiées

2.2.1. Les échecs de l'État centralisateur cf. *cours* p. 137

2.2.2. Les tentatives de réforme cf. *cours* p. 137

Conclusion

Dans les pays développés à économie de marché, l'État exerce une impulsion qui sera déterminante pour la croissance pendant la période des Trente Glorieuses. La volonté de ne pas répéter les erreurs du passé mais aussi l'évolution de la pensée économique marquée par la diffusion et l'interprétation des idées keynésiennes favorisent la mise en place d'une économie concertée qui assure la complémentarité du rôle de l'État et des mécanismes du marché. Cependant, l'expérience des pays capitalistes n'est pas monolithique et l'intervention de l'État est adaptée à des histoires particulières : dirigisme à la française, économie sociale de marché à l'allemande.
Si l'État connaît les limites à ne pas dépasser dans les pays développés à économie de marché, ce n'est pas le cas dans les pays en développement, quelle que soit la

voie choisie. La planification en Corée du Sud apparaît aussi impérative que dans les pays socialistes. En décidant les grandes orientations de la stratégie de développement à suivre, l'État favorise l'émergence d'une industrie locale qui se tournera vers les marchés extérieurs. Les succès de la voie libérale constituent un contraste avec les échecs de la voie socialiste. Mais il faut nuancer le diagnostic : l'exemple soviétique favorise le développement industriel mais est incapable de se réformer lorsqu'il faut accéder à un nouveau stade de développement. Ce problème se pose également, depuis les années 70, pour les économies libérales.

IVe partie

La grande mutation

Depuis le début des années 70, l'économie mondiale connaît une croissance ralentie et moins régulière. Pour les PDEM (Pays développés à économie de marché), cette période a parfois été qualifiée de « Vingt Médiocres », en référence aux Trente Glorieuses des trois décennies précédentes. Les soubresauts qui secouent les systèmes productifs et les sociétés occidentales pourraient être interprétés comme éléments d'une crise comme la grande dépression ou celle des années 30. Cependant, ce système capitaliste apparemment mal en point est en passe de façonner le monde à son image. En effet, après une période de prospérité, écrasé sous le fardeau de la dette, le tiers-monde fait du surplace pendant les années 80, avant que les PDEM ne mettent au point le devoir d'ingérence financière et n'en profitent pour transformer les structures productives des PED (Pays en développement). Enfin, le capitalisme semble avoir remporté pour l'instant son combat contre le socialisme, comme l'attestent les conversions à l'économie de marché de l'ancien bloc de l'Est.

C'est donc bien une nouvelle transformation du capitalisme qui se produit dans le dernier quart du XXe siècle : tout se passe comme si la période 1914-1991 n'avait été qu'une parenthèse dans l'histoire des « marchés libres »...

Chapitre 10

Crise ou mutation du capitalisme ?

Cours

Introduction

Les Trente Glorieuses ont profondément transformé les modes de vie et les rapports sociaux dans les Pays développés à économie de marché (PDEM). La régulation capitaliste paraît en parallèle reculer, au profit d'un partage social de la richesse créée, basé sur les négociations collectives. À partir des années 70, cet édifice se lézarde : les syndicats, acteurs essentiels de la régulation fordiste, perdent de leur représentativité ; les gains de productivité, clé du partage de la valeur ajoutée, ralentissent singulièrement ; l'intervention de l'État, stabilisant la demande, s'effectue à rendements décroissants et perd de sa légitimité... Pour l'observateur pressé, le capitalisme subit une nouvelle crise. C'est en fait une nouvelle mutation du capitalisme.

1. Une crise du capitalisme ?

La crise se définit habituellement comme une brève période correspondant à une rupture dans une croissance constatée précédemment. Rien d'étonnant donc à ce que la plupart des gouvernements estiment d'abord avoir affaire à un ralentissement temporaire, mais généralisé de l'activité économique. Ils utilisent donc les outils macro-économiques ayant fait leurs preuves dans le passé ; l'échec de ces politiques les amène à envisager des « solutions » libérales, qui échoueront aussi à remettre les économies et les sociétés d'aplomb.

1.1. La récession est mondiale

Pour la première fois depuis les années 30, le ralentissement de la production est généralisé : toutes les économies sont touchées, à des degrés divers toutefois. Cependant, à la différence de la dépression des années 30, on observe au début de la crise contemporaine une conjonction originale, celle de l'inflation et du chômage.

1.1.1. Le ralentissement de la croissance

• *Dans les pays développés*

Le tableau ci-dessous permet de montrer le ralentissement de la croissance économique :

Taux de croissance annuels moyens du PNB et taux de croissance du PIB				
Pays	**TCAM 1950-1973**	**TCAM 1973-1989**	**TC 1992**	**TC 1994**
France	5	2,3	1,3	2,1
Allemagne	5,9	2,1	1,5	2,9
Italie	5,6	2,9	-	-
Royaume-Uni	3	2	-0,6	3,8
États-Unis	3,6	2,7	2,1	4
Japon	9,3	3,9	1,3	0,9

Sources : TCAM : Maddison A., « Dynamic forces », *Capitalist Development*, Oxford University Press, 1991.
TC : données OCDE.

Le ralentissement de la croissance est net pour les pays occidentaux du G7, puisque leur taux de croissance annuel moyen entre 1950 et 1973 est toujours supérieur aux valeurs qu'il prendra ultérieurement. En reprenant les calculs effectués par A. Maddison, on voit que les « Vingt Médiocres » correspondent en fait au retour à un taux de croissance séculaire. Ainsi, le taux de croissance annuel moyen constaté en France entre 1820 et 1989 est de 1,9 % (pour 2,3 en 73-89) ; pour la Grande-Bretagne, on obtient le même pourcentage. Dans cette optique, les années 70 amorceraient le retour à des taux de croissance « normaux ». Les Trente Glorieuses étant exceptionnelles, le retour à la norme est perçu comme pathologique par les agents économiques !

• *Dans les pays en développement*

En ôtant la Chine du bloc des pays en développement, P. Bairoch montre que ceux-ci souffrent aussi d'un ralentissement de la croissance, mais plus tardivement que les PDEM. En effet, dans la décennie 70, les PED connaissent une croissance annuelle moyenne de 1,7 %, pratiquement la même que celle des deux décennies précédentes (1,6 et 1,7 %). Leur situation s'améliore même en termes relatifs, du moins pour ceux qui produisent du pétrole, car leurs recettes d'exportations s'accroissent, stimulant leur production et offrant des opportunités d'investissements. Le contre-choc pétrolier et le fardeau de l'endettement pèsent par contre sur la croissance des PED pendant les années 80. P. Bairoch relève que le taux de croissance des PED a été nul pendant cette décennie, qualifiée parfois de « décennie perdue pour le développement ».

1.1.2. La stagflation

Ce terme vient de l'association de deux notions qui apparaissent antinomiques dans la théorie économique traditionnelle : une économie pouvait être en période de croissance rapide générant une « surchauffe », donc connaître une inflation élevée, ou une période de stagnation de la production, mais la mévente se traduisait par une augmentation du chômage et une baisse des prix, non par une hausse de ceux-ci. Dans les années 60, et surtout 70, l'ensemble des économies capitalistes connaissent chômage et inflation.

• *La montée du chômage*

Les situations des marchés du travail de cette fin de Trente Glorieuses ne sont pas aussi homogènes et brillantes que l'a retenu l'imaginaire collectif. Les niveaux de chômage sont certes faibles mais cependant variables d'un pays à l'autre.

Taux de chômage de certains pays de l'OCDE entre 1968 et 1995

Périodes	États-Unis	Japon	Allemagne	France	Italie	Royaume-Uni
1968-1973	4,7	1,2	0,8	2,6	5,9	2,5
1974-1979	6,8	1,9	3,4	4,6	6,7	4,4
1980-1985	8,1	2,4	6,3	8,4	9,3	10
1986-1990	5,9	2,5	7,2	9,8	11,8	8,5
1991-1995	6,5	2,6	8,4	11	11,1	9,2

Source : OCDE, calculs avec le logiciel Statis, Nathan.
Note : définition du chômage selon le BIT, les données allemandes sont celles de l'Ouest.

Le ralentissement de la croissance coïncide donc avec une augmentation généralisée et plus ou moins soutenue du chômage dans l'ensemble des PDEM. Les écarts entre pays s'expliquent par des choix de modèle de croissance (et de société) différents : course à la compétitivité en France contre croissance à faibles gains de productivité aux États-Unis, existence ou non d'un système de protection sociale générale…

• *De l'inflation rampante à l'inflation déclarée*

Pendant les années de prospérité, les salariés avaient pris l'habitude d'augmentations régulières de leurs revenus, hausses permises par des gains de productivité élevés. Or, la productivité croît moins vite à partir du milieu des années 60, si bien que la part des salaires dans la valeur ajoutée augmente. En période de croissance, les entreprises peuvent se rattraper sur les prix, de façon indolore pour les agents économiques puisque l'inflation est masquée par la croissance ; cette situation d'inflation rampante ou larvée se transforme en inflation ouverte quand la croissance ralentit.

cf. *synthèse* p. 187

En effet, le taux de marge des entreprises diminue car alors que la valeur ajoutée stagne, les charges d'exploitation continuent à augmenter au même rythme ; par peur de conflits sociaux, la plupart des entrepreneurs préfèrent alors augmenter les salaires, quitte à répercuter cette augmentation des coûts de production sur les prix pour maintenir leurs marges.
Mais les anticipations des salariés sont rationnelles : confrontés à une inflation en hausse, ils anticipent une croissance des prix à la consommation plus rapide pour la période suivante, malgré « l'optimisme affiché par les ministres des Finances ». Ils revendiquent donc des augmentations de salaire nominal qui dépassent le niveau de l'inflation anticipée, pour obtenir un gain de pouvoir d'achat. Les entrepreneurs réagissent en augmentant davantage leurs prix de vente : on entre ainsi dans une spirale inflationniste, qui ne sera rompue que dans les années 80.
La situation économique se détériore donc très nettement, comme l'attestent les indicateurs de la croissance, du chômage et de l'inflation. Face à cette situation nouvelle, les décideurs tentent de réagir avec leurs recettes traditionnelles.

1.2. L'échec des politiques anti-crise

Les politiques économiques de *stop and go** utilisées pendant les Trente Glorieuses sont appliquées, au début de la crise, par l'ensemble des PDEM. Toutefois, elles se révèlent peu efficaces et engendrent même des effets pervers qui les discréditeront, ouvrant ainsi la voie à une restauration de politiques économiques d'inspiration néo-libérale.

cf. *clés et repères* p. 188

1.2.1. L'impuissance du keynésianisme

Dans les PDEM, le premier choc pétrolier* joua le rôle de catalyseur pour faire éclater les contradiction du compromis fordiste de partage de la valeur ajoutée. En effet, il contribua à transformer l'inflation rampante en inflation déclarée : dans les pays de la CEE, le taux d'inflation passa ainsi de 7,5 % en 72-73 à 13,5 % en 74-75.

• *Les politiques keynésiennes sont inefficaces*

Dans un premier temps, alarmés par la forte croissance des prix, les pouvoirs publics mettent en œuvre une politique de « refroidissement ».

Cependant, ces mesures de rigueur ont eu pour effet de renverser l'effet du choc pétrolier, dont le caractère dépressif avait été sous-estimé.
En effet, la flambée des prix du pétrole se traduit par une augmentation sensible de la valeur des importations, la consommation de produits pétroliers étant incompressible à court terme. Elle oblige donc les PDEM à consacrer davantage de richesses au paiement de quantités globalement identiques de pétrole. Ainsi, le choc pétrolier entraîne un véritable transfert de pouvoir d'achat vers les pays de l'OPEP. Comme ceux-ci n'ont pas de structure de redistribution de la rente pétrolière vers leur population, le surcroît de recettes pétrolières est utilisé comme épargne au niveau mondial (les fameux pétrodollars) alors qu'il correspond à un tassement de la demande globale dans les PDEM. Ici, la contraction de la demande représente un manque à gagner en termes de croissance du PIB, estimé à 2 % de croissance.
Confrontés à un ralentissement général de l'activité, illustré par une croissance nulle en 1975 en France, les pouvoirs publics, effectuant ce diagnostic keynésien, pratiquent des politiques budgétaires et monétaires expansionnistes. Le gouvernement Chirac lance ainsi, en 1975, une politique budgétaire axée sur le soutien à la consommation et à l'investissement des ménages, tout en augmentant les dépenses d'équipement public et en accordant des avantages fiscaux aux entreprises qui investissent. L'Allemagne met en œuvre trois plans de relance entre les deux chocs pétroliers. L'administration Ford agit également en ce sens en 75-76.
Pourtant, les effets de ces politiques sont limités : la croissance s'installe durablement dans un *trend* plus faible et le chômage progresse pratiquement dans tous les pays (voir tableau *supra*, p. 172). Les problèmes les plus graves, ceux de l'inflation et de la dégradation des profits des entreprises, n'ont pas été réglés. En effet, le taux de marge des entreprises diminue comme le montre le graphique (*infra*, p. 175) à propos de la France. Cette baisse du taux de marge, donc des profits, est symétriquement démontrée par la hausse de la part des salaires dans la valeur ajoutée. Ce phénomène résulte de la conjonction de plusieurs effets :

cf. *graphique* p. 175

- le ralentissement des gains de productivité n'a pas été compensé par une croissance plus faible des salaires ;
- les prix à la consommation augmentant plus vite que les prix de la production (les intermédiaires aussi augmentent leurs prix), l'indexation officieuse des salaires sur les prix à la consommation se traduit par un alourdissement de la part des salaires dans la richesse créée ;
- le chômage croissant nécessite un alourdissement des cotisations sociales payées par les employeurs, d'où une augmentation du coût du travail.

cf. *graphique* p. 175

Faute d'un niveau de profit assez élevé, les entreprises ne peuvent investir autant que durant les années précédentes, d'où une réduction de l'effort d'investissement. Pour E. Malinvaud, cette situation correspond à un marché du travail où règne un « chômage classique », c'est-à-dire un sous-emploi dû à une insuffisance des profits. Les politiques de relance keynésienne ne constituent pas un traitement adapté à ce type de chômage ; elles peuvent même être contre-productives.

• *Elles présentent des effets pervers*

Les effets pervers des politiques de relance ont été abondamment étudiés. Deux idées directrices se détachent :

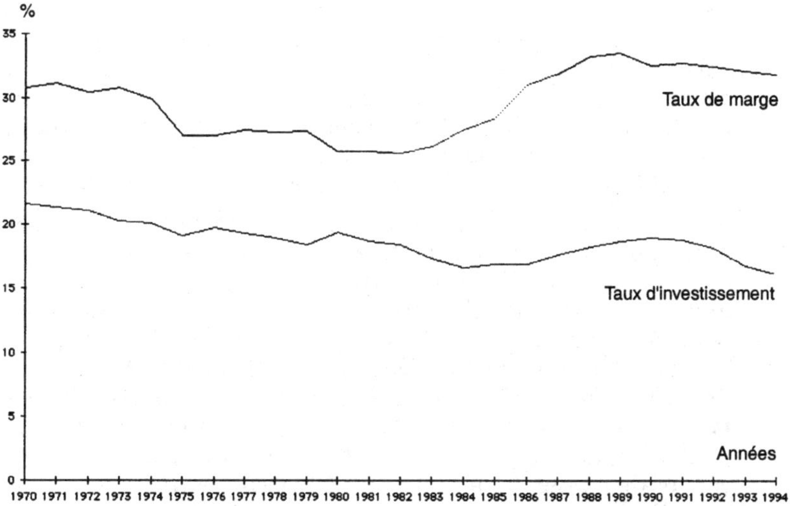

Taux de marge et taux d'investissement des SQSNF en France

▪ les politiques keynésiennes butent sur la contrainte extérieure*, surtout en période de croissance mondiale ralentie (cas de la France en 81-82 lors de la relance Mauroy). En effet, la multiplication des dépenses publiques, la politique des revenus, la relance de l'activité entraînent bien une croissance plus forte du revenu national. Mais l'offre est rigide à court terme, et toute augmentation massive de la demande, en particulier dans le secteur très concurrentiel des biens de consommation, se traduit mécaniquement par une croissance très forte des importations. Or, une conjoncture mondiale défavorable ne permet pas d'envisager de poussée des exportations, si bien que la balance commerciale devient déficitaire. Pour payer son excédent d'importations, le pays relançant est alors obligé d'attirer des capitaux étrangers en augmentant ses taux d'intérêt, rendant ainsi le crédit plus coûteux et pénalisant la consommation des ménages et l'investissement des entreprises. En définitive, l'activité économique subit un coup de frein d'autant plus brutal que les échanges extérieurs sont déséquilibrés. Une partie de la relance profite au reste du monde, alors qu'elle est payée par les agents résidents. L'effet réel sur l'économie est donc limité, voire négatif à plus long terme ;

▪ les politiques de relance butent également sur des contraintes budgétaires. Le déficit budgétaire est en effet la conséquence normale d'une politique de relance, puisque celle-ci entraîne une croissance des dépenses publiques. Les recettes n'augmenteront qu'*a posteriori*, si toutefois le PIB s'accroît effectivement. On a vu que les effets d'une relance en économie ouverte sont limités. Les gouvernements ont été obligés de trouver un financement de leurs déficits publics :

– le premier utilisé, indolore, a été une politique monétaire expansionniste : elle permet, pour les agents économiques dont l'État, d'éliminer la charge de l'endettement (les intérêts versés) par la hausse des prix : dès que le taux d'inflation s'accroît, les intérêts réels payés deviennent faibles, voire négatifs. Mais l'économie entre dans une spirale inflationniste déjà évoquée, dont l'un des effets est la montée générale de l'endettement : s'endetter dans ces conditions permet d'acheter des biens matériels avec un crédit quasiment « gratuit ». Le retournement des taux d'intérêt réels au cours des années 80 se traduira alors par une croissance très forte de la charge réelle de l'endettement accumulé (effet de massue) ;

– le deuxième moyen utilisé par les gouvernements réside dans l'emprunt, source principale du financement du déficit à partir du moment où l'objectif affiché des politiques économiques devient la lutte contre l'inflation. Les politiques de désinflation compétitive* se généralisent, comme en France à partir de 1983. La pratique du déficit budgétaire s'auto-entretient : dans l'impossibilité de réduire drastiquement les dépenses publiques (crainte d'effets déflationnistes, poids des dépenses sociales en Europe ou militaires aux États-Unis), les gouvernements sont obligés de consacrer de plus en plus de recettes budgétaires à la charge de la dette (les intérêts). Une telle situation présente deux inconvénients majeurs : d'une part l'emprunt public assèche les ressources financières disponibles pour l'activité économique privée (effet d'éviction) en maintenant des taux d'intérêt élevés sur les marchés monétaires ; d'autre part, les pouvoirs publics sont contraints d'augmenter les prélèvements obligatoires pour trouver de nouvelles recettes et tenter de réduire l'endettement. Globalement, la hausse des taux d'intérêt et l'augmentation des prélèvements obligatoires se liguent pour peser sur l'activité, la première en renchérissant les crédits, donc les achats de logements et de biens d'équipement durables, la seconde en diminuant le revenu disponible des ménages et les capacités d'autofinancement des entreprises.

Dans les années 70, les politiques d'inspiration keynésienne ne sont donc pas seulement moins efficaces que par le passé, mais elles provoquent des effets pervers qui ruinent leur soutien à l'activité présente, tout en hypothéquant l'activité à venir.

1.2.2. Les habits neufs du libéralisme

Le virage libéral s'amorce à la fin des années 70. En France, après une succession de plans de relance (Chirac, 1975, Mauroy, 1981-1982) et de rigueur (Barre, 1976-1978), le « tournant de la rigueur » est pris pour de bon en 1983 et la poursuite de la politique de désinflation compétitive ne s'est pas interrompue depuis.

• *Le thatchérisme*

cf. *synthèse* p. 188

Le 3 mai 1979, les conservateurs remportent les élections législatives en Grande-Bretagne et leur leader, Margaret Thatcher, devient premier ministre. Élus sur un programme d'inspiration néo-libérale, soutenus par les classes moyennes qui se considèrent comme matraquées fiscalement par l'État-providence travailliste, les *Tories* entament une série de réformes qui font du thatchérisme la contre-révolution conservatrice la plus aboutie dans les PDEM :

■ les syndicats naguère puissants avec le principe du *closed-shop** sont mis au pas (mineurs, ouvriers du livre, dockers…) et ne peuvent empêcher la remise en cause du droit du travail, d'où une flexibilité accrue de l'emploi et des salaires ;

- les réformes fiscales, dans la logique de l'économie de l'offre, avantagent les plus hauts revenus (réduction du taux marginal d'imposition de 83 à 60 %) en abaissant la progressivité de la fiscalité directe, mais alourdissent les impôts indirects (comme la *poll tax*) ;
- une politique budgétaire et une politique monétaire restrictives sont combinées pour juguler l'inflation qui passe de 11,9 % en 1981 à 3 % en 1986 ;
- le gouvernement privatise une grande partie du secteur public, dont la part dans le PIB tombe de 12 à 6 % entre 1979 et 1987. Sont touchés les transports (British Airways), l'énergie (British Gas), les télécommunications (British Telecom), la construction aéronautique ou automobile et le logement social (500 000 logements HLM vendus par les collectivités locales entre 1979 et 1983).

Le bilan du thatchérisme est contrasté suivant les critères d'appréciation utilisés.

- en se basant sur les grands équilibres macro-économiques, les résultats sont probants : inflation maîtrisée, croissance retrouvée plus vite que les autres pays européens au début des années 90 (2 % en 1993 alors que le PIB français baissait de 1,5 %), baisse du chômage (8 % de la population active en 1996, contre 12,5 % en France), léger déficit de la balance commerciale (13,5 milliards de livres en 1996). Le seul point noir est la persistance du déficit budgétaire, dû à la faiblesse des rentrées fiscales, l'effet de quantité ne se substituant pas complètement à l'effet de la baisse des taux ;
- en utilisant des critères plus qualitatifs, le bilan est moins flatteur :
  - les services financiers représentent aujourd'hui 20 % du PIB alors que le secteur industriel stagne toujours, d'où un écart croissant entre la prospérité du Sud de l'Angleterre et le marasme des industries traditionnelles dans le Nord du pays,
  - la politique d'emploi du Royaume-Uni (pas de salaire minimum depuis 1993 ni de réglementation du travail, baisse des charges sociales patronales et flexibilité de l'emploi) a certes créé des emplois, mais le plus souvent à temps partiel (90 % des nouveaux emplois). Le travail à temps partiel concerne ainsi en 1994 plus d'un salarié britannique sur quatre, essentiellement des femmes, dont les droits sont par ailleurs « rabotés » par l'Employment Act de 1990,
  - les classes moyennes ont à long terme perdu davantage qu'elles n'ont gagné, en particulier en matière de conditions d'emploi et de rémunération ; quant aux ouvriers peu qualifiés, faute de retrouver un emploi rapidement, beaucoup sont sortis du marché du travail, comme l'atteste le taux de non-emploi qui est passé de 9 à 18 % entre 1977 et 1991.

• *Le reaganisme*

En novembre 1980, Ronald Reagan est élu président des États-Unis. Son programme économique basé sur l'économie de l'offre, est largement soutenu par les classes moyennes *WASP*. Dès son arrivée à la Maison Blanche, il déclare que « le problème, c'est le gouvernement » et met en

cf. *synthèse* p. 188

œuvre à la fois une réduction des impôts et une vaste déréglementation. Mais il use de l'instrument budgétaire dans une approche digne de Keynes.

Les États-Unis connaissent alors une récession causée par la politique monétaire ultra-restrictive menée par la Réserve Fédérale (1979-1982), dirigée par P. Volcker. Inspirée par les analyses de M. Friedman, la Fed ne laisse croître la masse monétaire qu'au rythme de la croissance réelle du PNB, générant ainsi une insuffisance des moyens de paiement associée à un niveau élevé des taux d'intérêt, d'où des restrictions des crédits et un tassement de la demande et des investissements des entreprises. Les entreprises non performantes, survivant à crédit et incapables de compenser les baisses des ventes à l'exportation découlant de l'appréciation du dollar après la montée des taux d'intérêt, sont acculées à la faillite, ou doivent pratiquer des coupes sombres dans leurs effectifs pour retrouver une compétitivité-prix satisfaisante.

En 1982, contre l'avis de P. Volcker, le Président Reagan décide de stopper la « purge monétariste » et de favoriser un retour de la croissance en agissant sur l'offre. L'application de la Loi fiscale de redressement économique (ERTA) permet une diminution des impôts des ménages et surtout des sociétés, qui subissent en 1984 une pression fiscale moitié moindre qu'en 1980. En parallèle, l'administration républicaine organise une déréglementation tous azimuts : démantèlement des monopoles (exemple d'ATT), liberté totale d'ouvrir les commerces 24 heures sur 24, attaques en règle contre les perturbateurs du « libre jeu du marché du travail » (limogeage de 12 000 contrôleurs aériens en 1981 après leur grève et dissolution de leur syndicat), atténuation, voire suppression des contraintes subies par les compagnies aériennes…

La reprise de 1983 est imputable à un ensemble de facteurs convergents :

- les entreprises conservent une part plus élevée de la richesse créée et bénéficient donc de capacités d'autofinancement plus importantes, d'où une reprise sensible de l'investissement productif ; celui-ci contribuant pour 30 % à la reprise ;
- les dépenses militaires, notamment le programme de l'Initiative de défense stratégique, exercent un effet multiplicateur sur le PNB en fournissant des débouchés à nombre d'industries (aéronautique, armement, électronique…) et de services (logiciels, télécommunications, sécurité…) ;
- les ménages les plus aisés profitent de la baisse d'impôts pour consommer davantage ; les moins aisés confrontés à une baisse des salaires réels depuis 1973 sont contraints d'accroître leur activité (deuxième emploi, activité du conjoint) pour participer à la fièvre de la consommation (un foyer américain sur deux contre un sur dix en France possède un micro-ordinateur au début des années 90).

Cette prospérité est cependant apparente :

- le maintien des dépenses publiques à un niveau élevé joint à une baisse des recettes fiscales engendre un déficit budgétaire en constante progression, lui-même source d'un endettement public croissant (la dette des administrations publiques américaines passe de 27 à 41,9 % du PIB entre 1985 et 1994). On a parlé de « déficits jumeaux » car la croissance de la consommation des ménages, en se heurtant aux rigidités industrielles, a entraîné une forte croissance des importations, alors même que les exportations étaient plombées par la surévaluation du dollar ;

- l'épargne intérieure étant trop faible (taux d'épargne de 4 à 5 %), l'économie américaine est contrainte de s'endetter auprès des pays en capacité de financement, essentiellement l'ex-RFA et le Japon ;
- le cours du dollar est affecté par la persistance de ces déficits : de près de 10,11 francs en mars 1985, il passe à 6,50 francs en 1988 après être tombé à 5,53 en décembre 1987. Cette dégringolade du billet vert explique en partie le krach boursier de l'automne 1987 : les agents étrangers ayant placé des liquidités sur les marchés financiers américains couraient le risque d'une moins-value en monnaie nationale à la vente de leurs titres évalués en dollars, ils se sont donc défaussés en masse des titres américains, d'où une offre pléthorique au regard de la demande et l'effondrement des cours. La contagion internationale est assurée par les agents qui ont perdu sur les marchés américains et qui vendent leurs titres sur les autres marchés mondiaux pour se prémunir contre de nouvelles moins-values, et éventuellement racheter lorsque les cours seront au plus bas…

L'économie américaine pendant l'ère conservatrice (de 1980 à 1992) est devenue une « machine à créer des emplois » même en période de faible croissance, si bien qu'elle affiche des résultats insolents en matière de lutte contre le chômage : un taux de chômage de 7 % en 1992 contre 9,5 % en France ; la durée moyenne de chômage aux États-Unis est de 3 mois contre près d'un an en Europe… Cependant, cette apparente réussite masque de profondes inégalités qui réduisent à néant le compromis salarial fordiste en vigueur avant le premier choc pétrolier : l'emploi manufacturier stagne, ce sont donc les services qui créent des emplois, la plupart du temps par dédoublement d'un emploi préexistant, pour ne pas avoir à payer des heures supplémentaires à un taux majoré. Or, dans ce secteur à faibles gains de productivité, les salaires sont peu élevés et l'emploi précaire se généralise : de plus en plus d'actifs occupés vivent au-dessous du seuil de pauvreté et n'ont pas les moyens de se payer la couverture sociale facultative, à l'image des 25 millions de salariés américains dépourvus de protection sociale en 1992 !

L'entrée dans une période de croissance ralentie après 1973 semble donc marquer la fin d'une époque, d'où le sentiment de crise. Les anciennes régulations ne fonctionnent plus et les politiques économiques et sociales, s'imposant peu ou prou dans tous les PDEM, portent le sceau du libéralisme. Cette crise apparaît comme une nouvelle « grande transformation » du capitalisme qui, après avoir reculé sous la pression des sociétés pendant les Trente Glorieuses, impose à nouveau son mode de régulation économique et sociale.

2. La mutation du capitalisme

L'idée d'une mutation du capitalisme peut être soutenue par la transformation du mode de croissance : d'une logique industrielle, on passe à une logique financière. De plus, le capital financier se jouant des frontières et des stratégies nationales, la compétition économique s'effectue désormais au niveau mondial.

2.1. *La remise en cause du mode de croissance*

L'État-providence a caractérisé le mode de croissance des Trente Glorieuses. De même, la finance était largement subordonnée à l'industrie, afin de permettre à celle-ci la réalisation d'une production de masse. Ces deux pierres angulaires de l'édifice fordiste sont progressivement mises à mal.

2.1.1. Les limites de l'État-providence

• *Les crises de l'État-providence*

Dans *La Crise de l'État-providence* (1981), P. Rosanvallon distingue trois crises simultanées du système redistributif dans les PDEM :

- une crise financière mise en exergue par une progression plus rapide des dépenses de protection sociale (taux de croissance annuel moyen compris entre 7 et 8 % par an en France depuis 1974) alors que les recettes ne progressent plus qu'à un rythme ralenti (de 1 à 3 % par an) du fait du ralentissement de la croissance et de la diminution relative du nombre d'actifs occupés cotisants. L'augmentation des dépenses est explicable par l'accroissement de l'espérance de vie — qui entraîne davantage de prestations vieillesse et de versements de retraites — par une demande accrue de soins — l'offre privée étant confrontée à une demande socialisée qui en répartit le coût — et enfin par la nécessité de prendre en charge davantage de situations sociales périlleuses du fait du chômage de longue durée ;
- une crise d'efficacité révélée par un alourdissement sensible des prélèvements obligatoires pour financer la « machine égalitaire » alors que celle-ci n'est pas capable de s'opposer à la montée de l'exclusion sociale, et que la qualité des prestations n'est pas toujours aisée à maintenir du fait des coupes sombres dans les budgets. De plus, le dispositif de protection sociale pèse sur le coût du travail et, par conséquent, sur la compétitivité des entreprises ;
- une crise de légitimité quand les actifs occupés qui cotisent sont pressurisés et ressentent l'impression de payer pour les autres. En effet, certains ne sont plus incités à travailler car leur employabilité est telle qu'ils ne peuvent espérer un emploi typique : dès lors, l'inactivité assortie de prestations sociales pourra être plus rentable économiquement qu'un emploi précaire à temps partiel… La solidarité sociale est alors remise en question par ces comportements de passagers clandestins.

• *L'intervention de l'État, facteur de déséquilibres ?*

Dans la logique libérale, le rôle de l'État est réduit à la portion congrue. Il est dès lors compréhensible que les auteurs néo-libéraux s'échinent à montrer que l'intervention publique est la source même de la crise ; les raisons sont à la fois micro et macro-économiques :

- au plan micro-économique, le financement de l'intervention publique nécessite des prélèvements toujours croissants (loi de Wagner) qui sont jugés contre-productifs car ils pénalisent les vertus des ménages considérées comme essentielles : travailler plus pour augmenter son niveau de vie, épargner pour accroître son niveau de vie futur… De plus, la thèse du « chômage volontaire » développée par M. Friedman débouche sur une littérature critiquant les dispositifs de protection sociale accusés d'encourager l'inactivité et le travail clandestin ;

■ au plan macro-économique, l'intervention publique n'est pas efficace selon les théoriciens du *public choice* car elle donne lieu à des gaspillages, la production des services non marchands n'étant pas gérée rationnellement. Pour M. Friedman, l'intervention publique est inflationniste puisqu'elle est financée directement ou non par une augmentation de la masse monétaire. Pour les auteurs de la théorie des anticipations rationnelles*, les interventions des pouvoirs publics sont inefficaces car les agents économiques, rationnels et bien informés, ont le pouvoir de les devancer et d'en atténuer les effets : les coûts persisteront, mais les effets bénéfiques recherchés seront fortement limités. Enfin, la pratique du déficit budgétaire en période de croissance ralentie accroît l'endettement public, et la satisfaction de ce besoin de financement assèche l'épargne disponible pour financer l'activité économique et provoque une hausse durable des taux d'intérêt : le secteur non marchand se développe alors au détriment du secteur privé, c'est l'effet d'éviction des dépenses publiques.

cf. *synthèse* p. 188

Ces critiques visent à montrer que l'intervention de l'État déstabilise les marchés et empêche leur autorégulation, cette « main invisible » censée depuis A. Smith éviter les crises durables en obligeant les sociétés à évoluer pour permettre le retour à un équilibre général.

Pourtant, l'intervention publique continue d'exercer des effets macro-économiques positifs. Les États-Unis doivent leur prospérité davantage aux retombées des dépenses militaires des années 83-88 qu'aux diminutions d'impôts pratiquées par les républicains. Les dépenses publiques constituent en effet un des éléments de la demande globale et l'effet multiplicateur incontestable : l'adoption de budgets restrictifs se traduit en général par une récession si elle n'est pas compensée par l'accroissement d'une autre composante de la demande globale. La redistribution est certes une entrave au développement d'un « marché libre » du travail, mais elle permet également de stabiliser la consommation des ménages lorsque le chômage frappe durement : c'est en effet par le secteur des biens de consommation que se diffuse une crise, qui touche ensuite les entreprises en amont. Les revenus de transfert entretiennent la demande et évitent alors la déflation. Enfin, plus de flexibilité salariale, ou de l'emploi, change profondément la donne pour les entreprises dont le carnet de commande se remplit ou se vide au gré des fluctuations des revenus et des angoisses des clients face à un avenir bouché. Le futur devient moins prévisible et les anticipations nécessaires pour les investissements sont reportées au dernier moment, d'où l'accentuation du caractère cyclique de l'activité : n'a-t-on pas proclamé que les années 80 étaient caractérisées par le retour des cycles courts ?...

2.1.2. La révolution financière

Lors des Trente Glorieuses, les marchés financiers jouaient un rôle mineur dans le financement de l'activité économique : jusque dans les années 70, le financement intermédié représentait près de 70 % du besoin de financement des sociétés et quasi-sociétés non financières. Ce financement majoritairement par le biais du crédit était fortement contrôlé par l'État, notamment avec l'encadrement du crédit*. Pour financer des déficits croissants sans alimenter l'inflation, les gouvernements cherchent à libéraliser les échanges de capitaux, stratégie libérale censée permettre un financement à meilleur coût. Dans les années 80, les PDEM abandonnent donc tour à tour l'économie d'endettement pour une économie de marché financier.

• *Les mutations financières*

Les mutations des systèmes financiers se traduisent essentiellement par trois transformations structurelles :

- la désintermédiation financière : à la fin des années 80, le taux d'intermédiation dépasse à peine les 50 % en France. Les entreprises financent certes davantage leurs investissements sur leurs fonds propres, mais surtout utilisent davantage la finance directe, profitant des nouveaux instruments financiers et des nouveaux marchés ;
- le décloisonnement des marchés correspond à la suppression des frontières entre des marchés autrefois compartimentés. Il se traduit par une ouverture des marchés nationaux aux agents économiques extérieurs mais surtout par le choix proposé à tout agent en capacité ou en besoin de financement d'intervenir sur le marché qui lui propose les conditions les plus favorables : marché monétaire pour les placements ou emprunts à court terme, marchés financiers pour les placements ou emprunts à plus long terme (création en 1983 du Second marché en France), marché à terme (création en 1986 du Marché à terme des instruments financiers — MATIF — devenu marché à terme international de France), marché des changes où s'échangent entre elles les monnaies. Ces différents marchés forment, au niveau international, un marché mondial fonctionnant en continu et en temps réel grâce aux réseaux de communication ;
- la déréglementation consiste à supprimer les contraintes s'exerçant sur la libre circulation des capitaux. Elle débute dans les années 80 par l'ouverture du système financier japonais sous la pression américaine, et se poursuit avec la fin de la gestion administrée de la création monétaire et la suppression du contrôle des changes en Europe, avant la formation d'un marché unique des capitaux au sein de l'UEM en 1990.

En définitive, ces mutations financières, auxquelles il faut rajouter les innovations de produits (renouveau des SICAV*, lancement des plans d'épargne en actions) pour attirer les petits épargnants, entraînent une accélération de la mobilité des capitaux. C'est ce phénomène de formation d'un marché de l'argent au niveau mondial qui est qualifié de globalisation financière.

• *Le gonflement de la sphère financière*

Conséquence de ces mutations, le volume de transactions effectuées sur le marché des changes a été multiplié par 4 entre 1980 et le début des années 90, pour atteindre 1 000 milliards de dollars par jour. Ces opérations représentent jusqu'à cinquante fois la valeur des échanges internationaux de biens et de services à cause des mouvements spéculatifs sur les devises. Le monde de la finance serait ainsi déconnecté de l'économie réelle, comme le montre l'évolution des indices boursiers de la France et de l'Allemagne en 1993 : ils progressent de 22 % pour la première et de 45 % pour la seconde alors que ces deux pays subissent une sévère récession !...

Selon M. Aglietta, l'évolution des taux d'intérêt, donc celle du cours des valeurs mobilières, « surréagit » (phénomène d'*overshooting*) aux aléas du moral des agents économiques : la reprise de l'activité économique se traduit ainsi par des anticipations inflationnistes, en particulier par crainte des revendications salariales ; les agents prévoient donc une hausse des taux d'intérêt qui rendrait plus attractifs des placements monétaires, ils vendent donc leurs actifs mobiliers, dont le cours baisserait, pour acheter des titres monétaires avant que ceux-ci ne soient trop fortement valorisés. Il suffit souvent d'une rumeur, pour lancer le processus, chaque agent cherchant à devancer les autres.
Qu'il s'agisse du marché des changes, du marché monétaire ou des marchés mobiliers, les mêmes mécanismes entrent en œuvre. Les entreprises subissent les contrecoups de ces fluctuations erratiques de la sphère financière :

- celles qui exportent peuvent ainsi être privées d'une partie de leurs recettes d'exportation du jour au lendemain à la suite d'une dépréciation d'une monnaie étrangère ;
- celle-ci peut aussi agir sur le marché intérieur : celui du poisson en France, est envahi à partir de 1993 par des produits espagnols ayant amélioré leur compétitivité-prix après la dévaluation de la peseta ;
- la crainte d'une brusque montée des taux d'intérêt fait hésiter les entreprises qui souhaitent investir et les pousse à se désendetter dès que possible, avant de songer à investir à nouveau : l'amélioration du taux de profit ne garantit donc pas « les investissements de demain et les emplois d'après-demain... » ;
- les agents économiques disposant d'un patrimoine de rapport s'enrichissent plus vite alors que les salariés connaissent une érosion de leur niveau de vie : les inégalités se creusent entre les plus riches et les plus pauvres en France entre 1990 et 1994.

À la suite de M. Aglietta, on peut donc penser que l'économie est dorénavant au service de la finance. Les responsables politiques à la recherche de nouveaux moyens de financement pour les déficits publics — ayant enclenché le processus de libéralisation des échanges de capitaux — ont mis le doigt dans un engrenage qui leur ôte peu à peu leurs prérogatives. Ainsi, les Banques centrales ne sont pas réellement indépendantes puisqu'elles sont sous la coupe des marchés au lieu de dépendre de pouvoirs démocratiquement élus ! Avec une marge de manœuvre qui se réduit, pourront-ils longtemps garder leur légitimité ?

2.2. *La globalisation*

Ce terme est d'origine anglo-saxonne. Il désigne le phénomène que les auteurs français qualifient de mondialisation, c'est-à-dire la formation d'un marché mondial des biens et des services, en plus d'un marché mondial de l'argent. Cette évolution des échanges internationaux est révélée par l'essor constant du commerce international depuis les années 70, avec un rôle de plus en plus marqué des FMN.

2.2.1. L'essor du commerce international

• *La croissance du commerce mondial*

Dans les premières années des « Vingt Médiocres », le commerce international de produits manufacturés a été ralenti par l'impact récessionniste

des chocs pétroliers. Mais, contrairement à la dépression des années 30, les pays développés ont résisté aux tentations protectionnistes, et le commerce mondial a continué à croître. Entre 1985 et 1996, le volume des exportations mondiales de marchandises a été quasiment multiplié par 2 alors que le PIB mondial n'augmentait que de 27 % environ : depuis plus de 10 ans, le commerce mondial de marchandises croît régulièrement plus vite que la production. Les échanges mondiaux de marchandises atteignent ainsi en 1996 la barre symbolique des 5 000 milliards de dollars (soit environ trois fois le PIB de la France) auxquels il faut rajouter environ 1 200 milliards de dollars de services, la part de ceux-ci dans le commerce mondial au sens large s'élargissant du fait de la tertiairisation des systèmes productifs.
En parallèle, les droits de douane moyens diminuent régulièrement dans les pays industrialisés : de 12 % dans les années 70, ils passent à 8 % dans les années 80 et à 5 % dans les années 90. Malgré les difficultés auxquelles elles sont confrontées, les économies industrialisées s'ouvrent de plus en plus à l'extérieur qui, il est vrai, contribue de plus en plus à leur croissance. L'INSEE a calculé que la contribution du solde commercial à la croissance française est de 36 % en 1997, c'est-à-dire davantage que la consommation des ménages (contribution de 27 % à la croissance). Dans un contexte d'ouverture internationale croissante, l'augmentation plus rapide des échanges que de la production rend les économies plus dépendantes de la conjoncture mondiale.

• *La redéfinition de la division internationale du travail*

Jusque dans les années 70, il existait une division internationale du travail (DIT) qui partageait le monde en producteurs de produits manufacturés (PDEM) et producteurs de produits de base (PED). Or, cette DIT a évolué dans plusieurs directions :

- la part des produits manufacturés s'est accrue dans le commerce mondial, passant de 61 % en 1973 à 72 % en 1991, essentiellement au détriment des produits agricoles dont la part est passée de 29 à 12 %, soit en définitive moins que les produits minéraux (13 % en 1991) ;
- la part des PED diminue de manière modérée dans les exportations mondiales entre 1979 et 1993 (-3,6 %), mais celle de l'Asie en développement double, alors que celles de l'Amérique latine, du monde arabe et de l'Afrique noire régressent plus ou moins fortement (respectivement -17,8 %, -58,3 %, -60 %). Les PED spécialisés dans les produits de base reculent en matière d'insertion dans la commerce international alors que ceux qui produisent des produits manufacturés jouent un rôle de plus en plus important ;
- les pays développés réalisent une part croissante du commerce international, puisque de 66,8 % des échanges mondiaux en 1979, leur part est passée à 71,8 % en 1993, alors qu'ils absorbent toujours autour de 70 % des exportations mondiales. Mais si en 1990 l'Europe occidentale et l'Amérique du Nord réalisaient entre elles 47,9 % des échanges mondiaux (contre 43,2 % en 1970), c'est la zone Asie/Pacifique qui profite surtout de l'embellie du commerce international avec un doublement de la part de ses échanges régionaux ;
- les échanges entre pays développés sont de moins en moins fondés sur la spécialisation internationale, mais plutôt sur les échanges intrabranches, c'est-à-dire sur les échanges croisés de produits similaires

entre pays de niveaux de vie comparables. Le commerce intrabranches s'explique surtout par le désir de différenciation des consommateurs qui les pousse à rechercher des produits équivalents aux produits indigènes, mais permettant une consommation ostentatoire.

En définitive, le commerce interbranches concerne essentiellement les échanges entre pays développés et PED, la part de ceux-ci se réduisant du fait de la baisse des cours des produits de base depuis le début des années 80. Les pays développés et les « pays émergents » du tiers-monde réalisent de plus en plus d'échanges intrabranches, d'où la part croissante des produits manufacturés dans le commerce international.

2.2.2. Le rôle des firmes multinationales (FMN)

En 1996, au premier rang, la General Motors avait un chiffre d'affaires de plus de 168 milliards de dollars, soit un peu plus que le déficit extérieur des États-Unis la même année, dépassant aussi le PNB de la Turquie ou de l'Autriche ! En 1992, les 35 000 FMN et leurs 147 000 filiales réalisaient un chiffre d'affaires représentant la moitié du PNB mondial et elles employaient 73 millions de salariés dans la monde. Ces données impressionnantes illustrent le fait que les FMN jouent un rôle accru dans le commerce international, par l'intermédiaire des investissements directs à l'étranger* (IDE).

• *La montée des investissements directs à l'étranger*

Entre les années 70 et le début des années 90, les flux annuels moyens d'IDE ont été multipliés par 6 en dollars courants, de même que leur montant cumulé : sur cette période, ils ont donc augmenté plus vite que la production.
La répartition géographique des IDE s'est modifiée entre ces deux décennies : la part de ceux destinés aux PED se réduisait régulièrement depuis la fin de la Première Guerre mondiale, jusqu'à atteindre à peine 20 % en 1991. Or depuis 1991, les PED attirent de plus en plus d'investisseurs étrangers, au détriment des PDEM : en 1996, les investissements dans les PED atteignent 385 milliards de dollars, soit 3 fois plus qu'en 1990. Ce phénomène est explicable par la convergence de plusieurs mécanismes :

- dès qu'une entreprise de grande taille dispose d'un avantage sur un marché (nouveau produit, nouvelle technique de production, effet de marque...), elle cherche à le renforcer en augmentant son échelle de distribution, en achetant des concurrents éventuels ou en nouant des alliances avec des partenaires étrangers. L'importance des sommes affectées à la recherche et au développement (R & D) justifie ce souci de rentabilité rapide. L'échelle internationale est la seule à permettre des retombées rapides de ces investissements immatériels ;
- les « pays émergents »* à croissance rapide présentent des rentabilités économiques potentielles élevées et leurs marchés boursiers connaissent des performances plus que correctes depuis le début des années 90, malgré quelques « ratés » (crises financières du Mexique en décembre 1994 ou en Thaïlande en 1997...). Ces « pays émergents » reçoivent donc à la fois davantage d'investissements productifs et d'investissements en portefeuille. Comme la capitalisation boursière* des « pays émergents » hors Hong-Kong et Taïwan a augmenté de plus de 150 % entre 1987 et 1996, ce sont les investissements de portefeuille

qui entraînent l'ensemble : entre 1990 et 1996, les investissement boursiers privés vers les PED ont été multipliés par 19 en dollars courants !

Le développement des IDE se traduit par la mise en place d'une décomposition internationale des processus de production, qui tend à se substituer à l'ancienne DIT : les PED exportent dorénavant davantage de biens manufacturés, mais ceux-ci sont encore largement des *inputs* qui entrent dans la composition de produits élaborés montés dans les PDEM.

• *Le commerce captif*

Le commerce captif désigne les échanges entre FMN. Il provient essentiellement des opérations d'achats-ventes entre filiales d'une même firme, ou entre la maison-mère et les filiales. Il représente aujourd'hui plus de 30 % du commerce mondial, mais près de 50 % des exportations et des importations des États-Unis. Pour certains auteurs, il est nécessaire de rajouter les échanges entre FMN ainsi qu'entre une FMN et une firme mono-nationale, pour arriver à la notion de « commerce transnational » qui désigne les échanges internationaux réalisés par les FMN.

Or, ces échanges s'effectuent sur une base autre que celle du marché, c'est-à-dire les lois de l'offre et de la demande. Les FMN pratiquent des prix de transfert, qui sont imposés par les maisons-mères dans une perspective d'optimisation. Il s'agit d'agir sur les prix pour faire croître artificiellement la valeur ajoutée des établissements installés dans des pays à fiscalité légère, pour limiter la valeur ajoutée, donc les bénéfices (et les impôts qui les grèvent) dans les établissements assurant le montage final. La nationalité du produit final étant bien sûr celle de l'entreprise assumant les dernières étapes du processus de production. Le choix de ce site est réalisé à l'aide d'un arbitrage entre des coûts de production plus élevés et les avantages retirés (contournement des barrières douanières, main-d'œuvre plus qualifiée...). Ces « multinationales de style nouveau », selon l'expression de l'économiste britannique J. Dunning, ne disposent plus que de filiales-ateliers, avec lesquelles elles composent un réseau de production, conservant elles-mêmes la maîtrise des techniques de production et de la commercialisation.

Conclusion

Le capitalisme a engagé sa grande mutation dans les années 70. Les entraves à un fonctionnement autonome des marchés sont une à une éliminées. Les systèmes économiques des pays développés s'adaptent à la mondialisation des échanges et à la mobilité internationale du capital, mais cette douloureuse adaptation provoque des ajustements économiques et sociaux délicats. Le développement d'un chômage de masse en Europe constitue alors le pendant d'une dégradation globale des niveaux de vie, constatée dans les pays anglo-saxons. Les auteurs libre-échangistes prévoyaient une harmonisation de la rémunération des facteurs de production au niveau mondial : celle-ci s'opère pour l'instant à la baisse dans les PDEM, même si son poids n'est pas partagé partout de la même façon.

Synthèses

1. Le ralentissement des gains de productivité

Par productivité, on entend généralement le rapport entre les quantités produites et les quantités de facteurs de production utilisées pour produire. Intéressons-nous ici plus spécifiquement à la productivité apparente par tête du travail. Elle est définie par : productivité apparente par tête du travail = PIB/effectifs employés.

Les gains de productivité sont obtenus en rapportant la croissance et la variation des effectifs : on peut les estimer en effectuant la différence des deux taux de croissance.

Plusieurs analyses existent pour expliquer le ralentissement des gains de productivité depuis la fin des années 60 :

- si le rapport augmente moins vite, c'est que la croissance elle-même est plus faible entraînant ainsi une moindre augmentation de la productivité. Le ralentissement des gains de productivité ne reflète alors que le tassement de la croissance ;
- la tertiairisation du système productif correspond au passage d'une part de plus en plus grande de la population active vers le secteur où, selon J. Fourastié, les gains de productivité sont les plus faibles car le progrès technique y est lent. Au niveau macro-économique, ce déversement provoque un ajustement à la baisse des gains de productivité ;
- les gains de productivité moins élevés correspondent à la remise en cause de l'organisation taylorienne du travail, clé de voûte de l'ajustement entre consommation de masse et production de masse. Il existe des facteurs explicatifs internes : la course à la productivité entraîne une augmentation des cadences qui atteignent les limites de ce que peuvent supporter des salariés qui, de plus, sont mieux formés et plus exigeants sur leurs conditions de travail que leurs prédécesseurs, d'où une montée du coulage*, de l'absentéisme, du *turn-over**, grevant les coûts de production. De plus, les consommateurs recherchant dorénavant davantage de produits de différenciation, le taylorisme, basé sur une standardisation des produits, ne peut plus constituer sous sa forme primitive, l'essentiel de la nouvelle organisation du travail.

2. Les théories néo-libérales

Introduction

Sont ainsi dénommées les analyses d'inspiration libérale, apparues pendant l'ère keynésienne, après la Deuxième Guerre mondiale. Elles sont qualifiées de « néo » pour marquer leur postériorité par rapport aux derniers auteurs néo-classiques des années 30 (avant la « révolution keynésienne »).

1. Le monétarisme

Héritier de l'école quantitativiste, en référence à la Théorie quantitative de la monnaie (TQM), le monétarisme a pour chef de file le prix Nobel 1976, M. Friedman. Pour ce dernier, une relecture de la TQM permet de montrer que toute inflation est forcément d'origine monétaire. En d'autres termes, c'est un excès de création monétaire par rapport à la croissance économique, qui est facteur d'inflation. Friedman souligne en particulier que l'intervention de l'État est structurellement inflationniste, mais que ces effets réels sont quasi inexistants.

2. L'École du *Public choice*

Représentée notamment par G. Tullock ou J. Buchanan (prix Nobel 1986), ce courant néo-libéral s'applique à évaluer, avec les outils de la micro-économie, le fonctionnement des administrations publiques ou les productions de services non-marchands par les administrations publiques et leurs satellites. Les auteurs du « choix-public » développent une vision critique de l'intervention publique, laquelle est influencée par d'autres motifs que l'allocation optimale des ressources (choix politiques, clientélisme, phénomène de passagers clandestins…).

3. L'économie de l'offre

Les économistes de l'offre, au premier rang desquels figurent les californiens A. Laffer et G. Gilder, tentent de montrer que c'est l'intervention de l'État qui crée les difficultés économiques contemporaines, en pénalisant l'offre, tant l'offre de produits que l'offre de facteurs de production. Cette « nouvelle loi des débouchés », basée sur la célèbre courbe de Laffer, essaie de montrer qu'au-delà d'un certain niveau optimal d'imposition, tout accroissement de la pression fiscale se traduit par des effets pervers sur l'activité et le budget de l'État : activité découragée par l'excès de prélèvements, inactivité valorisée, fraude fiscale, se combinent pour expliquer une baisse des recettes et une augmentation du déficit budgétaire, d'où de nouveaux impôts et de nouveaux effets pervers…

Trop d'impôt tue l'impôt

Conclusion

Les analyses néo-libérales forment donc un ensemble hétérogène réuni autour de valeurs communes (la foi en l'individu) et des critiques coinjointes sur l'intervention de l'État. Toutes ces théories s'accordent en effet pour reléguer celui-ci à ses missions régaliennes, en y ajoutant parfois l'éducation puisqu'elle est source d'externalités positives.

Clés et repères

Capitalisation boursière : il s'agit de la valeur, à une date donnée, d'une société cotée en bourse. On l'obtient en multipliant le nombre d'actions dans le capital social par le cours observé pour une action. Dans une place boursière, la capitalisation désigne la valeur, ainsi mesurée, de toutes les sociétés qui y sont cotées.

Choc pétrolier : multiplication par quatre des prix du pétrole, décidée unilatéralement par les pays de l'Organisation des pays exportateurs de pétrole (OPEP) en octobre 1973, initialement en réaction à l'occupation des territoires palestiniens occupés par les troupes israéliennes.

Closed-shop **:** principe anglo-saxon selon lequel l'embauche était réservée aux travailleurs syndiqués dans les organisations ayant passé des accords avec les entreprises.

Contrainte extérieure : limitation de l'autonomie des politiques économiques et sociales en économie ouverte, due en particulier à l'obligation d'équilibrer les échanges extérieurs à terme, sous peine d'endettement durable vis-à-vis du reste du monde.

Coulage : terme appartenant initialement au vocabulaire de la fonderie, désignant en général une pièce ratée de façon accidentelle, ce qui le distingue du sabotage, qui correspond lui à un ratage volontaire.

Encadrement du crédit : a constitué l'un des moyens privilégiés de la politique monétaire dans plusieurs pays industrialisés, dont la France entre 1976 et 1986. Il consiste à rationner les crédits qu'un établissement financier peut accorder à sa clientèle, en pénalisant les dépassements pour les rendre coûteux pour la banque. Lorsque les capitaux se déplacent librement, cette mesure devient inefficace car il est possible à une banque de se procurer des liquidités sur une autre place financière.

Investissements directs à l'étranger : ils correspondent à des dépenses effectuées par une firme en dehors de son pays d'origine, en vue de contribuer à la production du reste du monde. Ils se présentent sous forme de participation (partielle ou totale) au capital social d'une firme étrangère, à l'acquisition d'au moins 10 % du capital social d'une société existante, au réinvestissement en dehors des frontières nationales des bénéfices d'une filiale étrangère, ou à des opérations financières entre la maison-mère et ses filiales (avance de trésorerie, prêts...).

« Pays émergents » : expression désignant, dans les années 80, les pays en développement dont les marchés financiers connaissaient un essor rapide. De nos jours, on applique plutôt ce qualificatif à des pays dont la croissance est très forte, c'est-à-dire plus de 5 % par an minimum.

Politique de désinflation compétitive : politique économique visant à lutter contre l'inflation en limitant la progression des salaires et en adoptant des taux d'intérêt élevés dans le but d'accroître la compétitivité-prix des produits nationaux dont les prix sont censés augmenter moins vite que les produits étrangers, donc de favoriser l'apparition d'excédents commerciaux.

SICAV (Société d'investissement en capital variable) : créée en 1964, il s'agit de société de gestion d'un portefeuille boursier diversifié, dont on peut acheter ou vendre des parts, donnant lieu au versement éventuel d'un dividende.

Stop and go **:** politique conjoncturelle contracyclique visant alternativement à ralentir l'activité par crainte de l'inflation en période de forte croissance (*stop*) ou à la relancer en période de récession pour éviter la progression du chômage (*go*).

Théorie des anticipations rationnelles : c'est l'une des bases de la nouvelle économie classique (T. Sargent, R. Lucas...). Selon cette théorie, les agents économiques sont parfaitement rationnels et fondent leurs anticipations sur la meilleure information disponible. Ils ne pourront donc être leurrés longtemps sur les effets illusoires d'une politique économique. Dès lors, les interventions discrétionnaires de l'État doivent être abandonnées au profit de règles bien instituées qui n'introduiront pas de dysfonctionnement dans l'économie.

Turn-over : anglicisme désignant la rotation du personnel dans un même atelier, un même bureau ou établissement. On le mesure par le taux de *turn-over* (rapport entre le nombre de départs du site sur une période donnée et l'effectif moyen sur la période). Un taux de *turn-over* élevé indique une détérioration des relations sociales du travail.

Chapitre 11

L'éclatement du tiers-monde

Cours

Introduction

L'appellation « pays du tiers-monde » désigne, par analogie au « tiers état » de l'Ancien régime, les pays qui ne comptent pas dans la prise de décision, ceux qui semblent voués à suivre des directions qu'on aurait choisies pour eux… Paradoxalement, la crise a donné aux pays en développement l'occasion de prendre une plus grande part dans l'économie mondiale. Cette insertion, qui nécessite une modernisation impliquant des emprunts auprès d'organismes internationaux ou de créanciers privés, lie les PED à la conjoncture mondiale et les entraîne aussi dans la crise.

1. La crise du tiers-monde

Pour les pays du tiers-monde, les années 70 se révèlent globalement positives : leur croissance est en effet plus rapide que celle des PDEM. Les exportateurs de pétrole et de matières premières tirent leur épingle de la hausse des prix des produits de base, mais l'essentiel de leur croissance, notamment industrielle, provient du marché intérieur, lequel a pu trouver de nouveaux financements extérieurs.

1.1. La crise de la dette

L'endettement du tiers-monde est en constante progression :

Endettement du tiers-monde en milliards de $ courants					
	1974	**1980**	**1986**	**1992**	**1996**
Dette totale	136	572	1 089	1 510	2 177*

Source : Banque mondiale.

* : estimation.

Dans le contexte des années 70, l'endettement pouvait apparaître comme un moyen rationnel de financer le développement. Or, ce n'est pas l'endettement qui est seul en cause, mais surtout l'incapacité à rembourser les dettes. Le service de la dette, c'est-à-dire le montant des remboursements augmenté des intérêts payés, doit être assuré par la production, et en particulier par les recettes d'exportation. En s'endettant avec la bénédiction des autorités internationales, le tiers-monde s'expose à une dépendance accrue vis-à-vis des PDEM.

1.1.1. Les causes de l'endettement

• *Le financement des stratégies de développement*

Quel que soit le modèle de développement retenu, chaque PED pouvait être conduit à emprunter auprès d'agents extérieurs :

- les pays misant sur l'extraversion, comme la Corée du Sud, plus généralement comme les nouveaux pays industrialisés (NPI), ont besoin de financer leurs investissements dans les secteurs exportateurs, ou dans les secteurs liés à la substitution d'importations ;
- les pays ayant opté pour un développement basé sur les « industries industrialisantes » doivent financer la mise en place des industries lourdes (Algérie) ;
- les pays souhaitant stimuler la consommation privée, se doter d'infrastructures de transports, de dispositifs sanitaires et médicaux, ou désireux de mettre sur pied une armée moderne, empruntent également, souvent avec l'assentiment des décideurs occidentaux.

Face à cette demande, les organismes prêteurs accordent des emprunts, pour des raisons tant économiques que politiques :

- les pétrodollars ont succédé aux eurodollars pour former des surliquidités bancaires : les banques disposant de dollars en quantités abondantes accordent des emprunts aux PED, dont la solvabilité paraît en outre assurée par l'augmentation régulière du prix des produits de base sur les marchés mondiaux ;
- les organismes internationaux utilisent les prêts aux PED pour des motifs divers : les crédits aux PED alimentent la demande en produits manufacturés adressée aux PDEM, donc entretiennent leur croissance ; les prêts à des PED peuvent les détourner de l'influence des pays socialistes.

• *Les fluctuations des cours mondiaux des produits de base*

La récession causée dans les PDEM par le second choc pétrolier et la politique monétaire restrictive pratiquée par les autorités monétaires américaines réduisent les importations en provenance des PED et provoquent une contraction de leurs débouchés.

Cette évolution accentue l'impact des erreurs dans les stratégies de développement : investissements surdimensionnés, investissements non productifs d'apparat, choix de mono-spécialisation dans un ou quelques produits primaires... La hausse du prix des produits de base est stoppée et les termes de l'échange commencent même à se dégrader par rapport aux prix des produits industriels exportés par les PDEM. Lorsque le cours des produits de base diminue, l'emprunt reste pourtant le seul moyen d'assurer le même niveau de dépenses publiques, pour lesquelles les effets de cliquet* entraînent des rigidités à la baisse : les PED dont les régimes politiques ne sont pas toujours assurés, peuvent avec raison hésiter à remettre en cause les soldes des militaires ou les dépenses d'investissement avec lesquelles sont calmées les velléités d'autonomie de certaines régions...

Ainsi, dans de nombreux pays du tiers-monde la dette a augmenté dans des proportions inconsidérées parce que ces pays ont disposé à un moment de recettes d'exportations qui ont permis d'impulser un processus de développement, tout en donnant des gages aux organismes prêteurs, sur leur capacité à rembourser les emprunts contractés.

1.1.2. Les effets de l'endettement

• *Le remboursement de la dette et la flambée des taux d'intérêt*

À partir de la fin des années 70, la conjoncture naguère favorable aux PED s'assombrit. Les « déficits jumeaux » des États-Unis nécessitent des entrées de capitaux, donc favorisent la montée des taux d'intérêt sur le territoire américain, et poussent le dollar à la hausse. De plus, la politique monétaire restrictive de la Réserve fédérale américaine se traduit par une flambée des taux d'intérêt. Libellée en dollars, et soumise pour une large part à des taux d'intérêt variables, la dette des PED s'apprécie fortement, tandis que le recours à l'emprunt est moins facile car l'essentiel des disponibilités sont accaparées par le financement des déficits américains. Par ailleurs, l'inflation, qui avait allégé le poids de la dette dans les années 70, diminue au début des années 80, conséquence des politiques de rigueur menées dans les PDEM.

Ces deux raisons expliquent la flambée des taux d'intérêt réels qui montent à 22 % en 1982, par augmentation des taux d'intérêt nominaux d'une part, par ralentissement de l'inflation d'autre part. Il n'est donc plus possible d'emprunter pour pouvoir s'acquitter du service de la dette, sauf en acceptant de payer des intérêts prohibitifs.

Cette évolution se traduit par un alourdissement massif du « fardeau de la dette » exprimé en % des exportations comme le montre le tableau ci-dessous. Cette évolution du service de la dette signifie que les pays débiteurs sont contraints de dépenser de plus en plus de recettes d'exportation pour honorer leurs engagements, sans pouvoir les utiliser pour assurer leur développement.

Service de la dette en % des exportations des pays en développement

	1978	1980	1982	1984	1986	1988	1990	1992	1994
Service de la dette	12,3	20,5	27	24,5	27,5	25	20	19	18,5

Source : Banque mondiale.

En août 1982, le Mexique se déclare dans l'incapacité d'honorer ses engagements financiers internationaux. Il est suivi par une trentaine de pays d'Amérique centrale et d'Afrique, qui demandent également une renégociation de leur dette extérieure.

• *« Une décennie perdue pour le développement »*

Marquées par la persistance de l'endettement et l'accroissement de la charge de la dette, les années 80 correspondent à une période de « surplace » pour la plupart des PED, voire pour certains de « développement du sous-développement », selon l'expression de A. Gunder-Frank.

Taux de croissance annuels moyens en volume du PNB/hab. entre 1980 et 1989

	1980-1986	1986-1989
Afrique subsaharienne	–2,8	–1,6
Asie de l'Est (avec Chine)	+6,6	+6,6
Asie du Sud (avec Inde)	+3,2	+3,1
Moyen-Orient/Maghreb	+0,8	+0
Amérique latine (avec Caraïbes)	-1,6	+0

Source : Banque mondiale, *Rapport sur le développement dans le monde*, 1990.

Le tableau *supra* p. 194 montre en effet, que la plupart des blocs de PED sont confrontés à des rythmes de croissance beaucoup plus faibles dans les années 80. À part les pays émergents d'Asie du Sud et de l'Est, les pays d'Afrique, du Moyen-Orient et d'Amérique latine ont tous connu un appauvrissement moyen de leur population. Certes, une partie de cette baisse est imputable à la croissance démographique avec pour valeurs respectives entre 1970 et 1990, 3 %, 2,4 %, 2,2 %, 3,1 % et 2,1 %. Les pays à croissance régressive* sont aussi ceux où la croissance démographique est la plus élevée : on sait cependant que la fécondité est d'autant plus forte que le niveau de vie est faible. La relation est donc réflexive. Lorsqu'on observe simplement le rythme de la croissance économique, on retrouve une évolution parallèle mais moins accentuée. En réalité, la croissance démographique toujours forte dans les PED n'a fait qu'accentuer les tendances récessives des économies d'Afrique, du Moyen-Orient et du Maghreb ou d'Amérique latine. Conséquence logique, les Pays les moins avancés (PMA) sont de plus en plus nombreux : de 31 PMA en 1981, on passe à 42 en 1990. La crise d'août 1982 a incité les agents en capacité de financement à mieux cibler leurs projets d'investissement dans les PED, d'où une diminution des IDE dans les PED, y entraînant une baisse de l'effort d'investissement. Les PED trouvent alors moins de prêts pour financer leur développement pendant que le cours des produits de base diminue tout au long des années 80. Comme les exportations contribuent proportionnellement moins à la croissance dans les PED hyper-spécialisés dans la production de produits de base, la baisse concomitante de l'investissement renforce cet effet récessionniste et plonge les économies des PED dans le marasme, d'où l'appauvrissement global des pays du tiers-monde, malgré des évolutions disparates.

cf. *synthèse* p. 207

1.2. Le traitement de la crise

La crise de la dette de l'été 1982 donne au Fonds monétaire international (FMI)* un retour remarqué sur la scène internationale. C'est lui qui organise « l'extinction du brasier » de la dette.

1.2.1. Les mesures adoptées

Le FMI cherche d'abord à résoudre la crise en adoptant une politique que l'on qualifie d'ajustement structurel. Celle-ci est basée sur une approche monétaire de la balance des paiements. Cependant, les agents créditeurs, en particulier les banques commerciales, élaborent dès la fin 1982, des procédures pragmatiques pour limiter les dégâts résultant d'un report du paiement de la dette.

• *Les politiques d'ajustement structurel*

Les politiques d'ajustement structurel ont pour objectif l'assainissement de la situation économique et financière des PED (et des ex-pays socialistes depuis le début des années 90) : maîtrise de l'inflation, réduction du déficit budgétaire et de l'endettement, équilibre des échanges extérieurs. Elles supposent donc que le FMI intervienne dans la politique économique des PED, et n'accorde des crédits qu'aux « bons élèves ».
Selon le modèle élaboré par Polak et Mundell, un pays qui connaît un « déficit » de ses paiements courants a laissé son système bancaire octroyer trop de crédits, d'où un excès de création monétaire par rapport

à la croissance économique. En d'autres termes, les emplois des produits par les agents économiques excèdent les capacités du pays, d'où une croissance des importations. La balance commerciale accuse alors un déficit qui provoque une dégradation de la balance des paiements courants, auquel le pays doit faire face en recourant à l'endettement auprès de créanciers extérieurs.

En 1973, R. Dornbusch pose trois hypothèses pour appliquer ce schéma en système de changes flottants. D'abord, le pays doit être un « petit pays » (ou *price-taker* dans le commerce international), ce qui suppose le *libre-échange*. Ensuite, il doit être en situation de plein-emploi, à défaut avec un effet neutre de l'accroissement des crédits sur l'économie réelle. Enfin, ses autorités monétaires doivent proscrire le recours à la création de monnaie ou à l'emprunt extérieur pour financer la fuite créée par les importations. Le respect de ces trois hypothèses garantit selon Dornbusch le retour à l'équilibre des échanges extérieurs : elles deviennent les « trois piliers de la sagesse » du FMI et leur respect conditionnera le soutien de ce dernier aux régimes politiques et à leur politique jusque dans les années 90.

Les exigences du FMI sont les suivantes :

- diminution des dépenses publiques, réforme de la fiscalité et retour à un budget neutre de l'État ;
- limitation de l'offre de monnaie, en particulier restriction des crédits au secteur public ;
- fluctuation des taux de change, en prohibant le recours à des barrières tarifaires ;
- privatisations, déréglementation, en particulier du marché du travail, et libération des prix.

Pourtant, presque tous les PED sont dans une situation contraire aux hypothèses du modèle de Dornbusch et rares sont ceux qui ne sont pas contraints de violer les règles du FMI pour assurer leur développement. En effet, ils pratiquent un « protectionnisme éducateur » pour éviter que leurs industries naissantes ne soient asphyxiées par la concurrence des PDEM ; la création monétaire est un moyen fréquemment utilisé pour stimuler l'activité et l'emploi car la majorité connaît un sous-emploi chronique ; pour éviter la récession induite par une fuite de devises, le réflexe premier d'un gouvernement est souvent la création monétaire (parfois couverte par des emprunts extérieurs). Les politiques d'ajustement structurel s'opposent point par point à chacune de ces pratiques, si bien qu'elles sont souvent accusées de freiner le développement, voire de maintenir les PED en situation de dépendance vis-à-vis des PDEM et des institutions internationales qu'ils contrôlent.

En définitive, les politiques d'ajustement structurel finissent par façonner un développement à l'occidentale, marqué par une extension des rapports marchands et le poids de la finance, pour l'ensemble des PED, y compris ceux qui souhaitaient pratiquer un développement autocentré.

• *Le rééchelonnement de la dette*

Il s'agit de la transformation d'une dette en une autre, dont les échéances sont plus lointaines, ce qui a pour effet de diminuer le service annuel de la dette, mais en contrepartie accroît les intérêts totaux perçus par le créancier. On parle aussi de « consolidation de la dette » ou de « restructuration de la dette ». Ces décisions sont prises par le Club de

Paris en ce qui concerne les emprunts auprès d'organismes publics ou de gouvernements, et auprès du Club de Londres pour les emprunts consentis par les agents privés, en particulier les banques, qui se regroupent en pool auprès de celle qui détient la plus grosse créance. Le plus souvent, les mesures de rééchelonnement consenties par le Club de Paris supposent l'acceptation d'un programme d'ajustement structurel, donc l'ingérence du FMI dans la politique économique du pays.

C'est le Mexique qui bénéficie des premières mesures de rééchelonnement en 1984, en étalant le paiement de sa dette sur quatorze ans au lieu de deux ou trois. De même, en 1986, le Mexique inaugure le « plan Baker », lancé à Séoul en septembre 1985 : il s'agit de financer le remboursement de la dette en contractant de nouveaux emprunts. Ce plan restera lettre morte, les banques préférant se débarrasser de leurs créances douteuses avant d'en enregistrer de nouvelles, d'autant plus qu'elles mettent au point toute une série de techniques pour n'être pas perdantes :

- conversion des dettes en prises de participation, directe par l'échange, contre une partie du capital social d'entreprises publiques privatisées, ou indirecte par un rachat d'une créance sur le marché secondaire par une entreprise : en 1986, Nissan rachète 40 millions de dollars une dette nominale de 60 millions de dollars (décote de 33 %), que le Mexique rembourse en pesos, fournissant ainsi à l'entreprise nippone des pesos pour investir au Mexique ;
- titrisation de la dette : celle-ci est transformée en titres négociables, le plus souvent des obligations à long terme : en décembre 1987, le Mexique a ainsi transformé une dette de 3,6 milliards de dollars en 2,5 milliards d'obligations à long terme garanties par des bons américains du Trésor ;
- rachat de la dette par le pays débiteur : plutôt que de rembourser la totalité de la dette, il est plus rationnel de la racheter sur le marché secondaire où elle subit une décote. Plus la situation du pays paraît catastrophique (émeutes de la faim...), plus la décote est forte et moins le rachat de la dette est coûteux, même en payant les intérêts du nouvel emprunt contracté pour ce rachat ;
- la capitalisation des intérêts est réservée à des cas où l'impossibilité des paiements est patente, comme le Soudan ou le Nicaragua...

Utilisant encore d'autres moyens, les banques n'appliquent pas le Plan Baker dans son intégralité. Il avait pourtant pour effet de transformer la dette du tiers-monde en rente perpétuelle : ainsi, en 1989, la décote applicable à la dette brésilienne était de 72 % (une créance nominale de 1 million de dollars était achetée 280 000 !), mais les intérêts versés étaient calculés sur la valeur nominale ! Avec l'hypothèse d'un intérêt de 5 %, 5,6 années sont suffisantes à l'acquéreur pour retrouver son placement initial, avant de toucher le *jackpot* à l'échéance de la dette !

En mars 1989, le plan Brady va plus loin puisqu'il repose sur la réduction de la dette : une partie de l'endettement passe par pertes et profits, ce que les banques commerciales ont d'ailleurs largement anticipé en affectant de larges provisions (déduites des bénéfices imposables) pour couvrir ces pertes prévisibles. En 1990, c'est le Mexique qui débute l'application de ce plan, bientôt suivi par les Philippines, le Venezuela, l'Argentine... et en 1994 le Brésil. C'est d'ailleurs à cette époque que les investissements directs commencent à se développer rapidement dans les pays émergents.

1.2.2. Le bilan : un tiers-monde éclaté

Que veut dire, aujourd'hui, l'expression « tiers-monde » ? En effet, les différentes stratégies de développement adoptées par les PED n'ont pas été affectées avec la même intensité par la crise de la dette. Certains processus de développement ont été freinés alors que d'autres ont pu porter leurs fruits. Le « tiers-monde » présente une réalité éclatée, tant en termes d'industrialisation qu'en termes de conditions de vie.

• *Les processus d'industrialisation*

Les politiques d'ajustement structurel reposent sur l'engagement des pouvoirs publics des PED à réduire leur endettement extérieur, enjeu qui devient en fait l'objectif principal de leur politique économique. Les moyens préconisés par le FMI s'articulent autour de deux axes principaux : réduire les déficits publics et exporter afin de faire entrer des devises dans les économies du tiers-monde. Or, une réduction rapide des déficits publics nécessite une contraction des dépenses publiques, en particulier celles en infrastructures et en capital humain. Ce sont donc les conditions du développement à long terme qui sont menacées. De plus, l'orientation du système productif vers des activités exportatrices ne garantit pas leur adéquation à des mutations structurelles propices au développement : consacrer les maigres ressources financières disponibles à des investissements de modernisation de l'agriculture d'exportation bloque les effets d'entraînement sur le reste de l'économie et accentue le dualisme déjà présent dans la plupart des PED.
Enfin, tous les pays ne sont pas confrontés de la même façon au marasme des financements extérieurs :

- les pays les plus pauvres concentrent l'aide publique internationale, mais celle-ci tend à stagner, pour le mieux, du fait des restrictions budgétaires dans les PDEM ;
- les pays dynamiques, le plus souvent engagés dans un processus d'industrialisation, attirent les investissements directs, soit sous forme d'implantation de FMN, soit par le biais des investissements de portefeuille, mais ceux-ci sont extrêmement volatiles, comme l'attestent les flux de capitaux sortant d'Asie à l'automne 1997 ;
- les pays intermédiaires se retrouvent dans une situation inconfortable : trop « riches », ils ne bénéficient plus d'aides internationales conséquentes ; trop « pauvres », ils n'attirent pas les capitaux privés faute de pouvoir leur garantir des rendements assez élevés.

Seuls les investissements des pays de la seconde catégorie augmentent rapidement, alors que les processus d'industrialisation des deux autres sont freinés.

• *Les « coûts de l'homme » ne sont toujours pas assurés partout*

- l'évolution du PIB par habitant, soulignée précédemment, permet de montrer que de nombreux PED connaissent une croissance régressive. Cependant, d'autres indicateurs sont à prendre en compte pour apprécier l'évolution des conditions de vie dans les pays du « tiers-monde » ;
- le seuil de pauvreté est un indicateur retenu par la Banque mondiale : il correspond à un revenu annuel par habitant compris entre 275 et 370 dollars de 1985 (environ un dollar par jour en parité de pouvoir d'achat*) selon les pays. Ce seuil correspond à la dépense nécessaire pour la satisfaction des besoins physiologiques essentiels à

la survie et pour disposer des services de base en matière d'hygiène, de soins et de scolarité. La proportion de personnes situées sous ce seuil de pauvreté reste globalement constante, soit une sur cinq environ, depuis 1985, mais leur nombre s'accroît en Afrique et en Amérique latine ;

- l'approche par l'indicateur de pauvreté humaine utilisée par le Programme des Nations unies pour le développement depuis 1990 ambitionne de décrire l'évolution des conditions de vie des plus pauvres en croisant 3 critères : le pourcentage d'individus risquant de décéder avant l'âge de 40 ans, le pourcentage d'adultes analphabètes et une « variable sanitaire » synthétique basée sur la part d'exclus des soins médicaux, celle d'individus n'ayant pas accès à l'eau potable et le pourcentage d'enfants mal nourris. Là encore, la pauvreté s'est accentuée en Afrique et en Amérique latine, alors qu'elle régresse tendanciellement dans les autres zones regroupant des PED.

La crise rencontrée par les pays du « tiers-monde » depuis le début des années 80 a donc provoqué un éclatement de cet ensemble déjà passablement hétérogène. Les difficultés financières n'ont pas été répercutées sur la population avec la même acuité. Une approche différenciée en fonction des stratégies de développement appliquées est nécessaire.

2. Les mutations du tiers-monde

Une des façons d'apprécier l'évolution du « tiers-monde » est de s'intéresser à sa participation aux échanges internationaux. En 1979, les PED réalisaient près du quart (25,2 %) des exportations mondiales, tous produits confondus. En 1993, cette part est descendue à 24,3 %. Cette légère régression masque des évolutions divergentes : alors que la part des pays d'Asie en développement a doublé, celle d'Amérique latine recule de 5,6 à 4,6 % et celles de l'Afrique et du Moyen-Orient est divisée par plus que 2. Ces évolutions révèlent l'émergence de nouvelles puissances économiques et le déclin de l'Afrique dans le commerce international.

2.1. *Les économies émergentes*

Cette expression désigne les pays dont la croissance économique est à un niveau élevé, autour de 5 % par an, contre 3 % au mieux dans les PDEM. En outre, ces pays sont aussi caractérisés par un effort d'investissement particulièrement élevé. L'Asie concentre une majorité de ces pays émergents, mais l'Amérique latine participe aussi à ce phénomène.

2.1.1. Les pays émergents d'Asie

cf. *synthèse* p. 207

Parmi les NPI d'Asie, la Corée du Sud est celui dont le processus de développement est le plus précoce et le plus abouti (entrée de la Corée du Sud dans l'OCDE en 1996), et mérite donc une analyse particulière. C'est aussi le cas de la Chine, engagée à grandes enjambées dans une conversion partielle au capitalisme.

cf. *cours* p. 157

• *Le modèle coréen*

À partir de 1973, l'industrie lourde coréenne se développe très rapidement, avec des taux d'investissement particulièrement élevés car elle produit à la fois pour l'équipement des entreprises coréennes, mais aussi pour l'exportation vers les marchés occidentaux. De plus, ces activités bénéficient de gains de productivité élevés, mais possèdent des coûts salariaux relativement bas par rapport à ceux des PDEM.

Dans les années 80, les revendications salariales se font plus pressantes : fortes de leur avantage comparatif en coût de main-d'œuvre, les industries lourdes peuvent octroyer des augmentations de salaire, tout en demeurant compétitives par rapport à leurs concurrentes occidentales ou japonaises. Cette évolution induit un recentrage de l'économie coréenne sur le marché intérieur, car l'augmentation du niveau de vie permet le passage à une consommation de masse. Non seulement les entreprises coréennes trouvent des débouchés internes qui leur permettent d'amortir les fluctuations de la demande sur les marchés des PDEM, mais elles peuvent aussi compter sur une épargne qui leur permet de financer leurs investissements de façon interne. En effet, la culture coréenne, marquée par le confucianisme, valorise l'épargne par les ménages, si bien que leur taux d'épargne oscille entre 15 et 20 % de leur revenu disponible. En définitive, le modèle coréen constitue une habile combinaison de stratégies de développement, alternées dans le temps en fonction de la demande mondiale et de son intensité.

cf. *cours* p. 153

• *Quand la Chine s'éveilla…*

En 1978, Deng Xiaoping succède à Mao et décide de lancer des réformes entraînant le pays vers l'économie de marché : création de zones à régime fiscal et douanier particulier pour accueillir des investissements étrangers, légalisation de l'économie privée, relâchement du contrôle des prix, ouverture aux échanges internationaux… Le slogan « créez et enrichissez-vous » lancé à cette période semble avoir porté ses fruits. En effet, la croissance économique est supérieure à 10 % par an depuis le début des années 80, le pays attire près de 40 % des IDE à destination du tiers-monde et ses échanges internationaux adoptent une évolution quasi exponentielle. Pourtant, le miracle chinois demeure fragile car :

- les activités dynamiques se concentrent sur les régions côtières, où le niveau de vie progresse rapidement grâce aux nombreux investissements étrangers, qui stimulent également les secteurs du bâtiment et des services. Les régions intérieures sont par contre faiblement touchées par cette expansion et les conditions de vie y demeurent difficiles (un quart de la population chinoise se situe encore sous le seuil de pauvreté). Cette évolution accentue en fait un dualisme déjà présent dans l'économie ;
- les investissements étrangers se cantonnent pour l'instant dans des activités exportatrices et ne génèrent que peu d'effets d'entraînement sur l'ensemble de l'économie ;
- le secteur privé ne concerne que 15 % du volume de la production marchande non agricole. L'industrie d'État joue pourtant un rôle de moins en moins important ne représentant plus aujourd'hui qu'un tiers de la production industrielle contre les trois quarts en 1980. Ce sont en fait les entreprises collectives, créées par des pouvoirs publics locaux qui, développant une stratégie régionale, connaissent une croissance

très rapide (leur part double dans la production industrielle depuis 1980 pour atteindre 50 % de nos jours). Il est vrai qu'elles bénéficient d'un traitement de faveur de la part du pouvoir politique en matière de fiscalité, d'accès au crédit ou d'avantages liés à un clientélisme florissant.

En définitive, les agents économiques chinois ont si bien pris au mot le « petit timonier » qu'ils se sont lancés dans une course à l'enrichissement, qui certes provoque une spectaculaire expansion à court terme, mais menace le développement à long terme, notamment par une carence des investissements collectifs pourtant nécessaires à cet objectif.

2.1.2. Le réveil de l'Amérique latine

• *La croissance fragile de l'économie brésilienne*

cf. *cours* p. 156

On a souvent évoqué un « miracle économique brésilien » pour qualifier la forte croissance de l'économie brésilienne des années 60 jusqu'en 1973. Le premier choc pétrolier exerce des effets récessifs puisque le Brésil importe 80 % de sa consommation énergétique : de près de 14 % par an, la croissance de la production industrielle tombe à 6,8 % par an entre 1973 et 1979. Cette évolution tire la croissance économique vers le bas (*cf.* tableau ci-dessous). Le pays conserve cependant un certain dynamisme en recourant à un endettement extérieur croissant.

Taux de croissance annuels moyens (TCAM) du PIB brésilien entre 1973 et 1997

	1973-1979	1980-1983	1984-1990	1991-1997
TCAM (%)	7,8	1	3,5	2,8

Source : FMI.

Mais le second choc pétrolier et la contraction des débouchés nord-américains (de 24,7 % des exportations brésiliennes en 1970, les États-Unis n'en absorbent plus que 17,4 % en 1980) provoquent un ralentissement de la production, au moment même où le poids de la dette devient écrasant : 61,3 % des exportations sont consacrées au service de la dette en 1980. Les autorités sont alors amenées à conduire une politique d'austérité pour éviter un décrochage trop important du cruzeiro par rapport au dollar, ce qui alourdirait encore davantage le boulet de l'endettement.
C'est ce qui amène le président Sarney à lancer un « plan Cruzado », instaurant une nouvelle monnaie dévaluée par rapport à l'ancienne (le cruzado remplaçant le cruzeiro), une désindexation des salaires et un gel des prix. L'inflation marque le pas dans un premier temps, avant de reprendre son rythme soutenu. Les agents économiques se lancent dans une course aux dollars, dont la possession garantit un maintien du pouvoir d'achat. Ainsi, chacun « joue contre sa propre monnaie »[1], accentuant encore la spirale inflationniste.
Élu en 1989, le Président Collor annonce des mesures d'austérité qu'il sera incapable de prendre, empêtré dans des scandales à répétition qui entraînent sa chute en 1992, privant ainsi le pays d'un régime stable jusqu'en

1. Taïeb (Eric), Économies et sociétés brésiliennes, Paris, Nathan, 1989.

1995. Entré en fonction le 1er janvier, le Président Cardoso doit sa popularité en grande partie à l'efficacité du plan de stabilisation entrepris lorsqu'il était ministre de l'Économie entre 1993 et 1994. Le taux d'inflation de 5 000 % par an juste avant le premier juillet 1994 (début du « plan réal ») fut réduit à 23 % en 1995 et 13 % en 1996. Ayant réussi à ralentir l'inflation endémique qui caractérisait le pays depuis les années 50, M. Cardoso entreprend une réforme du secteur public, entamée par la mise en concurrence de Petrobras en novembre 1995 (fin des monopoles), poursuivie par une vague de privatisations (achat de la compagnie d'électricité Light par un consortium emmené par Électricité de France en 1996), et annonciatrice de réformes structurelles (fiscalité, sécurité sociale, administration...).

• *Une croissance retrouvée en Argentine*

La prise du pouvoir par les militaires en mars 1976 plaça l'Argentine sur les traces du Chili, non seulement par rapport au régime politique, mais aussi en matière de politique économique. En effet, rompant avec la politique de substitution d'importations pratiquée auparavant, Videla décida dès son arrivée au pouvoir d'une dévaluation du peso, baissa les salaires et organisa une libéralisation de l'économie (fin du contrôle des prix, révision des subventions, moindres contraintes sur le commerce extérieur...). Le nouveau régime politique attira des capitaux étrangers, rassurés par la répression militaire, si bien que la masse monétaire se révéla difficile à contrôler. Dès lors, le pays souffrit à la fois des effets d'une hyperinflation et des dégâts sociaux causés par les politiques restrictives tentées pour la freiner.

Discrédités par leur défaite dans la guerre des Malouines en 1982, les militaires passent la main. R. Alfonsin, élu président en 1983, engagea une série de réformes qui culminèrent avec le « plan austral » de 1985 : changement de la monnaie nationale (austral à la place du peso) avec une dévaluation de 40 % et un cours fixe, blocage des prix et des salaires... Le taux d'inflation fut divisé par 4,7 entre 1985 et 1986, mais le PIB recula de plus de 5 % en 1985 ! Face au mécontentement populaire, le gouvernement annonçait un assouplissement de cette politique à la mi-1986, ce qui se traduisit aussitôt par un regain d'inflation.

En 1989, le Président Menem engage une série de réformes structurelles d'inspiration néo-libérale, qui feront de l'Argentine un idéal-type de stratégie ultra-libérale de développement :

- choix de l'extraversion : de 1980 à 1992, les droits de douane passent de 28 à 15 %, et les barrières non tarifaires de 31,9 % à 8 % ;
- contraction forte des dépenses publiques avec un allégement de 10 % de la masse salariale de l'État en 1991-1992 permis par le licenciement de 100 000 fonctionnaires et le transfert de 200 000 enseignants sur les budgets provinciaux ;
- des privatisations qui touchent tous les secteurs de l'économie : pétrole, sidérurgie, transports aériens et ferroviaires, télécommunications, médias... La frénésie ultra-libérale pousse même à privatiser l'hippodrome et le zoo de Buenos-Aires !
- réforme monétaire : abolition du contrôle des changes en 1991 et valeur de l'austral arrimée au dollar.

L'État obtient des résultats qui peuvent apparaître comme probants : une inflation vaincue (de 5 000 % en 1989, elle passe à 3,8 % en 1994), la dette extérieure est réduite avec les recettes des privatisations, la croissance est de l'ordre de 8 % par an sur ces 5 années si bien que le revenu national

par habitant est multiplié par plus de 3,5 sur cette période. Le Président Menem est réélu en 1995, au moment où le « miracle argentin » commence à battre de l'aile.
En effet, la purge libérale a été menée au détriment de l'emploi, le taux de chômage est demeuré élevé depuis 1989 (13 % en 1993) et le marché intérieur atone est de plus en plus envahi par des produits fabriqués par les pays du Mercosur*. De plus, comme la politique économique est destinée à éviter le retour de l'inflation (et pour attirer ou garder des investissements étrangers) les taux d'intérêt sont élevés et bloquent la croissance. En 1995, l'économie argentine connaît une récession et la dette se creuse à nouveau. Sur le plan social, le chômage devient massif (17,1 % de la population active en 1996), les inégalités se renforcent et la pauvreté fait son retour dans un pays qui s'enorgueillissait de sa classe moyenne : en 1996 près de 20 % des ménages avaient un revenu inférieur au seuil de pauvreté, contre à peine 12 % en 1994 !...
L'évolution de ces deux pays est typique des virages économiques pris par l'Amérique latine depuis le milieu des années 80 : l'extraversion et le monétarisme remplacent la substitution d'importations et le développement autocentré naguère encouragés par la CEPAL.

2.2. *L'Afrique, laissée pour compte du développement ?*

En octobre 1997, la revue *Alternatives économiques* titrait : « Développement, l'Afrique peut-elle s'en sortir ? ». Le non-développement a la vie dure. Est-il mérité ? Dans l'affirmative, quels boulets entraveraient-ils le développement africain ?

2.2.1. L'Afrique en panne de développement

Alors qu'entre 1960 et 1981, les pays d'Afrique noire avaient connu une croissance annuelle moyenne comprise entre 3 et 4 %, les quinze années suivantes ont été largement moins fastes, avec 1,1 % de croissance annuelle pour l'ensemble de l'Afrique entre 1982 et 1994. Comme la population a continué à augmenter rapidement, le continent connaît une croissance régressive, le PIB par habitant diminuant de 0,7 % par an entre 1985 et 1995.

• *Le contrecoup d'une spécialisation dans les produits de base*

L'atonie de la croissance est confirmée par l'examen d'autres indicateurs :

- la part de l'Afrique dans le commerce mondial est passée de 3 % dans les années 50 à un peu plus de 2 % en 1995 ;
- le continent noir ne reçoit que 3 % des investissements à destination des PED, contre 60 % pour la région Asie/Pacifique, et 20 % pour l'Amérique latine et les Caraïbes ;
- la production agricole par habitant a diminué de 12 % depuis les années 60, sous l'effet, d'une part de la forte croissance démographique, d'autre part des médiocres techniques de production et de la mauvaise qualité des réseaux de communication.

L'Afrique a donc été victime d'un mouvement de marginalisation : son rôle dans les relations internationales s'est amoindri significativement depuis le début des années 80. Cette évolution est en grande partie explicable par la spécialisation dans les produits de base. Les dirigeants politiques ont souvent poursuivi une stratégie héritée de l'époque coloniale, celle d'une agriculture et d'activités extractives destinées à l'exportation, sans transformation sur place. Basé sur une logique de rente, l'objectif était de pouvoir payer les biens d'équipement et les biens de consommation avec les recettes d'exportation de produits de base. Rien d'étonnant à ce que ceux-ci représentent 98 % des exportations du Nigeria, 97 % de celles du Gabon ou 82 % au Kenya... Et encore, de nombreux pays sont-ils confrontés à des mono-productions, à l'instar de l'Ouganda qui assurait en 1991, 90 % de ses recettes d'exportations avec le café, ou la Zambie avec le cuivre à 82 %... Or, entre 1974 et 1994, le cours des matières premières a été divisé par près de 2,5 si bien que les recettes d'exportations ont fondu rapidement, favorisant un endettement croissant dont l'Afrique n'est toujours pas sortie. La reprise des années 95-96 est due en majeure partie aux redressements des cours des produits de base, qui ont augmenté de 17 % en 1994, puis de 10 % en 1995. Les pays exportateurs de la zone CFA bénéficient aussi des effets de la dévaluation du franc CFA, en janvier 1994. Cependant ce regain de croissance est fragile car le système productif est peu diversifié faute d'investissements.

• *Les conditions de vie font, pour le mieux, du surplace !*

cf. *synthèse* p. 207

Les performances médiocres des systèmes productifs africains ont bien entendu des conséquences négatives en matière de satisfaction des besoins humains, d'autant plus que la croissance démographique rend plus difficile encore cette satisfaction.
Entre 1970 et 1990, la production agricole par tête a chuté de plus de 1 % par an, si bien que dans de nombreux pays, les « coûts de l'homme » n'ont pu être assurés. Le taux de mortalité infantile a certes baissé de 175 ‰ entre 1955-1960 à 90 ‰ entre 1990-1995, mais en Amérique latine/ Caraïbes, il est passé de 165 ‰ à 65 ‰ sur la même période, soit une diminution plus rapide alors que la situation économique a évolué de la même façon dans les deux régions.
Ce particularisme africain s'explique par le maintien d'une fécondité élevée, elle-même causée par l'importance des naissances de remplacement, le maintien des femmes à l'écart de l'instruction et par la nécessité d'une descendance nombreuse qui constitue autant de bras pour une agriculture extensive. Comme la forte croissance démographique entretient une faible productivité, le surplus (quand il est présent) progresse peu et il n'est pas possible de faire « sauter le verrou agricole » faute d'investissements. De plus, une population nombreuse nécessite la création d'infrastructures scolaires et sanitaires, qui constituent autant de détours d'investissement.
Poussées par la faim, les populations quittent les campagnes pour les zones urbaines. En Afrique de l'Ouest, le milieu urbain regroupe aujourd'hui près de 40 % de la population et des deux tiers de l'activité économique, contre 15 % et un tiers en 1960. Cet afflux de population entraîne une offre structurellement excédentaire de travail, exerçant ainsi une pression sur les salaires et bloquant les progrès dans le niveau de vie des ménages. L'économie informelle* permet cependant de compenser partiellement les destructions d'emplois dans le secteur exportateur et d'occuper de nombreux actifs urbains. D'après le PNUD, en 1993 l'économie informelle créait chaque année près de 1,2 million d'emplois au cours de la décennie 80 en Afrique subsaharienne, contre 100 000 pour

le secteur « moderne ». En 1990, l'économie informelle occupait dans cette zone géographique près de 60 % de la main-d'œuvre urbaine.

2.2.2. Les interprétations du blocage du développement

Pour expliquer la panne de développement qu'a connue l'Afrique entre le début des années 80 et le milieu des années 90, plusieurs facteurs peuvent être avancés. D'une part ces difficultés peuvent être d'ordre intérieur, d'autre part elles peuvent trouver leurs causes dans des effets de domination exercés par les PDEM.

• *Un retard de développement dû à des erreurs politiques*

Dans la période de relative prospérité des années 60 et 70, on a eu, à l'égard des États africains, la même attitude que pendant la période coloniale : contrôle administratif de l'attribution des ressources, favoritisme envers un groupe social ou ethnique dans le but d'en faire un pilier du régime, accès ségrégatif aux services publics (éducation, santé...) en fonction des services rendus... Dans ce clientélisme, les stratégies uniformes de développement ont vite montré leurs limites : en Algérie, la voie des industries industrialisantes s'enlise malgré la rente pétrolière, faute d'une mise en place de débouchés élargis, le surplus étant accaparé par une nomenklatura politique ; dans le cas symptomatique du Zaïre, les recettes d'exportations profitent au clan Mobutu et à ses alliés, au lieu de financer des investissements d'infrastructures ou de transformations des produits de base. En plus des pratiques clientélistes, couramment répandues en Afrique et souvent socialement prescrites, la corruption et le vol des ressources par les dirigeants politiques expliquent comment ont été dilapidées les sommes issues du commerce international. De plus, lorsque l'honnêteté des élites n'est pas en cause, leurs choix se révèlent largement discutables. J.-C. Chesnais détaille les erreurs de politiques économiques commises par les dirigeants africains [2] :

- la stratégie d'industrialisation par substitution d'importations achoppe sur le manque de main-d'œuvre qualifiée et sur l'étroitesse du marché intérieur ;
- la surévaluation des monnaies nationales permet certes d'importer des produits manufacturés à moindre coût mais plombe la compétitivité des exportations ;
- la culture d'exportation ne se développe pas faute d'investissement, d'où un retour des paysans vers l'autoconsommation plutôt que les échanges marchands, d'où une baisse des revenus monétaires et de l'épargne.

Enfin, nombre de dépenses excessives, les fameux « éléphants blancs » tels la basilique de Yamasukro, sont improductifs mais absorbent les ressources disponibles et poussent même parfois à l'emprunt !

• *Des effets de domination par les PDEM ?*

La théorie de la domination des pays « périphériques » par ceux du « centre » est défendue par le courant tiers-mondiste, parmi lequel on trouve des auteurs comme les latino-américains R. Prebish ou H. Singer. Pour les auteurs d'inspiration marxiste, comme S. Amin ou A. Gunder-Frank, cette domination reflète une exploitation des pays de la

2. Chesnais (Jean-Claude), *La Revanche du tiers-monde*, Paris, Robert Laffont, 1987.

« périphérie » par ceux du « centre ». Voyons comment l'Afrique contemporaine trouve sa place dans cette perspective de dépendance :

- pour les « développementalistes », les effets de domination se remarquent par la dégradation des termes de l'échange. Or, le cours des produits de base exportés par l'Afrique baisse régulièrement par rapport aux produits manufacturés entre 1980 et 1994, car ceux-ci incorporent davantage de capital et de travail qualifié ;
- la domination s'exerce aussi par l'intermédiaire des transferts de technologies* car ceux-ci génèrent dépendance humaine (nécessité de spécialistes), financière (redevances à payer) et parfois en termes d'approvisionnements contractuels pour les *inputs* ;
- la dette est une forme de domination à plusieurs tranchants. D'abord, elle oblige celui qui emprunte à utiliser une partie de la richesse qu'il crée pour payer un intérêt. La dette des pays d'Afrique représente environ 2,5 fois le montant annuel de leurs exportations. Les arriérés d'intérêts, en d'autres termes les intérêts impayés, se montaient à près de la moitié de la dette de court terme en 1995, contre 13 % en 1985 : les pays d'Afrique ont été amenés à emprunter pour payer leurs intérêts (des transferts de richesses ont alors eu lieu entre le continent noir et les PDEM, en particulier la France et la Belgique) ;
- enfin les FMN, en Afrique comme ailleurs, ont leur part de responsabilité dans le blocage du processus de développement. Des grandes entreprises, européennes le plus souvent comme Elf ou Bouygues, montrent qu'elles ont clairement préféré soutenir des régimes corrompus mais en phase avec leurs intérêts, que des régimes démocratiques mais « douteux » idéologiquement.

L'Afrique apparaît donc bien comme un continent marginalisé par l'évolution des relations internationales, dépassé par le dynamisme asiatique et le réveil de l'Amérique latine. Plusieurs points positifs peuvent cependant être soulignés : des régimes démocratiques s'imposent avec le soutien de l'Occident, les cours des matières premières se sont redressés depuis 1994, et à l'extrême sud du continent, une grande puissance potentielle est en train d'émerger : la République sud-africaine dispose en effet de nombreux atouts (main-d'œuvre qualifiée disponible, richesses naturelles, infrastructures…) susceptibles d'en faire un futur pôle de croissance pour l'Afrique noire.

Conclusion

Le tiers-monde, déjà hétérogène avant le premier choc pétrolier, subit des difficultés communes à l'ensemble des pays (dégradation des cours des produits de base, crise de la dette…). Mais chaque pays y répond différemment, compte tenu de ses spécificités géo-économiques, de son histoire et de sa (ou ses) stratégie(s) de développement. En définitive, certains pays sont peu à peu marginalisés (ceux d'Afrique), alors que d'autres subsistent péniblement dans l'échange international (ceux d'Amérique latine) et que les pays d'Asie de l'Est connaissent une croissance très rapide jusqu'aux crises monétaire et financière de l'automne 1997…

cf. *synthèse* p. 208

Synthèses

1. Le palmarès du développement économique

Introduction

Les organisations internationales recourent à des classifications des pays en développement, en général dans le but de mieux cibler les aides qu'elles distribuent.

1. La classification de la Banque mondiale

Publiée chaque année dans *le Rapport sur le développement dans le monde*, elle consiste à classer les pays par groupes en fonction de l'importance de leur PNB par habitant. Celui-ci est calculé aux prix intérieurs du pays considéré, puis converti en dollars en utilisant un taux de change moyen sur les trois dernières années. En 1994, la Banque mondiale arrive ainsi à distinguer, en dollars de 1992 :

- les pays à faible revenu ont un PNB/hab. inférieur à 675 dollars. Ils regroupent une quarantaine de pays, africains et asiatiques pour la plupart ;
- les pays à revenu intermédiaire sont séparés en deux tranches : ceux dont le PNB/hab. est compris entre 675 et 2 695 dollars forment la tranche inférieure (Maroc, Pologne...). Les pays de la tranche supérieure ont un PNB/hab. compris entre 2 695 et 8 356 dollars (Brésil, Corée du Sud, Portugal, Arabie saoudite...) ;
- les pays à revenu élevé ou pays développés ont un PNB/hab. supérieur à 8 356 dollars.

2. PMA et NPI

Les PMA ont été créés par la CNUCED en 1964 et adoptés par l'ONU en 1970 pour classer les PED afin de dégager ceux pour lesquels l'urgence de l'aide internationale était absolue. Constituant un « tiers-monde dans le tiers-monde », les PMA sont définis par trois critères :

- un faible PIB PPA par habitant (moins de 500 dollars en 1994) ;
- un faible taux d'alphabétisation des adultes ;
- une contribution du secteur manufacturier inférieur à 10% du PIB.

Les NPI ont été distingués par l'OCDE en 1979 sur la base d'une croissance rapide depuis les années 60, marquée par un dynamisme industriel mesurable par les progrès de l'industrie dans le PIB et une part croissante des produits manufacturés dans les exportations. Dans le tiers-monde, les NPI de la première génération sont les quatre dragons (Hong-Kong, Singapour, Taïwan et la Corée du Sud), le Brésil et le Mexique. On y rajoute usuellement la Malaisie, la Chine, la Thaïlande, l'Inde et l'Argentine. En fait, ces pays regroupent aujourd'hui les plus gros exportateurs de produits manufacturés du tiers-monde.

Ces classements ne sont pas exempts de critiques. En effet, un raisonnement sur le PIB ne se base que sur les échanges monétaires, or la part de l'autoconsommation est élevée dans les économies à dominante agricole. Les mesures des flux ne sont pas toujours d'une grande précision. Enfin, en choisissant une approche « par habitant », on calcule une moyenne, qui ne tient bien sûr pas compte des inégalités, alors que la répartition des richesses est particulièrement inégalitaire dans les PED.

2. La crise monétaire et financière de l'automne 1997

Introduction

Le 2 juillet 1997, la Thaïlande renonce à défendre la parité bath/dollar, laissant sa monnaie se déprécier rapidement. La crise monétaire s'étend rapidement aux « petits dragons », provoquant la dépréciation des autres monnaies de la zone pacifique et des krachs boursiers en cascade. Les engagements coréens et chinois (Hong-kong) assurent la transmission de la crise vers la Corée, puis vers les marchés occidentaux et japonais, où elle prend la forme de secousses boursières à partir du 27 octobre.

1. Les causes de la crise

Cette crise peut être expliquée par un faisceau de facteurs en interaction les uns avec les autres :

- la libéralisation financière entamée depuis vingt ans a permis une libre circulation des capitaux ; dès lors, ceux-ci se déplaçant au gré des anticipations de rentabilité, la croissance remarquable de la région d'Asie du Sud-Est a attiré les investisseurs tout comme la crise les incite à quitter ces marchés... ;
- le taux d'épargne interne des pays d'Asie était déjà élevé : l'entrée des capitaux occidentaux a renforcé une offre de financement abondante, et a poussé les investisseurs à financer des investissements douteux, tout en permettant aux différentes monnaies locales de maintenir artificiellement leur parité par rapport au dollar. En retour, l'endettement extérieur pouvait apparaître avantageux car l'appréciation des monnaies locales signifiait un coût d'emprunt moins élevé ;
- en effet, la croissance accélérée se traduit par des importations en rapide augmentation (biens d'équipement et de consommation) et creuse donc le déficit commercial ; ce phénomène exerce une pression à la baisse sur les taux de change, la dépréciation de ces monnaies était donc prévisible...

En définitive, investisseurs et emprunteurs asiatiques étaient engagés dans un processus aveugle où les premiers pouvaient espérer réaliser de confortables plus-values et les seconds trouvaient des ressources financières à bon marché pour financer leurs projets d'investissement... et leurs déficits commerciaux ! L'appréciation du dollar en 1997 a accentué les déficits extérieurs, et rompu ce fragile équilibre.

2. Le déroulement de la crise

Lorsque les investisseurs au comportement naguère moutonnier s'aperçoivent de l'ampleur des déficits courants, ils anticipent une dépréciation de la monnaie locale donc de leurs actifs. Ils cherchent alors à se défausser de leurs actifs avant que ceux-ci ne soient évalués en monnaie de singe.

Les créanciers coréens (ou chinois ou japonais) engagés en Thaïlande voient la valeur de leurs actifs s'effondrer après la dépréciation du bath. Pour se couvrir, ils sont amenés à réaliser leurs avoirs dans les autres pays d'Asie, dont la Corée, provoquant une chute brutale des cours boursiers. Les agents financiers occidentaux engagés au Japon ou en Corée, (les banques françaises ont prêté environ 50 milliards de francs à des débiteurs coréens) sont confrontés à la dépréciation rapide de leurs actifs, d'où une stratégie de repli et d'augmentation des marges financières et bancaires (donc du coût du crédit) dans les pays occidentaux, d'où un risque de récession...

L'instabilité boursière constatée pendant la fin de l'année 1997, et ce malgré les plans de sauvetage du Fonds monétaire international ou de la Banque mondiale, est explicable par la faible lisibilité de la finance internationale. D'autres places financières sont engagées dans une bulle spéculative (Wall Street, Amérique latine) et les chutes des cours boursiers qui y ont été observées expriment la méfiance des agents économiques face à des cours surévalués. Les systèmes bancaires et financiers nationaux pourraient aussi être affectés par les contrecoups de cette crise : tous les ingrédients seraient alors réunis pour une récession mondiale.

Clés et repères

Croissance régressive : un pays est en situation de croissance régressive lorsque son PIB croît moins vite que sa population de sorte que le PIB par habitant diminue : en moyenne, les habitants s'appauvrissent.

Économie informelle : (ou secteur informel) terme utilisé depuis 1972 par des institutions internationales comme la Banque mondiale ou le Bureau international du travail pour désigner l'ensemble des activités produisant des biens et des services échappant à la régulation et au contrôle étatique : cireurs de chaussures, vendeurs ambulants, emplois de domestiques, gardiens de places de parking public… On comprend également dans cet ensemble les activités illégales, tels que les trafics, le « blanchiment d'argent sale »…

Effet de cliquet : phénomène se produisant lorsqu'une variable adopte une progression irréversible à court terme : lorsqu'un ménage perçoit un revenu habituel, si son revenu baisse à court terme, il ne modifiera pas sa consommation qui restera déterminée par son revenu maximum précédemment atteint.

Fonds monétaire international (FMI) : organisme créé en 1944 lors des accords de Bretton Woods pour veiller au respect des parités par rapport au dollar et pour attribuer des prêts à partir des dépôts effectués en devises par les pays adhérents. À partir de la fin des années 70, son rôle se transforme : il intervient dans la politique économique des pays emprunteurs, en prônant un strict respect des règles monétaristes (sur la création de monnaie et le budget) en contrepartie des prêts consentis.

Mercosur (Marché commun du Sud) : zone de marché commun créée en 1991, regroupant les pays du Sud de l'Amérique latine (Argentine, Brésil, Paraguay et Uruguay), transformée en union douanière en 1995. Des contrats d'association ont été conclus avec le Chili (1996) et la Bolivie (1997).

Parité de pouvoir d'achat (PPA) : méthode d'harmonisation des niveaux de vie mesurés par la richesse disponible en moyenne par habitant. Elle consiste à évaluer la production de tous les pays en fonction de prix mondiaux moyens, plutôt que de la calculer aux prix intérieurs courants. L'intérêt est de prendre en compte les différentiels de niveaux de prix entre des pays parvenus à des stades différents de développement.

Transfert de technologie : il s'agit de l'exportation de techniques de production et des moyens de les mettre en œuvre. Le terme « technologie » est ici employé au sens anglo-saxon, comme ensemble des techniques ou « procédés utilisables dans le production »* alors qu'en français, il désigne les « connaissances permettant de mettre en œuvre les différentes techniques à des fins productives »[1].

1. Grellet (Gérard), *Structures et Stratégies du développement économique*, Paris, PUF, 1986, p. 292.

Chapitre 12

La crise finale du socialisme

Cours

Introduction

Au début des années 70, les économies socialistes paraissent impossibles à réformer de l'intérieur. Les tentatives engagées dans les décennies précédentes se sont heurtées aux pesanteurs du système économique et aux blocages des sociétés socialistes.
Les économies socialistes européennes entrent dans des voies différentes : le socialisme de marché, le retour à davantage de centralisation ou un parcours empruntant à l'un et à l'autre. Le dénominateur commun de ces trajectoires pourtant bien différentes est qu'elles aboutiront sensiblement au même résultat, l'effondrement des systèmes socialistes et le début d'une transition vers l'économie de marché.

1. L'effondrement du système

Taux de croissance annuel du PIB							
	URSS Russie	Pologne	Roumanie	République tchèque	Slovaquie	Hongrie	Bulgarie
1971-1980	6,5	-	7,6	-	-	4,6	-
1981-1989	3	2,6	1	1,2	2,7	1,8	4,9
1990	-3,6	-11,6	-5,6	-1,2	-2,5	-2,5	-9,1
1991	-5	-7	-12,9	-14,2	-14,6	-7,7	-11,7
1992	-14,5	2,6	-16,8	-6,4	-6,2	-4,3	-6
1993	-8,7	3,8	1,3	-0,5	-4,1	-2,3	-4,2
1994	-12,6	5,5	2,4	2,6	4,8	2,5	0
1995	-4	7	7	5	7	2	3
1996	-2,8	5,5	5,5	5	6	1	-3,2
1997	1,5	5,5	-	-	-	-	-

Source : Banque mondiale.

Le tableau montre que le ralentissement de la croissance se confirme pour l'ensemble des pays de l'Est entre les années 70 et 80. À partir de la chute des premiers régimes communistes, les réformes engagées conduisent dans tous les pays à une récession au début des années 90. L'effondrement du système socialiste patent dans l'URSS de Gorbatchev, pouvait être décelé dans l'évolution d'autres pays, comme la Pologne ou la Hongrie.

1.1. Les signes avant-coureurs

L'économie hongroise s'écarte dès les années 60 du modèle d'économie planifiée et amorce un virage progressif vers une économie de marché, au travers du « socialisme du goulasch ». Le cas de la Pologne est différent puisque les tentatives de réforme sont bloquées autoritairement en 1981, avant de repartir radicalement au début des années 90.

1.1.1. L'exemple de la Hongrie

• *La réhabilitation du rôle de l'entrepreneur*

Confrontée au ralentissement de l'activité économique à la fin des années 70, la Hongrie ne remet pas en cause les réformes du Nouveau Mécanisme économique ; au contraire, celles-ci sont accentuées par une résolution du parti socialiste ouvrier hongrois en 1977, prenant effet à partir de 1979 :

- la déconcentration de la gestion passe par le démantèlement des trusts d'État à partir de 1980 et par le regroupement des trois ministères économiques en un seul. Enfin, à partir de 1985, les entreprises d'État sont gérées par des conseils associant en parité des salariés et des cadres dirigeants, qui ont le pouvoir de démettre le chef d'entreprise (5 seulement ont subi ce sort lors de la première année d'exercice!) ;
- le rattachement des prix intérieurs aux prix mondiaux, d'où une contrainte de compétitivité pour les entreprises hongroises avec notamment une distribution de crédits sur critère de rentabilité ;
- l'élargissement du champ de l'économie privée avec la reconnaissance légale des petites entreprises industrielles privées et la mise en gérance de nombreux commerces de détail et d'hôtels-restaurants.

Cette seconde vague de réformes se traduit par l'institutionnalisation de la « petite économie » (les activités économiques existant parallèlement à l'économie d'État) : elle concerne en 1986 près des trois quarts de la population active. Pour accélérer la croissance qui demeure médiocre, de nouvelles réformes sont lancées dans la seconde moitié des années 80 : recentrage du budget sur les infrastructures, création de la TVA et de l'impôt sur le revenu en 1988, ainsi que, la même année, ouverture d'une bourse aux valeurs, autorisation des sociétés anonymes créées par des particuliers et distribution des crédits bancaires assise sur les dépôts des banques, qui peuvent même être étrangères... En définitive, l'économie hongroise est devenue ce que l'on a appelé un « socialisme du goulasch », une organisation hybride mêlant plan et marché. Ces réformes ont fait franchir à l'économie hongroise le point de non-retour vers le marché et ont préparé graduellement l'économie et la société à se pénétrer de « l'esprit du capitalisme ».

• *Les infortunes d'un « capitalisme du goulasch »*

À partir de la fin des années 80, la Hongrie s'émancipe de l'influence soviétique en matière de commerce international. En 1990, le volume des échanges avec d'autres partenaires que ceux du COMECON* est identique aux échanges entre celui-ci et la Hongrie, si bien que cette dernière réalise un excédent commercial de un milliard de dollars en 1990 !

Les élections législatives d'avril 1990 consacrent le changement de régime en portant au pouvoir un gouvernement de centre-droit, qui poursuit la série de réformes entamée en douceur par le dernier régime « communiste », au grand dam de la Banque mondiale et du FMI qui

cf. *synthèse* p. 228

auraient souhaité voir la Hongrie adopter une « thérapie de choc ». Le gouvernement mené par J. Antall poursuit donc les privatisations et la promotion du secteur privé. En 1993, celui-ci employait 36 % de la population active d'après l'OCDE, et sans prendre en compte l'économie parallèle qui crée pourtant près du tiers de la richesse nationale. Les privatisations sont conduites avec prudence, dans l'espoir de ne pas brader le patrimoine national, et sont basées sur la participation des capitaux étrangers, qui entrent en force dans un pays pionnier en matière de transition vers le marché : entre 1989 et mi-1992, 3,9 milliards de dollars sont ainsi entrés en Hongrie, permettant la création de 12 000 PME sur les 57 000 recensées en 1992.

cf. *tableau* p. 212

Les résultats de cette transition en douceur sont décevants : la croissance ne repart pas (effet de la récession frappant les pays d'Europe de l'Ouest, devenus les principaux partenaires de la Hongrie), le chômage frappe près de 13 % de la population active en 1993 et l'inflation s'installe (de 35 % en 1991, elle ne passe qu'à 23 % en 1993 malgré une politique monétaire restrictive).

Dans ce contexte, rien d'étonnant à ce que les élections de 1994 soient remportées par les socialistes (ex-communistes). Le parti socialiste hésite longtemps sur la politique à mener et finit par se décider en mars 1995 pour une politique d'austérité sans précédent. Les années de récession ayant provoqué un gonflement du déficit budgétaire (8,5 % du PIB en 1994) et une aggravation de l'endettement du pays (33 milliards de dollars en 1994, soit le record du taux d'endettement par tête en Europe de l'Est !), le nouveau gouvernement réagit par des mesures radicales et à contre-courant des espoirs de ses partisans :

- dévaluation du *forint* de 9 % et augmentation de 8 % des droits de douane ;
- programme de baisse des dépenses publiques (baisse des salaires des fonctionnaires, plan de réduction de 15 % des effectifs des services publics…) ;
- privatisations accélérées notamment en matière d'infrastructures énergétiques.

Devant la grogne populaire, le gouvernement de G. Hom modère le rythme des réformes en 1996. Mais rendu confiant par des performances économiques en progression (croissance de 1,5 %, baisse de l'inflation de 28 à 22 %, contraction à 5 % du PIB du déficit budgétaire, maintien du chômage à 10 ou 11 % de la population active…), il n'envisage pas de changer durablement de cap.

La Hongrie est donc passée d'un « socialisme du goulasch » à un « capitalisme du goulasch » où le secteur public demeurait prépondérant. C'est curieusement le retour de la gauche au pouvoir qui a entraîné le pays vers une libéralisation accélérée !

1.1.2. Le cas polonais

• *Des réformes rendues nécessaires par la contestation du régime*

En 1970, les émeutes de Gdansk sont causées par l'augmentation des prix des denrées alimentaires et aboutissent à un changement de régime en 1971. Le gouvernement Gierek lance alors le pays dans une industrialisation globale, révélée par un taux de croissance de l'investissement brut de 17 % entre 1971 et 1975, visant tant l'industrie lourde que celle des biens de consommation, dans le but d'accroître la production pour éviter les pénuries et une brusque flambée des prix, synonyme de contestation sociale. Comme le pays ne pouvait fabriquer les biens d'équipement nécessaires, ceux-ci ont été achetés à l'Ouest, de même que les pièces de rechange et de nombreux produits semi-finis. Les économies occidentales étant entrées en récession, elles n'ont pu fournir les débouchés sur lesquels comptaient les initiateurs du projet. Or, les exportations jouaient un rôle central dans cette politique puisqu'elles étaient censées fournir des devises pour payer les importations incompressibles. Faute de ressources issues de l'échange international, l'endettement polonais s'est creusé lourdement pour atteindre près de 25 milliards de dollars au début des années 80.

Cette stratégie a pourtant permis à la Pologne de connaître une croissance soutenue avec une augmentation officielle du produit matériel net (PMN)* de près de 10 % dans la première moitié des années 70. Mais la contrainte extérieure oblige le gouvernement à conduire une politique d'austérité (augmentation du prix des produits alimentaires), qui aboutit à de nouvelles grèves et à la création de comités de soutien aux ouvriers. Entre 1976 et 1980, la croissance du PMN devient faible (près de 1 % par an) et l'investissement brut ne progresse plus que de 3 % par an. Faute de renouvellement, les équipements deviennent obsolètes, plongeant encore davantage l'économie dans la récession (le taux de croissance annuel moyen du PMN est de -0,8 % par an entre 1981 et 1985).

De nouvelles grèves éclatent en 1980, toujours contre la politique d'austérité. Elles aboutissent à la création en septembre 1980 de Solidarité, premier syndicat libre, par les salariés des chantiers navals de Gdansk et à un processus autogestionnaire dans les entreprises. Mais en décembre 1981, l'armée dirigée par le général Jaruzelski instaure l'état de siège et met fin aux réformes en cours, notamment en interdisant Solidarité. Cette « militarisation » de l'économie polonaise ne change pourtant rien à la destinée économique de la Pologne. En effet, la croissance demeure faible malgré une inflation qui progresse rapidement (les prix de détails ont été multipliés par 4,7 entre 1980 et 1986), si bien que le niveau de vie de la population décline. De plus, cette faible croissance ne permet pas de régler le problème de la dette qui atteint environ 40 milliards de dollars en 1988. Pour faire passer de nouvelles mesures de rigueur, le général Jaruzelski propose un référendum à la population en novembre 1987, mais son résultat est négatif et de nouvelles grèves éclatent en 1988 à l'annonce des réformes économiques.

cf. *tableau* p. 212

• *Le big-bang économique*

En juin 1989, Solidarité gagne les élections législatives. La Pologne devient rapidement bicéphale. Les réformes s'accélèrent à partir de début 1990, tout en étant mieux acceptées grâce à la popularité du gouvernement dirigé par T. Mazowiecki. L'élection de L. Walesa à la présidence de la République, le 9 décembre 1990, favorise encore davantage l'acceptation des réformes qui sont jugées nécessaires par une majorité de polonais. Les grandes mesures sont les suivantes :

- libération des prix et blocage des salaires ;
- suppression d'un grand nombre de subventions aux entreprises ;
- dévaluation du zloty pour en assurer la convertibilité.

Ces mesures visaient d'une part à rétablir les équilibres financiers et monétaires internes et externes du pays, d'autre part à transformer les modes de régulation pour que les chefs d'entreprises cessent de se comporter en bureaucrates. Le premier objectif fut atteint car le taux d'inflation passe de 1 000 % en 1989 à 35 % en 1993 et 22 % en 1995. Le blocage des salaires a fait chuter la demande et a permis de vaincre l'hyperinflation. Cependant, le deuxième objectif n'a pas été atteint car les chefs d'entreprise n'engagent pas les réformes de structures axées sur la compétitivité ; ils se contentent de mettre leurs salariés excédentaires au chômage technique plutôt que de les licencier. Il n'est d'ailleurs pas sûr que l'économie polonaise eût pu supporter ces mutations car les années de 1990 à 1992 ont été marquées par une baisse du PIB de l'ordre de 20 %, accompagnée d'un chômage élevé (en 1993, le taux de chômage atteignait presque 20 % !).

Les dirigeants politiques issus de Solidarité maintiennent le cap malgré les coups de semonce ; ils ne pourront récolter immédiatement les fruits de leur action car ils perdent les élections législatives de septembre 1993 : les Polonais ont surtout sanctionné le coût social du big-bang économique en votant pour les ex-communistes du parti paysan (PSL) et de l'alliance de la gauche démocratique (SLD). Ceux-ci disposeront d'une conjoncture économique favorable, largement imputable au traitement de choc prodigué à la Pologne pendant quatre ans par les dirigeants issus de Solidarité. Les réformes se poursuivent mais à un rythme ralenti, les ex-communistes ne pratiquant des privatisations que lorsque le Président Walesa les aiguillonne par des prises de position publiques. Cependant, le chômage perdure et se stabilise à 15 % environ de la population active, mais surtout il se concentre dans d'anciennes régions industrielles où le niveau de vie des populations diminue, en particulier pour les plus âgées. En 1995, l'ex-communiste A. Kwasniewski bat pourtant L. Walesa à l'élection présidentielle, en basant son succès sur les déçus du capitalisme et les nostalgiques du communisme d'antan. Les ex-communistes détiennent tous les rouages du pouvoir, mais stoppent les réformes qui sont rendues au démantèlement d'un vaste ensemble public, qu'ils souhaitent préserver pour des raisons à la fois idéologiques et politiciennes (emplois de complaisance, financement des partis au pouvoir). Des tiraillements entre les partis de la coalition aboutissent à sa défaite aux élections législatives de septembre 1997, alors que le chômage continue de baisser (à peine 13 % de chômeurs en 1997) et que la croissance demeure supérieure à 5 %. Le nouveau gouvernement issu de Solidarité a donc une marge de manœuvre indéniable pour reprendre son action réformatrice.

cf. *tableau* p. 212

La Hongrie et la Pologne présentent deux itinéraires différents vers le capitalisme : l'un progressif où tous les partis jouent le jeu de la transition vers le marché, l'autre brutal et socialement discuté où certains partis politiques freinent les réformes en s'appuyant sur les nostalgiques du communisme.

1.2. Les tentatives de réforme de l'intérieur

Dans les années 70, comme d'autres pays socialistes (Bulgarie, RDA, Tchécoslovaquie, Roumanie), l'URSS reconduit la centralisation mais introduit des innovations pour éliminer les vices inhérents à cette organisation. Lors de son accession au pouvoir, M. Gorbatchev commence par tenter de donner davantage de rigueur au système soviétique. Devant le peu de succès de cette politique, il prend son contre-pied avec un virage libéral débutant en 1987. Mais cette tentative d'instauration d'une économie mixte échoue également et aboutit au coup d'État de 1991, qui signe l'arrêt de mort de l'URSS.

1.2.1. Les deux visages de la perestroïka

Le décret du 12 juillet 1979 est l'aboutissement du processus de centralisation puisqu'il s'agit clairement de « réformer la réforme », sans que ce mot n'y soit écrit d'ailleurs ! Les mesures prises par Kossyguine renforcent le contrôle de l'État sur les entreprises et s'éloignent de l'esprit des réformes Liberman :

- normalisation générale de la gestion des entreprises au lieu d'un plan en grandeurs absolues, en particulier pour la dépense en main-d'œuvre ;
- respect de la discipline contractuelle entre clients et fournisseurs ;
- organisation du travail en brigades, qui gèrent leur organisation productive et doivent produire dans de meilleurs délais que le système planifié classique ;
- 1985-1987 : accélération et reprise en main du système productif.

Ces mesures n'auront pas l'effet escompté car chacune porte en elle ses propres limites :

- la normalisation ne peut être efficace que si elle s'accompagne de moyens d'en contrôler le respect ; de plus, substituer une myriade de normes techniques et économiques à un nombre élevé d'indicateurs individualisés dans le cadre du plan ne change pas fondamentalement le fonctionnement de l'ensemble ;
- du fait de la concentration des entreprises, le fournisseur est souvent en monopole. Aucune entreprise ne peut alors se détourner d'un fournisseur qui ne la satisfait pas ;
- la possibilité pour les brigades de se débarrasser des éléments improductifs demeure souvent une vue de l'esprit, car les administrateurs des entreprises hésitent à se débarrasser de moyens humains de production, sachant qu'on pourra leur demander ultérieurement de produire plus sans moyen supplémentaire.

L'inefficacité de ces mesures et le peu de stabilité des régimes entre 1979 et 1985 expliquent que la situation se soit détériorée : la baisse de la croissance du PMN et de la production industrielle se confirme entre 1981 et 1985 (+3,6 %), la productivité du travail croît moins vite dans l'industrie…

C'est dans ce contexte que M. Gorbatchev arrive au pouvoir en mars 1985, avec un objectif de rétablissement d'une croissance plus forte et un mot d'ordre, « l'accélération ». Mais l'originalité des mesures de « restructuration sociale » tient à la dimension sociale qui accompagne les mesures économiques :

- celles-ci consistent en une reprise de l'investissement en particulier dans l'industrie mécanique, un appel aux cadres du secteur militaro-industriel jugés plus intègres et compétents, la création de superministères pour éviter la dispersion des centres de décisions, l'instauration d'un système de normes qualitatives au caractère obligatoire (*gosprimka*) ;
- les mesures sociales passent par une campagne anti-alcoolique (mai 1985) pour lutter contre un absentéisme endémique, une loi sur « les revenus ne provenant pas du travail » (mai 1986) réprimant

l'économie parallèle, assouplie en novembre après avoir créé une pénurie alimentaire car elle décourageait le commerce kolkhozien.

L'idée de base est que le système fonctionnera mieux si le pouvoir fait la chasse aux dysfonctionnements et aux abus, en montrant l'exemple par la *glasnost* (transparence) dans son propre fonctionnement. Il s'agit donc de rendre la réalité conforme au modèle théorique de l'économie socialiste. Or, ce sont précisément les contournements et les manquements à l'idéal-type d'économie socialiste qui avaient permis au système de durer tant bien que mal pendant l'ère brejnevienne ! La rigueur générée par la *perestroïka* (restructuration sociale) plonge alors l'économie dans des déséquilibres aggravés, dans une conjoncture plus que morose (contre-choc pétrolier, désastre de Tchernobyl, coût croissant de la guerre d'Afghanistan...). Les effets sont désastreux :

- des pénuries croissantes de biens de consommation, d'où une flambée des prix sur les marchés libres, alimentant les tensions inflationnistes structurelles ;
- un déficit budgétaire camouflé qui ne sera admis qu'à partir de 1989 : il représente alors 13,5 % du PNB contre 2,4 % en 1985.

Les mesures de rigueur ont provoqué une désorganisation encore plus grande de l'économie, parce que les anciens mécanismes régulateurs (souterrains) ne pouvaient plus opérer ; de plus, les nouveaux cadres installés ont été largement surévalués : leurs performances dans le secteur militaro-industriel ne tenaient pas forcément à leur valeur intrinsèque, mais surtout aux formidables prélèvements effectués pour celui-ci sur le reste de l'économie, qui leur donnaient des moyens énormes capables de masquer leur incompétence...
Ainsi s'achève la dernière tentative de réforme de la « réalité socialiste » pour la rendre plus conforme aux « principes socialistes » de départ.

• *Acte II de la perestroïka, le virage libéral de 1987*

En juin 1987, M. Gorbatchev annonce un programme de réformes plus ambitieux que les précédents : l'objectif de ce programme est l'instauration d'une économie mixte ouverte à l'extérieur. La méthode retenue est une démarche de conversion progressive au marché, devant s'achever en 1992 :

- la loi sur l'entreprise d'État de juin 1987 restreint le champ d'application de l'économie administrée aux secteurs qui satisfont les besoins particuliers de l'État (programmes de défense et programmes sociaux, infrastructures d'importance nationale, ravitaillement de la population...). Les autres activités qui, à terme, pèseront entre 70 et 80 % de la production de biens et de services, seront gérées avec des « méthodes de gestion économique » ;
- les entreprises sont placées en situation de responsabilité et ne pourront éviter la faillite si elles ne sont pas compétitives. En contrepartie, elles ont totale liberté d'action pour écouler leur production. En parallèle, des réductions drastiques d'effectifs sont prévues dans les administrations fédérales, républicaines (-50 %) et régionales (-30 %) ;
- en mai 1988, les coopératives non agricoles sont reconnues avec une large latitude d'activités puisque seules leur sont interdites les activités criminelles et qu'elles ont accès aux secteurs réservés à l'entreprise d'État ;

■ en décembre 1988, le monopole d'État du commerce extérieur est supprimé : désormais, tout agent économique peut commercer librement avec des partenaires étrangers, en pouvant conserver 35 à 40 % des devises gagnées ;
■ l'entrée de capitaux pour la formation de *joint ventures* est totalement libéralisée à la même date, après avoir été autorisée, moyennant quelques restrictions, en janvier 1987 ;
■ enfin, la politique agricole renoue avec la NEP en privilégiant une organisation de la production agricole sur la base d'exploitations familiales, contractant librement avec des coopératives, auxquelles s'ajoute la fin des limitations sur les lopins individuels et la généralisation des jardins collectifs en milieu urbain ;
■ L'ensemble est parachevé par des réformes sur les prix de gros et de détails, qui doivent intervenir en 1990, et la convertibilité du rouble, qui est prévue pour le milieu des années 90.

1.2.2. L'échec de la perestroïka

• *Les résistances au changement l'emportent !*

En 1988, la croissance est de retour avec un PMN en hausse de 4,4 % ; mais de nombreux points noirs subsistent et parfois s'aggravent, en particulier pour les approvisionnements en biens d'équipement, en biens de consommation intermédiaires pour les entreprises et en biens de consommation. La « marchéisation » de l'économie et de la société russe ne se fait pas sans peine :

■ l'administration, refusant d'être dépouillée d'une partie de ses prérogatives au profit des chefs d'entreprise, freine le mouvement de réorganisation de la production, notamment en empêchant les appels d'offre pour les commandes d'État ;
■ les chefs d'entreprise eux-mêmes bureaucrates, ne font rien pour accélérer le processus et s'en remettent à l'ancienne régulation administrée, qui assurait un certain niveau de confort dans la répartition des biens de production : en 1988, 20 % de leurs échanges devaient s'effectuer sur la base d'échanges libres, en réalité seuls 3 % l'ont été ;
■ en l'absence de contrainte budgétaire significative, plutôt que de chercher à comprimer leurs coûts de production, les entreprises augmentent leur prix pour couvrir la croissance des salaires (7 % en 1988), laquelle excède les gains de productivité (4,8 %). Cette double évolution est due à la volonté des chefs d'entreprise de conserver leurs salariés malgré la concurrence des coopératives, et à de faibles gains de productivité du fait d'un absentéisme élevé (files d'attente pendant les heures de travail, seconde activité parallèle...) ;
■ les divers échelons administratifs ne facilitent pas la tâche aux coopératives, en compliquant les formalités d'ouverture, en leur octroyant les terres les moins fertiles lorsqu'il s'agit de coopératives agricoles, ou en les faisant passer auprès de la population pour des profiteurs ne s'occupant que de leur enrichissement personnel.

En définitive, deux lignes d'analyse se dégagent : la première, conservatrice, attribue aux réformes elles-mêmes l'aggravation des déséquilibres ; la deuxième considère que les résultats sont décevants parce que des réformes à dose homéopathique se sont heurtées à un système centralisé dont la force d'inertie est considérable. Début 1989, une pause dans les réformes est décidée et priorité est donnée à l'assainissement économique et financier pour stopper la dérive du déficit budgétaire, la progression de l'endettement extérieur et du taux d'inflation. Les conservateurs obtiennent même un semblant de victoire puisque certains des textes de 1987-1988 sont supprimés ou atténués (restrictions du commerce extérieur, entraves à l'autonomie de gestion des entreprises d'État, diminution du champ du secteur coopératif...). Ces mesures, présentées comme provisoires, sont en réalité destinées à permettre au pouvoir de reprendre en main une situation qui lui échappait.

• *Transition progressive contre thérapie de choc*

À partir de la fin 1989, plusieurs programmes de stabilisation et plans de réformes sont élaborés :

■ le premier programme de N. Ryjkov est destiné à assainir les finances du pays en recourant à trois moyens :

– augmenter massivement la production de biens de consommation, par reconversion de l'industrie de défense,

– drainer l'épargne de la population en lui proposant de nouveaux titres financiers (pour provoquer une contraction des moyens de paiement, donc des échanges),

– réduire le déficit budgétaire par une compression des dépenses militaires, une diminution des dépenses de fonctionnement de l'État, une baisse des subventions industrielles à l'étranger... et le financer par des obligations d'État plutôt que par création monétaire pour limiter l'inflation ;

■ le plan de L. Abalkine le complète et vise à installer « un système d'économie mixte de marché planifié ». C'est un plan de transition en douceur, où seraient réglés, les uns après les autres, les cas des entreprises déficitaires en même temps que les prix seraient réévalués ; les autres réformes structurelles (démantèlement des monopoles, ouverture du pays, convertibilité du rouble...) seraient reportées à la fin du siècle !

cf. *tableau* p. 212

Les « succès » du modèle polonais viennent confirmer les doutes que partagent nombre de décideurs soviétiques : ce plan est trop étalé dans le temps. Or, en 1990 la croissance est négative (le PIB baisse de 3,6 %). Élu Président de l'URSS en 1990, M. Gorbatchev souhaite « radicaliser la réforme économique ». Quatre plans de transition sont alors soumis au Soviet suprême entre mai et septembre 1990 :

■ le second plan Ryjkov reprend l'essentiel du plan Albakine, tout en le renforçant quant à la réforme des prix, ce qui provoque une forte contestation conservatrice et une agitation sociale (ruée vers les magasins pour acheter avant les hausses de prix) ;

■ le gouvernement retire alors ce projet et le revoit afin de pouvoir le représenter au Soviet suprême sous une nouvelle forme en septembre ;

■ à l'instigation de B. Eltsine, une commission est créée pour proposer un parcours type vers le marché, qui pourra être adopté par chaque République à sa façon. Cette commission est dirigée par le libéral S. Chataline. Elle préconise un « plan de 500 jours » pour entrer irrémédiablement dans l'économie de marché, tout en laissant une grande autonomie aux Républiques ;

- devant l'hostilité rencontrée par le « plan Chataline », M. Gorbatchev fait réaliser sa synthèse avec le programme gouvernemental, le résultat est adopté par le Conseil suprême en octobre 1990.

Mais ce plan édulcoré ne satisfait personne : pour les conservateurs, il a le défaut d'exister, pour les libéraux et les Républiques désormais souveraines, il ne leur laisse pas assez de liberté. Elles se lancent donc tour à tour dans des réformes régionales, tentant de conjuguer indépendance politique et transition vers l'économie de marché.

En réaction, M. Gorbatchev gouverne par décret, en tentant une reprise en main autoritaire, officiellement pour conduire à bien les réformes nécessaires, en réalité pour tenter une nouvelle fois de sortir de la double emprise de l'enclume libérale et du marteau conservateur. Les nouvelles mesures mécontentent à la fois la population (retrait de la circulation en 3 jours de certains billets en janvier 1991) et les entrepreneurs (lutte contre le « sabotage économique »), sans rassurer les conservateurs. Soucieux d'éviter une flambée de violence semblable à l'incident de Vilnius en janvier 1991, le gouvernement fédéral s'entend avec les Républiques qui détiennent de plus en plus de pouvoir. Cette entente aboutit en avril 1991 à l'adoption d'un plan de stabilisation et de transition vers le marché prévoyant le début des opérations de désétatisation pour fin 1991, la convertibilité partielle du rouble en janvier 1992 et la libération des salaires et des prix en octobre 1992.

Le putsch d'août 1991* change la donne puisqu'il déstabilise définitivement le pouvoir fédéral alors que les dirigeants des Républiques, notamment B. Eltsine, s'y sont forgé une nouvelle légitimité. Le 8 décembre 1991, les Républiques de Biélorussie, d'Ukraine et de Russie créent la Communauté des États indépendants (CEI), après avoir constitué une Union économique en octobre avec sept autres Républiques. Chacun de ces États affrontera désormais sa propre transition vers le marché.

Les régimes socialistes disparaissent donc de façons variées : quoi de commun en effet, à part le résultat, entre la transition progressive hongroise, la conversion brutale au marché en Pologne, et les tergiversations dans les réformes en URSS. Ces évolutions donnent pourtant l'impression que la régulation marchande est universelle et aurait vocation à s'imposer dans les ex-pays socialistes.

2. La transition vers le marché

Pour transformer des économies dont le commandement était centralisé en économie de marché où le comportement des acteurs suit les règles de « *l'homo-œconomicus* », les difficultés sont nombreuses et diversifiées. Quelle que soit la voie retenue, elles se posent dans tous les pays, mais pas toujours avec la même ampleur compte tenu de l'histoire de chacun. Les résultats sont contrastés, en fonction du retard pris au tournant des années 90, et en fonction des problèmes exogènes rencontrés depuis.

2.1. L'ampleur du problème

Les problèmes de transition ont été affrontés de façon beaucoup plus hardie dans les pays satellites qu'en URSS. Dans les pays d'Europe de l'Est, l'effondrement des régimes communistes fermait une « parenthèse » de 40 ans et le système économique ancien a fait son retour dans une population où certains en ont gardé la mémoire. L'URSS devait « faire du socialisme table rase », car « l'esprit du capitalisme », déjà peu répandu dans la Russie tsariste, pouvait avoir disparu entre les exécutions, les purges et le goulag !

2.1.1. Les enjeux de la transition

• *Rapprocher l'offre et la demande*

Le principal problème de la transition est de substituer les lois du marché aux anciens mécanismes administratifs. Permettre l'ajustement entre l'offre et la demande, donc mettre fin aux pénuries, passe par une libération des prix. En effet, dans un marché concurrentiel, une pénurie existe lorsque la demande est supérieure à l'offre. En libérant les prix, les producteurs peuvent espérer réaliser un profit total plus important en augmentant leur production, donc ils doivent accroître le volume de celle-ci. En parallèle, une partie des consommateurs, voyant les prix s'envoler, devrait renoncer à consommer, *a fortiori* si cette liberté des prix s'accompagne d'un blocage des salaires. La libération des prix, provoquant une augmentation de l'offre et une baisse de la demande, devait permettre d'augmenter la production (donc la croissance) et d'assécher l'épargne involontaire accumulée pendant des années.
Vouloir mettre fin aux pénuries sans transformer profondément le système productif est illusoire. La privatisation, en dehors de son aspect idéologique, est un puissant moyen de reconversion d'entreprises obsolètes. En effet, tant qu'elles restent entreprises d'État, il est difficile aux régimes non communistes de contraindre les entreprises à réaliser les ajustements qui leur permettront de devenir compétitives. La logique patrimoniale justifie le peu d'empressement des chefs d'entreprise à pratiquer les nécessaires coupes sombres dans leurs effectifs. Les réformateurs postulent que des actionnaires privés n'auront pas ces hésitations.
Enfin, il est aussi nécessaire de reconvertir l'industrie de défense, ce qui permettrait d'utiliser des moyens de production pour satisfaire davantage de besoins de la population, et allégerait en même temps la charge budgétaire que représente pour l'État le complexe militaro-industriel. Le prélèvement massif (entre 10 et 15 % de la richesse nationale) effectué naguère au profit des industries de défense pourra d'ailleurs en partie être consacré à l'accumulation, c'est-à-dire au financement des investissements de modernisation.

• *Créer une « classe » d'entrepreneurs innovants*

Pour les PED, P. Bairoch a montré la nécessité d'une « classe » d'entrepreneurs à la création et au développement d'entreprises. Une telle analyse peut être appliquée aux pays en transition vers le marché.
En effet, en économie planifiée, les décisions sont centralisées : il s'agit de déterminer politiquement quel bien produire et en quelle quantité, ce qui donne naissance au plan, à charge pour les organismes de planification de faire redescendre l'information vers les unités de production, qui doivent produire des quantités déterminées administrativement.
Il ne s'agit donc pas seulement de « privatiser la nomenklatura », il faut aussi transformer en profondeur les comportements, ceux des chefs d'entreprise certes, mais aussi ceux des consommateurs. Confrontés aux

pénuries, ces derniers ont peu l'habitude d'exigences qualitatives ; or la sanction de rejet par les consommateurs constitue sur le marché, un meilleur indicateur de satisfaction qu'un prix élevé.
De leur côté, les chefs d'entreprise en poste dans les entreprises d'État étaient le plus souvent de bon techniciens, mais sans compétence particulière en matière de gestion. Or, ils devront assumer une gestion tournée vers la rentabilité, pour satisfaire leurs actionnaires, tout en prenant des risques en matière de choix industriels, de financement ou de stratégies commerciales. Une loi sur les faillites est alors nécessaire pour permettre la « sélection naturelle » des entreprises inadaptées à la concurrence. Une « révolution culturelle » est donc nécessaire pour créer une classe d'entrepreneurs schumpeteriens, fort éloignée des « nouveaux Russes » enrichis par la spéculation et le marché noir.

2.1.2. Les mesures prises

• *Les plans de stabilisation*

Les plans de stabilisation reposent pour l'essentiel sur les recettes qui ont fait leurs « preuves » dans les PED, les plans d'ajustement structurel. Mais « thérapie de choc » ou « médecine douce », ils possèdent des points communs dans tous les pays :

■ la libéralisation des prix est pratiquée plus ou moins dans toutes les ex-économies socialistes (90 % des prix sont brutalement libérés en Pologne en 1991, de même en Hongrie mais progressivement). La plus importante par son impact, est celle de la Russie le 2 janvier 1992. L'inflation est pourtant de 2 000 % en 1992 car d'une part la masse monétaire croît fortement, et d'autre part l'offre est rigide à court terme : n'étant pas soumises à des contraintes de rentabilité, les entreprises ne cherchent pas à augmenter leur production et se contentent d'accroître leurs prix ;

■ La libéralisation des prix a été complétée par une politique de rigueur monétaire, rendue obligatoire par la convertibilité des monnaies. Ainsi, le gouvernement russe ne finance plus son déficit par création monétaire, mais par des emprunts extérieurs (auprès du FMI essentiellement) et intérieurs (émissions de bons du trésor à taux d'intérêt élevés dans le but de retirer des liquidités de la circulation).

Le non-paiement des salaires des fonctionnaires et des fournisseurs d'État dans les temps impartis constitue aussi un moyen efficace mais peu orthodoxe de faire financer le déficit par le secteur privé !

• *Les réformes structurelles*

Engagées progressivement depuis 1990, les privatisations constituent également un passage obligé vers l'économie de marché. Elles s'effectuent sous plusieurs formes :

■ en Russie (octobre 1992) ou en Roumanie (août 1995), la population reçoit des bons d'achat convertibles en actions des entreprises privatisées dans le but de créer un véritable capitalisme populaire ;

■ dans d'autres cas, comme la Roumanie avant 1995 ou la Bulgarie, le pouvoir désireux de ne pas brader les entreprises d'État, organise leur rachat par les salariés en leur accordant un paiement à crédit ;

■ enfin, en Hongrie, en Pologne et en République tchèque, la stabilité politique plus affirmée et une transition plus avancée attirent des capitaux occidentaux, qui participent au rachat des entreprises privatisées.

Cette dernière est la plus efficace pour obliger les reconversions industrielles car les capitaux occidentaux sont extrêmement volatiles ; de plus elle contribue à faire entrer des devises dans les pays concernés. Les deux premières solutions apparaissent alors davantage comme des pis-aller que comme des choix idéologiques : faute de pouvoir trouver des actionnaires occidentaux, les pouvoirs publics se réfugient dans un actionnariat populaire bien timoré. En Russie, les bons d'achat (*voucher*) se sont échangés sur un marché secondaire à un prix bien plus faible que les 10 000 roubles de départ : il a été ainsi possible d'acquérir à vil prix des titres de propriété, à condition toutefois de posséder des liquidités, ce qui était surtout le cas des nouveaux riches, anciens nomenklaturistes ou trafiquants enrichis par le marché noir.
Une autre dimension essentielle de l'économie de marché a été abordée, la réforme du système bancaire et financier. Elle a porté sur deux points essentiels : la décentralisation des banques et la création d'une bourse des valeurs. On peut distinguer ici deux catégories de pays : la Pologne, la République tchèque, et la Hongrie d'une part, la Roumanie, la Bulgarie et l'ex-URSS d'autre part. Le premier groupe a réussi, parfois au prix de crises bancaires (celles de Hongrie en 1992 ou de la République tchèque en 1996), à se doter d'un système financier stable à partir de la fin des années 80. Quant aux marchés des valeurs mobilières, ils ont été créés depuis le début des années 90, la Hongrie et la Pologne ouvrant la voie en 1990. Le second groupe de pays se présente presque en négatif du premier : le système bancaire et financier n'est pas efficient pour le financement de l'économie car les anciens mécanismes de crédit ne sont pas supprimés : maintien sous perfusion d'entreprises obsolètes par des prêts imposés par l'État, crédit inter-entreprises…

2.2. Un premier bilan

Après 7 à 10 ans de transition vers le marché, un premier bilan est possible. Il confirme que de nets progrès ont été accomplis, dans les domaine micro et macro-économiques, mais certains problèmes restent en suspens.

2.2.1. Les réussites

• *La lutte contre l'inflation*

Croissance annuelle moyenne des prix à la consommation entre 1989 et 1992 et taux d'inflation de 1992 à 1996

	1989-1992	1992	1993	1994	1995	1996
Russie	154,6	1 353	896	303	190	25
Hongrie	20,4	22,9	22,5	19	28,2	22,7
Pologne	16,7	43	35,3	32,2	27,8	19,9
République tchèque	17,4	11,1	20,8	10,2	9,1	8,8
Slovaquie	-	10,1	23	14	9,9	5,4
Roumanie	70,7	180	300	65	25	57
Bulgarie	79,6	82,2	72,8	89	62	311

Sources : OCDE (première colonne) et 1996, Banque mondiale pour 1992 à 1995.

Le tableau *supra* p. 224 montre que la fin de l'économie planifiée s'est accompagnée d'une augmentation massive des prix, le plus souvent due à leur libération alors que l'offre demeurait rigide. Mais la Bulgarie exceptée, les économies en transition ont réussi à freiner considérablement l'inflation par l'intermédiaire de politiques monétaires restrictives et de politiques salariales souvent rigoureuses.

• *L'institutionnalisation progressive des « marchés libres »*

La condition essentielle pour un échange marchand, donc pour l'économie de marché, est le droit à la propriété. Une première étape vers le marché était d'autoriser la création d'entreprises privées, ce qui a été fait entre 1987 et 1990 dans l'ensemble des pays en transition. Une autre étape a consisté à privatiser les entreprises d'État et les terres. Pour ces dernières, ont surgi des problèmes de droits de propriété d'avant la collectivisation et de nécessaire indemnisation des anciens propriétaires : difficile en effet de débouter un ancien propriétaire d'une parcelle, démontrant son bon droit, actes en mains, tout en expliquant aux nouveaux qu'ils la possèdent réellement ! Suivant les pays, des procédures différentes ont été retenues :

- avant 1947, une majeure partie des terres hongroises appartenait à la noblesse ou au clergé : le gouvernement a indemnisé les anciens propriétaires individuels ;
- en ex-RDA, en Slovaquie et en République tchèque, des lois de restitution ont été votées par les Parlements ;
- en Bulgarie et en Roumanie, les terres ont été redistribuées individuellement aux paysans, ce qui aboutit à un morcellement des exploitations, préjudiciable à la productivité agricole.

L'instauration d'un véritable marché des capitaux progresse dans les pays qui frappent à la porte de l'UEM ; mais certains ont pris un retard significatif. En Russie, en 1995, seuls 8 % des investissements auraient été financés par le système bancaire, le crédit interentreprises continuant à jouer un rôle primordial. En Bulgarie, en 1996, le système bancaire a été placé quasiment sous tutelle financière du FMI, qui ne consent à des *credits stand by** qu'au prix d'un énergique contrôle de la masse monétaire. Quant au système financier, il en est à ses balbutiements : la Bourse bulgare n'a été inaugurée que le 21 octobre 1997 !

Enfin, la gestion administrée de la main-d'œuvre a pris fin et des marchés du travail s'installent progressivement dans les économies en transition. Ces marchés demeurent plus ou moins réglementés suivant le degré de transition et l'adoption ou non d'une « thérapie de choc ». Cette évolution a entraîné une mutation du rôle des syndicats qui, de courroies de transmission du parti deviennent les défenseurs des intérêts des travailleurs.

2.2.2. Les questions en suspens

• *Arriver à des « lendemains qui chantent »*

La transition des ex-économies socialistes s'effectue donc à plusieurs vitesses et toutes n'ont pas atteint le même point de la trajectoire de la transition. En théorie, après une chute brutale de l'activité, accompagnée d'une progression du chômage et d'une augmentation du niveau général des prix, la situation économique devrait s'améliorer progressivement au fur et à mesure que seraient supprimés les obstacles institutionnels au développement du marché. Dans la plupart des pays qui paraissent aujourd'hui sur la « bonne voie », les progrès ont été permis par des institutions légitimées par des pratiques démocratiques, avec un État capable d'imposer les règles du jeu de l'économie de marché. En Russie, en Bulgarie ou en Roumanie, l'instabilité politique et la survivance des anciens réflexes ont entravé l'institutionnalisation du marché, en reportant à plus tard les réformes les plus douloureuses : en Russie, il fallut attendre 1995 pour que le gouvernement mène une politique financière rigoureuse avec l'objectif de ne pas laisser s'effondrer la valeur du rouble, dans le but de ralentir la distribution laxiste des crédits de la Banque centrale aux entreprises et à l'État.

Certains indicateurs sont même préoccupants :

- la reprise de la croissance est fragile et n'est pas généralisée dans tous les ex-pays socialistes, avec pour corollaire un chômage qui demeure élevé. La sortie de la récession est une nécessité pour réussir la transition, avant que son coût social ne soit trop lourd à supporter ;
- les inégalités sociales se creusent entre les groupes sociaux : la « génération *perestroïka* », mieux formée et culturellement en phase avec l'évolution économique adopte un mode de vie à l'occidentale, alors que les retraités et les actifs les plus âgés, éprouvant des difficultés de reconversion, culturelles notamment, subissent une dégradation sensible de leur niveau de vie, phénomène appelé à s'amplifier avec la privatisation de nombreux services non marchands et la remise en cause de la protection sociale, prévisible dans des économies adoptant un modèle ultra-libéral. Ils pourraient bien constituer la génération perdue de la *perestroïka* ;
- enfin, les échanges extérieurs demeurent déficitaires, en particulier vis-à-vis des pays de l'UEM. Le jeu de la contrainte extérieure risque de rendre problématique le développement de l'Europe centrale et orientale, dans la mesure où les investissements étrangers sont attirés par les privatisations, mais pourraient très bien se tarir.

• *Éviter la dérive mafieuse*

Dans les régimes socialistes, les pratiques illégitimes (corruption, trafics de marchandises détournées, pouvoir patrimonial...) ont joué un rôle d'amortisseur des pénuries, notamment en matière de biens de consommation rares. Comme les consommateurs de base ne pouvaient espérer satisfaire leurs besoins autrement que par des circuits occultes, ces pratiques ont été acceptées socialement au point, d'ailleurs, d'être confondues avec l'activité économique privée ! Les acteurs de cette économie parallèle étaient des bureaucrates disposant d'un pouvoir d'attribution, des producteurs eux-mêmes, ou des bandes criminelles, organisées à partir d'origine ethnique commune (ainsi la mafia tchétchène).

Dans ce cadre, renforcé par l'instabilité politique, l'avancée vers l'économie de marché s'est traduite d'une part par le maintien des liens traditionnels entre les entreprises, les chefs d'entreprises, ou ceux-ci et les bureaucrates. D'autre part, les privatisations ont permis de développer les échanges souterrains, se substituant aux circuits officiels de distribution pour alimenter les circuits parallèles où les prix de vente sont non seulement plus élevés, mais les échanges réglés en devises. Au total, les revenus criminels auraient représenté 5 % du PIB russe en 1994 (contre 2 % en moyenne dans le monde) et, entre 1991 et 1996, 300 milliards de francs auraient quitté illégalement la Russie. Les chercheurs de Harvard estimaient en 1995 que 70 à 80 % des activités privées ou bancaires russes étaient dominées par le crime organisé. Cette proportion est certes élevée, mais elle traduit bien le fait que faute d'un cadre juridique et politique adéquat, la transition vers le marché ne doit pas déboucher sur l'institutionnalisation du crime.

Conclusion

La transition vers le marché peut être assimilée à un gigantesque processus de « destruction créatrice ». Elle se traduit en effet par la disparition des anciennes régulations, sans que celles de l'économie de marché ne soient en état de prendre immédiatement la relève, d'où une désorganisation économique et sociale plus ou moins accentuée.

Synthèse

La thérapie de choc

Introduction

Pour les libéraux, l'économie de marché est indissociable de la démocratie politique. La démocratisation du système politique est même une condition nécessaire pour réussir la transition vers l'économie de marché. Cependant, les avis divergent sur la manière de passer d'une économie planifiée à une économie basée sur l'initiative individuelle.

La première conception est celle de la « thérapie de choc », défendue notamment par l'économiste américain Jeffrey Sachs, conseiller du gouvernement de T. Mazowiecki et de B. Eltsine. Proche des plans d'ajustement structurel prônés par le FMI, elle préconise un passage brutal à l'économie de marché pour stabiliser des économies déséquilibrées par l'intermédiaire des lois autorégulatrices du marché.

1. Les principes de la thérapie de choc

Les mesures immédiates conseillées sont les suivantes :

- la libération des prix, le blocage des salaires, et la diminution des dépenses publiques et des subventions visent le rétablissement monétaire et financier (baisse de l'inflation, réduction du déficit public) ;
- des transformations structurelles sont destinées à permettre le passage à une économie dominée par les lois du marché (instauration de la propriété privée, réforme de la fiscalité, privatisations...).

L'objectif est de restructurer les ex-économies socialistes par le jeu des mécanismes du marché et l'insertion dans l'échange international.

2. Les principales critiques concernant cette thérapie

La plupart des auteurs spécialisés dans l'étude des pays de l'Est étaient réservés sur cette politique car elle leur paraît sous-estimer les forces d'inertie de l'ancien système et la nécessaire longueur que prendront les transformations institutionnelles. Ils insistent en particulier sur l'obligation de bien prendre en compte les spécificités de chaque pays (cultures, traditions de commerce ou non...) sans chercher à y calquer un modèle de capitalisme anglo-saxon.

Conclusion

Quel que soit le pays, à l'instar des plans d'ajustement structurel, les thérapies de choc se traduisent par des coupes sombres dans les dépenses publiques et sociales. Cette rigueur budgétaire entraîne à court terme une dégradation des conditions de vie de la population et constitue un puissant facteur d'instabilité des régimes politiques dans les pays en transition.

Clés et repères

COMECON : en français CAEM (Conseil d'assistance économique mutuel) : institution créée en 1947, longtemps considérée comme le marché commun des pays de l'Est. Il s'agissait d'organiser les échanges entre les 6 pays d'Europe de l'Est (l'Albanie l'ayant quitté en 1961), l'URSS, la Mongolie, le Vietnam et Cuba. Il ne fonctionnait pourtant absolument pas comme un marché puisqu'il était destiné à articuler entre eux les plans quinquennaux de chaque pays. Les échanges s'effectuaient donc sur la base de « balances » en roubles transférables (unités de compte) jusqu'au premier janvier 1991 (échanges réglés en devises). Le CAEM a été officiellement dissout à la conférence de Budapest en juin 1991.

***Credit stand by* :** crédit de court terme (un à deux ans) octroyé par le FMI pour pallier une insuffisance temporaire de devises, résultant d'un déficit du commerce extérieur.

Produit matériel net (PMN) : appellation du revenu national des économies socialistes, adoptée par l'ONU et l'Occident. Il diffère du Revenu national mesuré par le SECN car il ne prend en compte que les activités considérées comme productives par les systèmes socialistes, d'où le qualificatif de « matériel » pour éviter la confusion avec le Produit net occidental.

Putsch d'août 1991 : en décembre 1990, E. Chevarnadzé, alors ministre des Affaires étrangères, avait pressenti que les forces de résistance au changement pourraient pousser à une « avancée de la dictature ». Le 19 août, des conservateurs constituèrent un Comité d'État pour l'état d'urgence. Mais ils ont sous-estimé l'attachement populaire à la démocratisation et ont été pris de court par les manifestations anti-putsch qu'ils n'avaient pas prévues. Le flou dans les consignes données à l'armée a profité aux manifestants, B. Eltsine en tête, qui ont pu convaincre les militaires. Cette tentative de retour à un régime autoritaire par les grands perdants de la *perestroïka* (la nomenklatura) a eu plusieurs effets politiques : B. Eltsine a été légitimé comme représentant des forces démocratiques alors que M. Gorbatchev est apparu comme privé de tout pouvoir réel ; le PCUS a été institutionnellement éliminé après l'appel de son secrétaire général (M. Gorbatchev) à l'autodissolution le 24 août 1991 ; les éléments les plus conservateurs des élus des Républiques ont été « démasqués » à cette occasion, ce qui a permis de ne pas ralentir les réformes à l'intérieur de chacune. En octobre 1993, les conservateurs ont essayé encore de prendre d'assaut la « Maison blanche » (le Parlement de Russie). Là encore, B. Eltsine tira de l'épisode une nouvelle légitimité, qui lui permit de se faire réélire en 1996.

Plan

Les crises financières des années 90

Introduction

La décennie 90 est marquée par le retour de crises financières apparaissant dans des PED (crise mexicaine de 1994, crise asiatique de la fin 1997…) se propageant ensuite à l'ensemble des économies. Ces crises ont en commun de débuter par une dépréciation accélérée des monnaies (le peso en 1994, le baht par exemple en 1997) et de provoquer des réactions en chaîne qui assurent une propagation aux économies voisines, souvent les principaux partenaires internationaux. Le caractère récurrent de crises financières aux caractéristiques communes invite à s'interroger sur la manière dont elles apparaissent et dont elles se propagent à l'économie mondiale dans son ensemble.

1. La genèse des crises financières dans les pays émergents

1.1. Le financement privé du développement prend le pas sur l'aide publique

1.1.1. Le FMI encourage les IDE supposés plus efficaces que l'aide publique alors que l'aide est sacrifiée dans les budgets restrictifs des PDEM

1.1.2. Les IDE accroissent une offre de crédits déjà soutenue dans les pays émergents du fait d'un taux d'épargne élevé

1.2. Le maintien de déséquilibres structurels générateurs de tensions

1.2.1. Le non-rationnement du crédit permet le financement de projets à la rentabilité douteuse dans un cadre institutionnel parfois très opaque

1.2.2. Les entrées de capitaux compensent des déficits extérieurs persistants qui pèsent sur les cours des monnaies nationales.

2. L'éclatement des crises financières

2.1. L'effondrement du cours des devises dans un système de change flexible

2.1.1. L'accentuation du déficit courant…

2.1.2. … entraîne une chute brutale des cours des monnaies

2.2. La propagation à l'ensemble du système bancaire et financier

2.2.1. Les dettes en devises des agents débiteurs s'alourdissent

2.2.2. La nécessité de trouver des liquidités incite les agents débiteurs à céder leurs actifs financiers

3. La contagion à l'ensemble de l'économie mondiale

3.1. La globalisation financière est propice à la contagion internationale

3.1.1. L'absence de réel SMI expose le marché des devises à la spéculation

3.1.2. La libération des mouvements de capitaux favorise la contamination internationale

3.2. Les comportements des agents accélèrent la chute des cours

3.2.1. Les avoirs des créanciers des pays émergents sont dévalorisés et les obligent à réaliser leurs actifs sur les marchés occidentaux, d'où une pression sur les cours

3.2.2. La « contagion mimétique » : les agents non concernés par la crise dans les pays émergents sont contraints de vendre leurs titres pour éviter les moins-values et accélèrent ainsi la baisse des marchés

Conclusion

Les crises financières dans les pays émergents apparaissent ainsi comme des phases de purge dans le cycle du crédit. À ce titre, elles jouent un rôle régulateur. Cependant, elles ont des conséquences sur les marchés financiers occidentaux. La « question financière » de cette fin de siècle est de savoir comment la crise des pays émergents se répercutera sur l'économie réelle. En effet, elle provoque une contraction des débouchés à l'exportation vers l'Asie, phénomène éminemment prévisible. Mais la chute des cours des titres sur les marchés du Nord se traduit par un effet d'encaisses réelles négatif : les épargnants qui avaient placé leurs économies pour accroître leur revenu permanent, s'appauvrissent. Ils pourraient donc fort bien réduire leur consommation et entraîner les économies occidentales dans une récession…

Conclusion générale

De 1880 à nos jours, l'évolution économique du monde peut être découpée en quatre périodes :

1) La première s'étend jusqu'en 1914 et correspond à la transformation du capitalisme industriel en capitalisme financier, entraînant une montée des rivalités entre les puissances industrielles anciennes et nouvelles, pour le partage du marché mondial et freine le processus de désencastrement des marchés.

2) Plongées dans une période troublée de multiples façons, les sociétés se dotent alors de contre-marchés puissants qui culmineront dans la période suivante. Période de crises, puisque la prospérité des années 20 aboutit à la dépression des années 30 que seules les dépenses publiques notamment destinées aux armements permettront d'enrayer. Pour quelle issue fatale ?

3) L'État-providence apparaissant après la Deuxième Guerre mondiale est le résultat d'une volonté de stabilisation économique et sociale : il est destiné à enrayer toute tension déflationniste et à garantir les populations contre les aléas de la vie, pour éviter que les plus fragiles ne soient plongées dans la misère et le désespoir en période de difficultés économiques. Il s'agit nettement ici d'éviter que ces populations ne portent au pouvoir des démagogues dangereux, capables de mener le monde aux pires extrémités. S'ouvre ainsi une période de prospérité remarquable, inconnue jusqu'alors, permettant d'améliorer les conditions de vie des populations des PDEM, voire des PED, en maintenant les marchés sous l'éteignoir.

4) La crise de 1973 sert de catalyseur pour remettre en cause cet équilibre entre efficacité économique et paix sociale, équilibre devenu fragile au fur et à mesure que le mode de régulation fordiste s'épuisait. Une vaste mutation s'engage alors : les anciennes régulations collectives s'effacent pour laisser davantage de place aux rapports marchands, individuels et anonymes. Cette mutation possède bien des points communs avec la « grande transformation » : le ralentissement de l'activité est général et entraîne un chômage croissant, le lien social se lézarde avec la montée de l'exclusion et des formes particulières d'anomie, chez les jeunes sans espoir notamment ; enfin, les extrémismes et les fondamentalismes variés sont de retour, comme une mauvaise herbe enracinée dans l'histoire humaine… Pourtant, une différence majeure existe. La « grande transformation » analysée par Polanyi recouvrait un réencastrement des marchés : ici, c'est d'un mouvement à rebours qu'il s'agit, puisque les marchés se libèrent peu à peu des carcans dans lesquels les sociétés les avaient enfermés. Le capitalisme, plus que jamais, apparaît comme l'horizon indépassable de l'humanité. Il a cependant déjà reculé devant les sociétés en colère. Rien ne s'oppose plus à ce qu'il le fasse une nouvelle fois…

Bibliographie

AMBROSI Charles, BALESTE Maurice, TACEL Marc, *Économie contemporaine*, t. 1 et 2, Paris, Delagrave, 1980.
ASSELAIN Jean-Charles, *Histoire économique, de la révolution industrielle à la Première Guerre mondiale*, Paris, Presses de la FNSP & Dalloz, 1985.
ASSELAIN Jean-Charles, *Histoire économique du XXe siècle*, t. 1 et 2, Paris, Presses de la FNSP et Dalloz, 1995.
BAIROCH Paul, *Le Tiers-Monde dans l'impasse*, Paris, Gallimard, 1992.
BAIROCH Paul, *Victoires et Déboires*, t. 3, Paris, Gallimard, 1997.
BEAUD Michel, *Histoire du capitalisme 1500-1980*, Paris, Le Seuil, 1981.
BERENGER Jean, *Histoire de l'Empire des Habsbourg 1273-1918* (chap. 40), Fayard, Paris, 1990.
BERSTEIN Serge & MILZA Pierre, *Histoire de l'Europe contemporaine*, t. 3 : *de 1815 à 1919*, Paris, Hatier, 1992.
BRASSEUL Jacques, *Les Nouveaux Pays industrialisés*, Paris, A. Colin, 1993.
BRAUDEL Fernand & LABROUSSE Ernest, *Histoire économique et sociale de la France*, Paris, PUF, 1979 (vol.1).
BRICE Catherine, *Histoire de l'Italie* (chap. 10), Paris, Hatier, 1992.
BRUNEL Sylvie (sous la direction de), *Tiers Mondes, Controverses et réalités*, Paris, Économica, 1987.
CHAVANCE Bernard, *Les Réformes économiques à l'est*, Paris, Nathan, 1992.
CHESNAIS Jean-Claude, *La Revanche du tiers-monde*, Paris, Robert Laffont, 1987.
COCHET François, HENRY Gérard, VOISIN Michel, *Histoire de l'économie des sociétés contemporaines*, t. 1 et 2, Paris, Bréal, 1991.
CROSNIER Marie-Agnès, GUEIT Jean, DE TINGUY Anne, *Les Années Gorbatchev*, Paris, La Documentation Française, 1993, Notes et Études Documentaires n° 4971,
COUTROT Thomas, HUSSON Michel, *Les Destins du Tiers-Monde*, Paris, Nathan, 1993.
DABENE Olivier, *L'Amérique latine au XXe siècle*, Paris, A. Colin, coll. « Cursus », 1994.
DULPHY Anne, *Histoire de l'Espagne* (chap. 8), Paris, Hatier, 1992.
DURAND Robert, *Histoire du Portugal* (chap. 9 & 10), Paris, Hatier, 1992.
FERRO Marc, *Naissance et effondrement du régime communiste en Russie*, Paris, Livre de Poche, 1997.
GRELLET Gérard, *Structures et stratégies du développement économique*, Paris, PUF, 1986.
GOURLAOUEN Jean-Pierre, PERRAUDEAU Yves, *Économie*, t. 1 et 2, Paris, Vuibert, 1987.
GUILLAUME Pierre, *Le Monde colonial (XIXe-XXe siècles)*, Paris, A. Colin, 1994.
LÉON Pierre, *Histoire économique et sociale du Monde*, t. 5 et 6, Paris, A. Colin, 1992.
LESOURD J.A. & GERARD Claude, *Nouvelle histoire économique*, t. I : *le XIXe siècle*, Paris, A. Colin, 10e éd, 1992, avec DELFAUD Pierre et GUILLAUME Pierre, t. 2 *le XXe siècle*.
MOLNAR Miklos, *Histoire de la Hongrie* (chap. 5), Paris, Hatier, 1996.
NIVEAU Maurice, *Histoire des faits économiques contemporains*, Paris, PUF, 1979.
POLANYI Karl, *La Grande Transformation*, Paris, Gallimard, 1983.
RICHET Xavier, *Les Économies socialistes européennes*, Paris, A. Colin, 1992.
RIOUX Jean-Pierre, *La Révolution industrielle*, Paris, Le Seuil, 1971.
ROSTOW W. W., *Les Étapes de la croissance économique*, Paris, Le Seuil, 1960.
SEUROT François, *Le Système économique de l'URSS*, Paris, PUF, 1989.
TAIEB Eric, *Économies et sociétés brésiliennes*, Paris, Nathan, 1989.
TEULON Frédéric, *Croissance, crises et développement*, Paris, PUF, 1992.
VAYSSIERE Pierre, *L'Amérique latine de 1890 à nos jours*, Paris, Hachette Supérieur, coll. « Carré histoire », Paris, 1996.
WANG Nora, *L'Asie orientale du milieu du XIXe siècle*, Paris, A. Colin, 1993.
WERTH Nicolas, *Histoire de l'Union soviétique*, Paris, PUF, 1990.

Index

Clés et repères

Index des notions

Index des noms

Tables

1. Table des synthèses

2. Table des plans

3. Table des illustrations

Photocomposition : NORD COMPO
59650 Villeneuve-d'Ascq

S.E.S.J.M./Armand Colin
34 bis, rue de l'Université, 75007 Paris
N° 1642/01
Dépôt légal : juin 1998

Achevé d'imprimer sur les presses de la
SNEL S.A.
rue Saint-Vincent 12 – B-4020 Liège
tél. 32(0)4 344 65 60 - fax 32(0)4 343 77 50
mai 1998 - 9266